·神奇的全脑思维游戏书·

提高
推理力

金 铁 / 主编

中国华侨出版社
北京

图书在版编目 (CIP) 数据

神奇的全脑思维游戏书 / 金铁主编 . -- 北京：中
国华侨出版社 , 2021.1
　　ISBN 978-7-5113-8427-0

　　Ⅰ . ①神… Ⅱ . ①金… Ⅲ . ①智力游戏－通俗读物
Ⅳ . ① G898.2

　　中国版本图书馆 CIP 数据核字 (2020) 第 226671 号

神奇的全脑思维游戏书

主　　编：金　铁
责任编辑：江　冰
封面设计：冬　凡
文字编辑：朱立春
美术编辑：吴秀侠
经　　销：新华书店
开　　本：880mm×1230mm　1/32　印张：32　字数：720 千字
印　　刷：三河市兴博印务有限公司
版　　次：2021 年 1 月第 1 版　2021 年 1 月第 1 次印刷
书　　号：ISBN 978-7-5113-8427-0
定　　价：208.00 元（全 8 册）

中国华侨出版社　北京市朝阳区西坝河东里 77 号楼底商 5 号　邮编：100028
法律顾问：陈鹰律师事务所
发 行 部：（010）88893001　　　传　真：（010）62707370
网　　址：www.oveaschin.com　　E－m a i l：oveaschin@sina.com

如果发现印装质量问题，影响阅读，请与印刷厂联系调换。

前言

PREFACE

　　思维游戏引人入胜，充满趣味，在活跃大脑的同时，带给游戏者一种全新的、前所未有的新奇和快感，并能激发好奇心，本套书更侧重于提高你的创造力、推理力、想象力、观察力、记忆力、分析力、逻辑力、判断力等各方面的能力。

　　推理力是成功人士必备的一种思维能力，是做出正确判断和迅速决策的前提，是从平庸走向卓越的关键因素。本书从提高推理力的角度出发，对每一类游戏都进行了精心的选择和设计，每个游戏都极具代表性和独创性，内容丰富，难易有度，形式活泼。其中包括著名的圆桌骑士问题、最古老的有关拼接的阿基米德的盒子问题，以及面积和组合、土地裂缝、密码和彩票的排列组合等让你绞尽脑汁、欲罢不能的思维游戏。在游戏的过程中，你需要把握游戏中提示和问题之间的多种联系，从不同角度去分析思考，以期得到新的灵感和发现；需要仔细观察，认真思考，大胆假设，由一个或几个已知的判断推出一个新的判断；需要具备高度概括的能力、敏锐的直感和客观的判断，从零散的思路中快速准确地推理出正确的答案。这种演绎、归纳和类比的思维方式，正是推理过程的三个要素和必需过程。

　　书中的 89 个思维游戏可以激活你沉睡的推理力，帮助你学会演绎推理、归纳推理、拓展推理、直觉推理、概率推理、模糊推理、逻辑推理、规律推理、条件推理和类比推理等，让你在游戏中提高自己，使你的推理能力和逻辑思维能力得到潜移默化的提升，从而令你思维敏捷，思路缜密，在分析问题和解决问题的过程中能够客观、冷静、迅速地得出结论，并做出正确的判断和决策。

目录
CONTENTS

001 找面具

解决一个问题通常有多种方法，有时候需要计算，有时候则需要足够的耐心，看看下面的题目，你怎么把它们做出来。

在下边的一组面具中有一个带有生气表情的面具，看看你多久能够找出来。

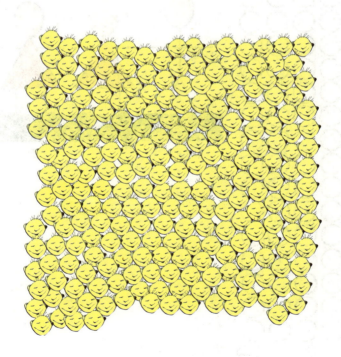

002 排队

看下图的图示，5个人排成一行（5个人中男孩和女孩各自的人数不确定），问有多少种排列方法，可以使每个女孩旁边至少有一个女孩？

男 男 男 女 女

男　　女　　女

神奇的全脑思维游戏书

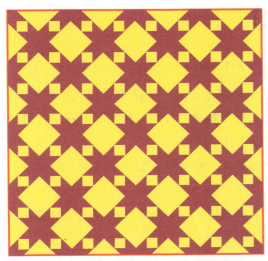

003 瓷砖图案

　　上图和右图是给出的两个瓷砖图案，请问最少需要几种图形来构成这两个图案？

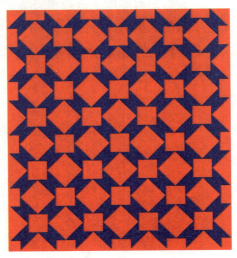

004 杂技演员 (1)

36个杂技演员（其中21个穿蓝色衣服，15个穿红色衣服）组成了如下页图所示的金字塔形。这一表演需要极大的平衡力、极高的注意力，以及之前仔细精准的计划。按照某种规定，这个金字塔的组成必须包含以下几个条件：

1. 最下面的一排必须是4个穿蓝色衣服的演员和4个穿红色衣服的演员。

2. 穿蓝色衣服的演员必须要站在一个穿蓝色衣服的演员和一个穿红色衣服的演员上。

3. 穿红色衣服的演员必须要站在两个穿红色衣服或者两个穿蓝色衣服的演员上。

你能将他们正确地排列吗？

005 杂技演员 (2)

　　现在我们想象这些演员组成一个更大更高的金字塔，这个金字塔最下面的一排由 20 个杂技演员组成。

　　不用计算，你能用最简单的方法求出这个金字塔演员的总人数吗？

006 阿基米德定律

　　在解决问题的过程中常常会有意想不到的发现，比如阿基米德当初肯定没有想到，自己居然在洗澡的时候发现了后来著名的阿基米德定律。

　　古希腊数学家阿基米德（前287—前212）发现了流体静力学。还记得那个著名的阿基米德的故事吗？他裸露着身子从浴桶中跳出来奔向街头，狂呼："攸勒加，攸勒加（找到了）！"

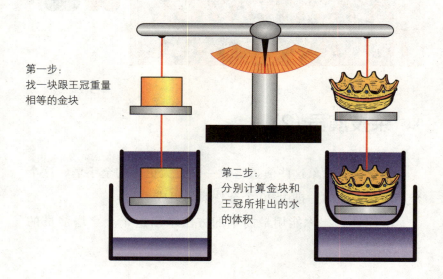

第一步：
找一块跟王冠重量相等的金块

第二步：
分别计算金块和王冠所排出的水的体积

神奇的全脑思维游戏书

相传亥尼洛国王做了一项金王冠，他怀疑工匠用银子偷换了一部分金子，便要阿基米德鉴定它是不是纯金制的，但不能损坏王冠。阿基米德苦苦思索，最终发现了后来以他的名字命名的阿基米德定律（浮力定律）：

　　要测量一个物体的密度大小，可以把它放入一个盛满水的容器中，用它排出的水量来计算。

　　这个物体所排出的水的重量，我们称之为该物体的浮力；而该物体的重量与它所排出的水的重量之比，我们称之为该物体的比重。

　　第一步：找一块跟王冠重量相等的金块；

　　第二步：把王冠和金块分别浸入一个盛满水的容器中，然后分别计算它们所排出的水的体积。

　　请问：阿基米德这个实验的结论是什么？

007 液体天平——浮力

　　下图上：天平是平衡的。天平左端的盘子上是一个装满水的容器，右端是一个重物。

　　下图下：重物从天平的右端移到左端，而且该重物完全浸入容器中的水里面。

　　很明显现在左端要比右端重。

　　请问：为了继续保持天平的平衡，现在天平的右端应该放上多重的物体？

第一步：

第二步：

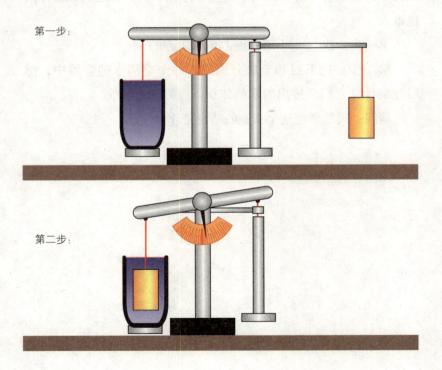

008 图案速配

你在孩提时代肯定玩过万花筒吧？还记得里面那些让人眼花缭乱的色彩和图案吗？但是你有没有用万花筒变出过两个一模一样的图案呢？现在你的机会来了！

试试看，用最快的速度从下页图中分别找出与本页的 30 幅图完全相同的图案。

神奇的全脑思维游戏书

009 3 道菜

生活中我们总会遇到各种各样的选择，无论是在餐厅里点菜，或是你兴致勃勃地准备去买彩票。在最后做出决定之前你总是需要好好地考虑一下。

从上面菜单给出的 3 组菜中分别选出 1 道菜，即一共要选出 3 道菜，请问一共有多少种选择方法？

010 买彩票

在买彩票的时候，买彩票者需要在 1 到 54 这些数字中任意选出 6 个数字，这 6 个数字可以以任何顺序排列。

请问有多少种选择？

神奇的全脑思维游戏书

011 夫妻圆桌

我们知道，即使是像亚瑟国王这样聪明的人在处理圆桌骑士的问题时也会遇到困难。因此我们应该感到庆幸，因为接下来的问题比起他当年面对的难题要容易多了。

有3对夫妻围坐在圆桌边，他们的座位顺序需满足下面的条件：

1. 男人必须和女人相邻；

2. 每个男人都不能跟自己的妻子相邻。

请问满足这两个条件的排序方法一共有多少种？

请问有多少种选择？

012 圆桌骑士

　　让 8 位骑士围坐在圆桌边，每个
人每次都要与不同的人相邻，满足这
一条件的座位顺序一共有 21 种。上
面已经给出了一种。可以用 1 ～ 8 这
8 个数字分别代表 8 位骑士，请你在
图中画出其他的 20 种座位顺序。

013 动物转盘

把事物按照一定的顺序排列好并不是一件容易的事情。有时候运气好你可能一下子就把问题解决了，但是大多数时候你需要静静地坐下来，好好动一下脑筋。

如图，这个转盘的外环有 11 种动物。请在转盘的内环也分别填上这 11 种动物，使这个转盘能满足下列条件：无论转盘怎么转动，只可能有一条半径上出现一对相同的动物，而其他的半径上全部是不同的动物。问满足这种条件的排序一共有多少种？

014 蛋卷冰激凌

你想要吃一个3层的蛋卷冰激凌，这3层的口味分别是草莓、香草和柠檬。请问你拿到这个冰激凌从上到下的口味排列正好是你最喜欢的顺序的概率是多少？

神奇的全脑思维游戏书

规律是指事物之间的内在本质联系。看看你能不能从这些题目中总结出背后所包含的规律。

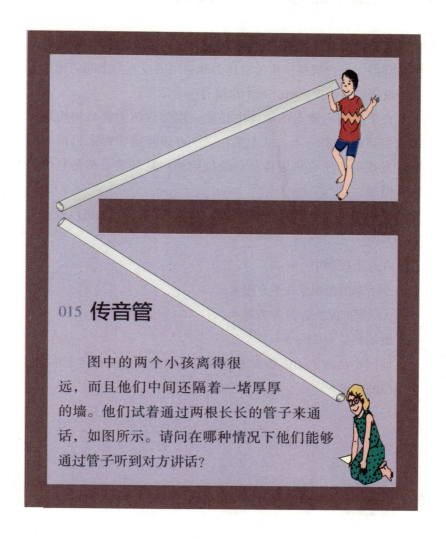

015 传音管

　　图中的两个小孩离得很远，而且他们中间还隔着一堵厚厚的墙。他们试着通过两根长长的管子来通话，如图所示。请问在哪种情况下他们能够通过管子听到对方讲话？

016 帕斯卡定理

下页图是液压机的一个模型，从中我们可以清楚地看到它的机械利益（一台机器产生的输出力和应用的投入力之间的比率）。这个液压机有 2 个汽缸，每个汽缸有一个活塞。

一个容器内静态的液体中任意一点受到压力都会均衡地传播到容器内的每一点。这个结论是 300 多年前法国人巴斯·帕斯卡发现的。所有将液体从一处抽到另一处的装置都是利用了这一原理。

利用帕斯卡定理的例子有液压泵、印刷机、起重机以及水力制动系统。

在这个模型中：

小活塞的面积是 3 平方厘米；

大活塞的面积是 21 平方厘米；

机械利益为 $21 \div 3 = 7$。

请问小活塞上面需要加上多少力，才能将大活塞向上举起 1 个单位的距离？

神奇的全脑思维游戏书

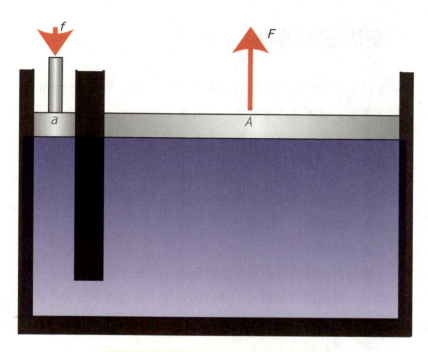

$$\frac{f}{a} = \frac{F}{A}$$

$$或\ \ F = \frac{f \times A}{a}$$

017 多边形和线段

　　我们在日常生活中每天都会看到各种各样的多边形——在交通标志牌上，在家里的墙纸上，或者在地板砖上。现在看一下下面的这些图，这些多边形竟然有如此多的组合方式，是不是超乎你的想象？

　　一个多边形如果满足下面这两个条件我们就叫它正多边形：
　　1. 各条边相等；
　　2. 各个角相等。
　　一般我们也将圆看作是有无数条边的正多边形。
　　最后一条边的终点跟第一条边的起点不重合的多边形，我们称之为不闭合多边形。
　　最后一条边的终点跟第一条边的起点重合的多边形，我们称之为闭合多边形。
　　任意两条边都不相交的多边形我们称之为简单多边形，简单多边形把平面分成两个部分，即多边形里面的部分和外面的部分。
　　多边形的边存在相交我们称之为复杂多边形，复杂多边形把平面分为两个以上的部分。
　　复合多边形指的是由几个简单多边形叠加所形成的多边形。
　　多边形内任意两点的连线所成的线段都在多边形里面，这样的多边形我们称之为凸多边形；反之则为凹多边形。

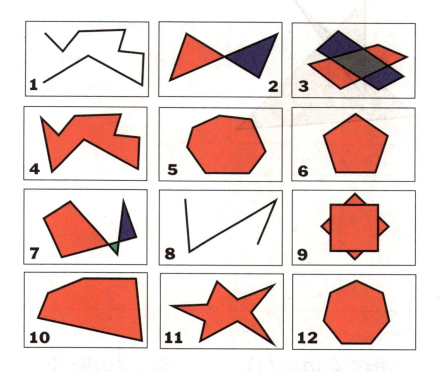

　　请问：上面 12 幅图中哪些是正多边形，哪些是不闭合多边形、闭合多边形、简单多边形、复杂多边形、复合多边形、凸多边形和凹多边形？

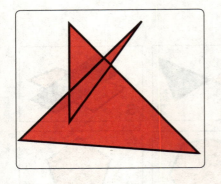

左图是一个用 5 条线画出的闭合多边形

　　提示：下面几个题目中的一个或者两个可能是无解的。

018 相交多边形 (1)

　　请用 6 条线画出一个闭合多边形，要求多边形的每一条边都跟另一条边相交（交点不是顶点）。

019 相交多边形 (2)

　　条件同"相交多边形（1）"，但是要求多边形的每一条边都跟另两条边相交。

神奇的全脑思维游戏书

020 相交多边形 (3)

请用 7 条线画出一个闭合的多边形，要求多边形的每一条边都相交。

021 相交多边形 (4)

条件同"相交多边形（3）"，但是要求多边形的每一条边都跟另两条边相交。

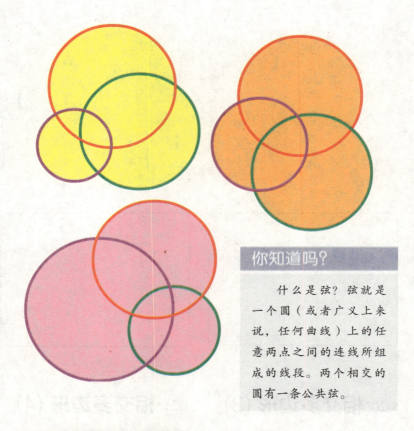

022 圆的弦相交问题

圆被认为是有无限条边的多边形。几个圆相交常常会神奇地形成多边形。

这里有 3 组 3 个相交的圆，分别找出每组圆的 3 条公共弦的交点，再把这些交点连接起来，看看会组成一个什么样的图形？

023 半径与面积

如图所示，在大圆里按照一定的规律划分出不同的小圆。

请问：橙色的圆与黄色的圆的面积之间有什么关系？同样，其他颜色的圆与它外面的圆的面积之间有什么关系？

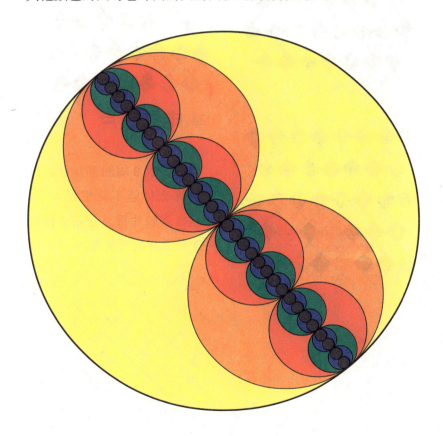

想象是数学家思考问题的时候经常采用的一个很重要的方法。没有创造性的设想就不会有那么多伟大的发明，也就不会有这本书里这些富有创意的思维游戏。

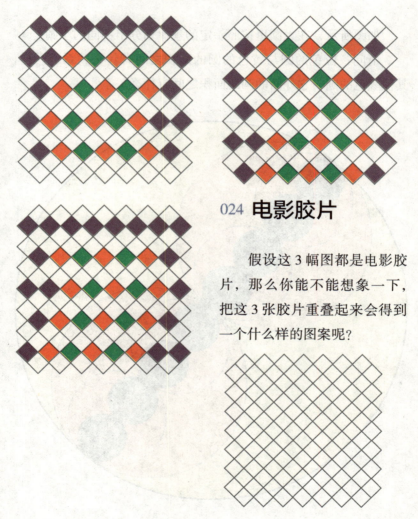

024 电影胶片

假设这3幅图都是电影胶片，那么你能不能想象一下，把这3张胶片重叠起来会得到一个什么样的图案呢？

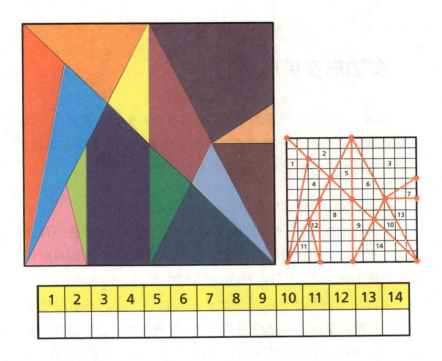

1	2	3	4	5	6	7	8	9	10	11	12	13	14

025 阿基米德的盒子

据记载，这个跟七巧板类似的有关分割的游戏是由阿基米德发明的，它又被称为"阿基米德的盒子"。

如图所示，一个 12 × 12 的正方形由 14 块不同形状的图形组成。

在这个题目中，每一块碎片的面积都是给定了的。

现在请问，你能否算出每一块碎片的面积？

多边形变星形 (1)

星形跟所有其他的图形一样，可以是规则的，也可以是不规则的。我们总是把天上的星星想象成是规则的，甚至是完美的，然而事实上它们的形状和大小常常是不规则的。

按照下面的规律可以把多边形变成不规则的星形：

从多边形的任何一个顶点出发，将这个顶点与另外任一顶点相连，再与下一个顶点相连，直到连接所有的顶点，然后再回到出发的那个顶点。这样可以形成一个对称的图形，如下页图。

可以用来画星形的线段用红色线段标注出来。三角形是唯一一个不能在里面画出星形的多边形；而其他的多边形都有可能按照这一规律画出各种不同的星形。比如，正方形就有两种画法，而五边形的画法就更多。

不考虑图形的旋转和映像。

问：按照上面所讲的这一规律，正五边形可以形成多少个对称的星形？

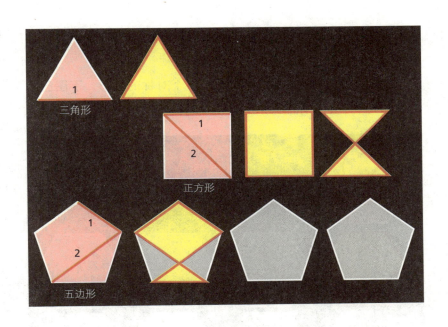

三角形

正方形

五边形

　　提示：正五边形一共可以形成 3 个星形，上图已经画出了其
中一个，请问你能否画出另外两个？

多边形变星形 (2)

根据上一页所给的规律，正六边形可以形成多少个对称的星形？

提示：正六边形一共可以形成 10 个对称的星形，下图已经给出了其中一个，你能画出另外 9 个吗？

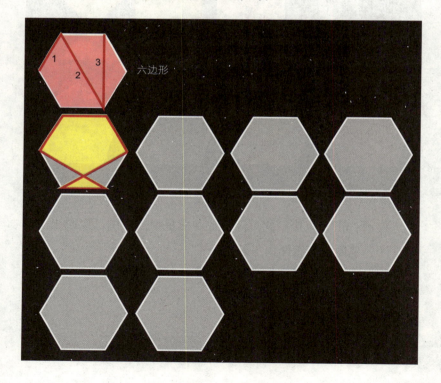

神奇的全脑思维游戏书

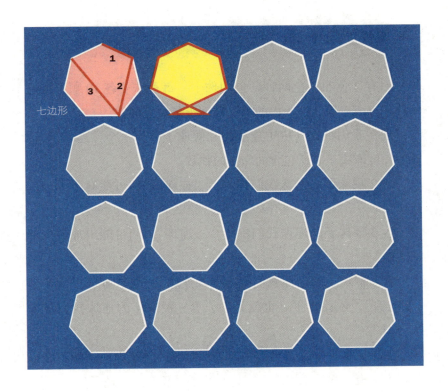

七边形

028 **多边形变星形**(3)

　　根据 026 所给的规律，正七边形可以形成多少个对称的星形？

　　提示：正七边形一共可以形成 23 个对称的星形，上面已经给出了一个，请你至少再画出 14 个。

029 双色珠子串

你有红色和蓝色两种颜色的珠子，每种珠子各 10 颗。将这些珠子串成一串，这一串的第一颗珠子是红色的。

现在我们把这一串中连续的几颗珠子称为一个"连珠"。连珠的长度取决于它所包含的珠子的颗数。

含 2 颗珠子的连珠我们称为"二连珠"。问可能有多少种二连珠？

含 3 颗珠子的连珠我们称为"三连珠"。问可能出现多少种三连珠？

含 4 颗珠子的连珠我们称为"四连珠"；含 5 颗珠子的就是"五连珠"，依此类推。也就是说，含 n 颗珠子的连珠我们称为"n 连珠"。

如果要求一串珠子全部由二连珠组成，且整串珠子中不能出现两个一模一样的二连珠，问这串珠子最长有几颗珠子？

如果要求一串珠子全部由三连珠组成，且整串珠子中不能出现两个一模一样的三连珠，问这串珠子最长有几颗珠子？

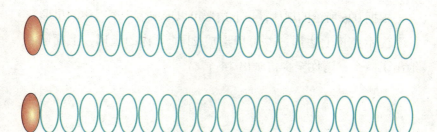

神奇的全脑思维游戏书

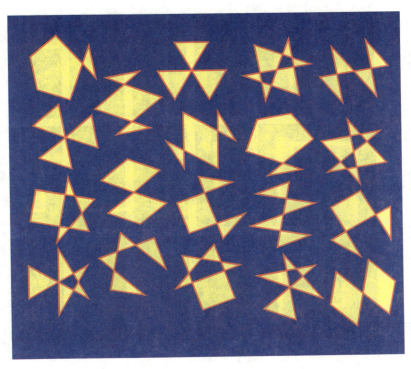

030 六边形的图案

如左图所示，在圆上取 6 个等距离的点。这 6 个点用不同的连线方式可以画出不同的图案，如上图所示。

请问：你能找出上图众多图案中与众不同的那一个吗？

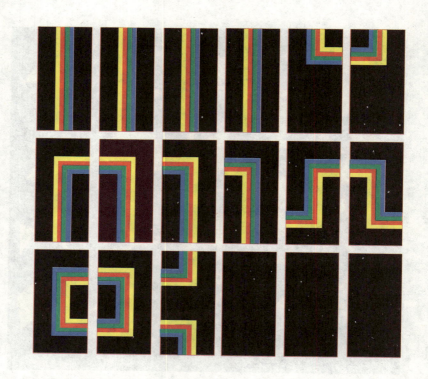

031 弯曲的彩虹

如图所示的彩虹的
连接方式是错误的

上图是 18 个 2×1 的长方形。

我们的任务是把这些长方形拼成一个完整的 6×6 的正方形，并且这个正方形中彩虹的 4 种颜色是连贯的。

032 富兰克林的细胞自动机

复制图案的机器可以用来制作衣服或者地毯。如果将一个思维游戏印在你的毛衣上是不是很好玩？

富兰克林的细胞自动机是最早的自动复制的机器之一。这个被复制的图案的原型如图1。在图1的基础上每一步将会按照下面的规则增加或减少细胞：

如果细胞横向或纵向相邻的红色细胞数是偶数，那么该细胞下一步变为黄色；如果细胞横向或纵向相邻的红色细胞数是奇数，那么该细胞下一步变为红色（下面的图中直观地展现了这一规则）。

请问要使原来的图形被复制成4份至少需要几步？

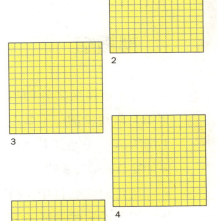

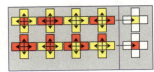

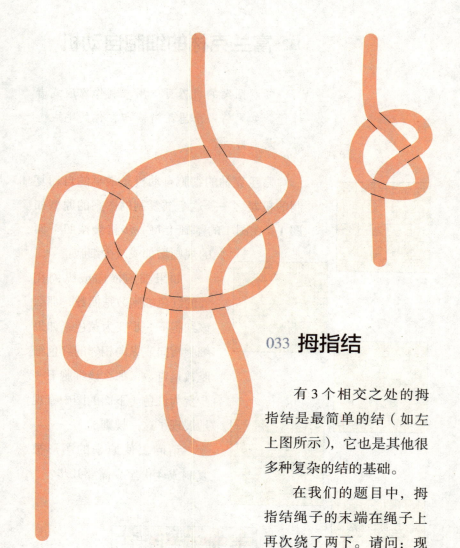

033 拇指结

　　有 3 个相交之处的拇指结是最简单的结（如左上图所示），它也是其他很多种复杂的结的基础。

　　在我们的题目中，拇指结绳子的末端在绳子上再次绕了两下。请问：现在拉一下大图中绳子的末端，这个结会被打开吗？

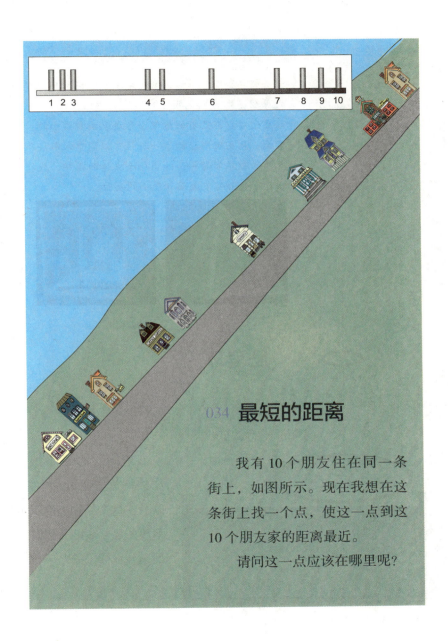

034 最短的距离

我有 10 个朋友住在同一条街上，如图所示。现在我想在这条街上找一个点，使这一点到这10 个朋友家的距离最近。

请问这一点应该在哪里呢？

变分问题

肥皂膜能够很好且直观地展示一些微积分的原理，因为肥皂膜非常容易在框架上拉伸，而且它可以在已有的框架上形成表面积最小的表面。利用肥皂膜的这一特性可以简单地解决复杂的数学问题——给出一个立体的框架，找出这个框架可能表面积最小的表面。

正四面体和立方体框架的最小表面

035 肥皂环

如图所示，一根垂直的铁丝上绑了两个相互平行的铁丝环。

请问：如果将这个结构放进肥皂水中，附着在这个结构上的肥皂膜的最小表面积的表面是什么样子的？

036 左撇子和右撇子

你习惯用哪只手，是左手还是右手？习惯用哪只手应该说是后天形成的，而并不是天生的。举个例子，如果你因为某种原因不能使用你最习惯的那只手了，你可能会发现原来你的另一只手也可以如此灵活！

一个班级里的学生有左撇子、右撇子，还有既不是左撇子也不是右撇子的学生。在这道题目里，我们把那些既不是左撇子也不是右撇子的学生看作既是左撇子又是右撇子的学生。

班上 1/7 的左撇子同时也是右撇子，而 1/9 的右撇子同时也是左撇子。

问班上是不是有一半以上的人都是右撇子？

037 200 万个点

假设这个白色的圆里面有 200 万个非常小的点，但是仅仅靠肉眼是看不到的，需要借助放大镜来看。

请问可不可以在这个圆内画一条线，使线的两边分别正好有 100 万个点？

你能够想个办法来解决这个问题吗？

神奇的全脑思维游戏书

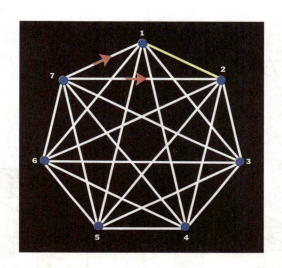

038 有向三角形

　　如果给一个图形的每一条线段都加上一个箭头，即给每条线段加上一个方向，那么这个图形就成为了一个有向图形。

　　而一个完全图是指该图里的每两个顶点之间都有连线的图形（上图即是一个有 7 个顶点的完全图）。给一个完全图的每条线段都加上一个方向，那么这个图就成了完全有向图。

　　我们这个题目就是要你根据下面的条件把上面这个图形变成一个完全有向图：给每条线段都加上一个箭头，使对于任意两个顶点都有另外一个顶点与这两点连线，且线上的箭头是分别指向这两个点的。例如上图中，对于点 1 和点 2，从点 7 到点 1 和点 2 的线段箭头就是分别指向这两个点的。

　　根据上面的条件你能够把其余的线段都加上箭头吗？

039 魔方

图中一共有多少个立方体?

神奇的全脑思维游戏书

040 三色环

拼图其实并不难，因为我们总是很快就能看出图形与图形之间的联系。下面的题目跟拼图也是一样的原理。

如图所示，大圆半径是小圆半径的 2 倍，请问红色、蓝色和绿色部分的面积之间有什么关系？

041 八色纸片

把下面这 8 个不同颜色的纸片复印，然后剪下来，拼接在本页的空白处，注意不能出现重叠现象。

神奇的全脑思维游戏书

042 猫窝的门

我们在思维游戏中常常能够很容易地选出正确的图案，但是你想过没有，为什么我们能够如此迅速地做出反应？靠经验，还是靠直觉？看看下面的这道题。

上图蓝色和红色的部分分别是两个猫窝的门，迅速地看一眼这两个图形，然后把图形盖上，在下面的红色和蓝色的图形中分别找出你刚刚所看到的图形，考考你的直觉。

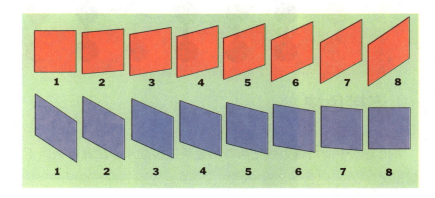

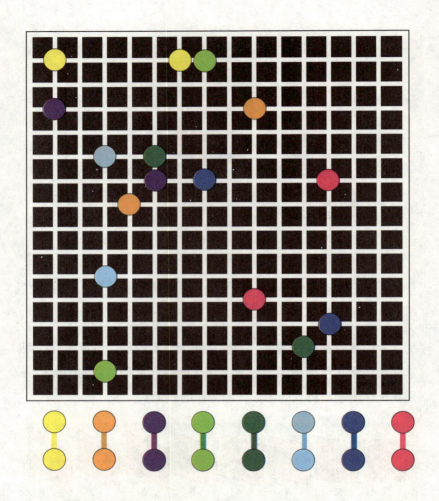

043 连接色块

　　沿着图中的白色边线把所有的色块连接起来，注意各条线不能相交。

044 密码

一位男士在银行新开了一个账户，他需要为这个账户设定一组密码。按照银行的规定，密码一共有 5 位，前 3 位由字母组成，后 2 位由数字组成：

问：按照下面 3 个不同的条件，密码的设定分别有多少种可能性？

1. 可以使用所有的字母和所有的数字。

2. 字母和数字都不能重复。

3. 密码的开头字母必须是 T，且字母和数字都不能重复。

045 伪装

8个士兵已经埋伏在森林中，他们每个人都看不到其他的人。

如图，每个人都可能埋伏在网格中的白色圆点处，通过夜视镜每个人只能看到横向、竖向或斜向直线上的东西。

请你在图中把这8个士兵的埋伏地点标出来。

小钉板上的闭合多边形 (1)

小钉板可以帮助我们学习和理解多边形的面积关系，在板上用线把各个钉子连起来可以得到不同的多边形。

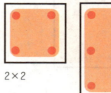
2×2

3×3

这里要求在正方形的小钉板上用线连成一个闭合的，并且每两条边都不在同一条直线上的多边形。多边形的每个顶点都必须在板上的钉子上，并且每个钉子只能使用一次。

如图所示的是在一个 4×4 的小钉板上连成的有 9 个顶点的多边形，请问你能否在这个板上用线连成一个有 16 个顶点的多边形，即板上的每个钉子都使用一次，并且满足上面所讲的要求？

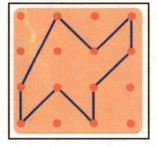
4×4

请你在从 2×2 到 5×5 的小钉板上，用上尽可能多的钉子连成符合要求的多边形。

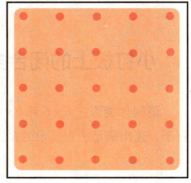
5×5

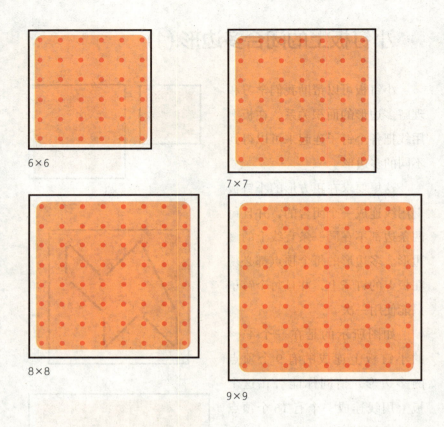

6×6

7×7

8×8

9×9

047 小钉板上的闭合多边形 (2)

请问你能否在 6×6 到 9×9 的小钉板上，用上板上的每一个钉子，连出满足上页要求的多边形？

神奇的全脑思维游戏书

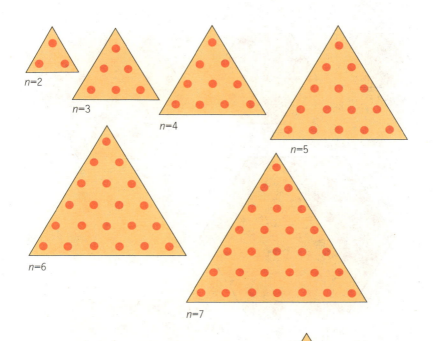

n=2
n=3
n=4
n=5
n=6
n=7

048 小钉板上的闭合多边形 (3)

　　请问你能否在这些三角形的小钉板上，用上尽可能多的钉子，连成符合 046 要求的多边形？

n=8

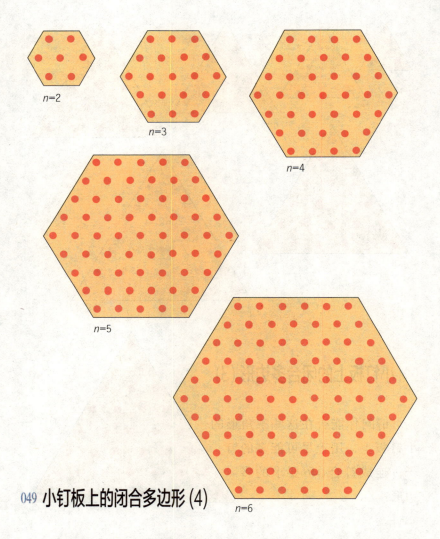

$n=2$

$n=3$

$n=4$

$n=5$

$n=6$

小钉板上的闭合多边形 (4)

请问你能否在这些正六边形的小钉板上，用上尽可能多的钉子，连成符合 046 要求的多边形？

神奇的全脑思维游戏书

050 **重叠的六边形**

如图所示，4 个绿色的小正六边形和 1 个红色的大正六边形部分重叠。

问：除去重叠的部分，4 个绿色六边形和红色六边形相比哪个剩余面积更大？红色正六边形的边长是绿色正六边形边长的 2 倍。

051 拼接三角形

　　如图所示，有6根长度分别为3、4、5、6、7、8不同颜色的木棍，请问用这些木棍可以拼出多少个三角形？

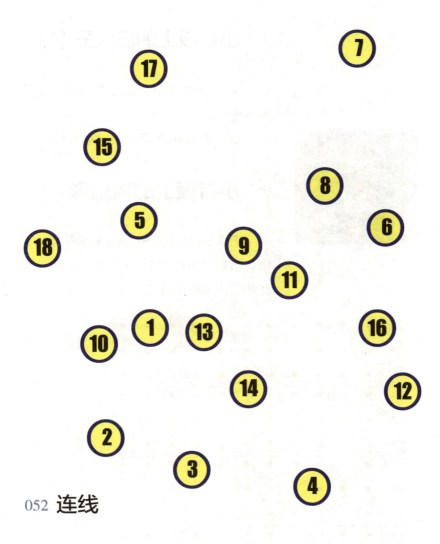

052 连线

你能够把上面的数字 1 ～ 18 用曲线从头到尾连接起来吗？
注意曲线之间不能相交。

053 小钉板上的四边形 (1)

在 3×3 的小钉板上连四边形，有多少种连法？

你能画出 16 种简单的四边形吗？

054 小钉板上的四边形 (2)

把 3×3 的小钉板分成面积相等的 4 块，请你至少找出 10 种分法。图像的旋转和镜像不算作新的分法。

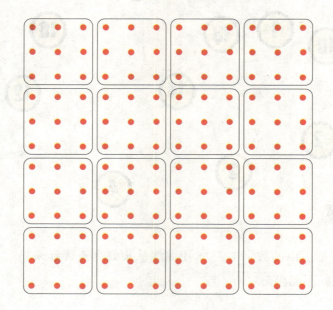

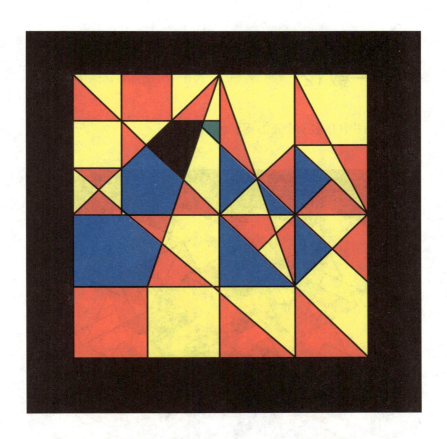

055 数一数 (1)

我们常常会被第一印象所迷惑。在解决本页这种题目时你就要提防让第一印象迷惑了你的眼睛。

请问图中有多少个正方形？

056 数一数 (2)

请问图中有多少个正方形？

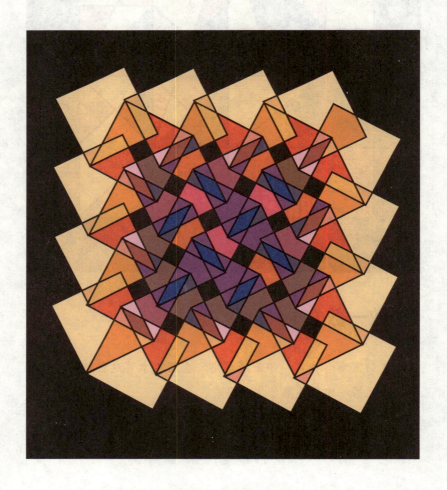

面积与周长：迦太基城的故事

在一张纸上用线段画出一个封闭的图形，这个图形的大小就是面积，也就是我们所说的二维空间。然而即使是一张纸也有它自己的厚度，因此这张纸的表面是它的面积，而加上厚度就成了体积，也就是三维空间。

小学教师都知道，面积和体积是比较难以掌握的概念。

不只是小孩子会被有关面积、体积和周长的问题难倒，就是那些很聪明的大人，也常常会被商品的包装所迷惑：大体积的包装常常给人一种很划算的错觉，而实际上里面的商品往往要比包装小得多。长方体盒子的面积和体积都很容易计算；然而要计算其他形状的物体的面积和体积就不是那么容易了，特别是那些不规则的形状。

古希腊人曾经用周长来测量物体的大小。事实上，"米"这个单位就起源于古希腊，在希腊语中它是"测量"的意思。由于古希腊人居住在岛屿上，所以他们的测量方法具有很大的缺陷也不足为怪。尽管我们现代人都很清楚，测量一个岛屿的大小绝对不能光靠绕着岛走一圈来计算，因为海岸线很长只能说明这个岛的形状很不规则，而不能证明这个岛的面积很大。然而当时古希腊人的习惯就是用周长来衡量他们的财产的大小，而不是面积。

正因为他们的这种习惯，才有了下面的故事。

提尔王国的公主戴朵逃难到了北非的海岸，那里的国王承诺给她一块土地，而这块土地的大小只能等于一张牛皮所能围出的区域。戴朵将这块牛皮剪成细细的、长长的皮条，然后把它们缝在一起，结果这条带子的长度达到了 1609 米。然后，她以一条海岸线为边界，让手下将这条牛皮带子尽可能大地围成一个半圆。这样，这块牛皮最后围出的区域面积约为 4047 平方米！而正是在这块土地上，戴朵建立了后来著名的城市——迦太基。

戴朵的方法其实是基于这样一个原理：周长相等时，所有图形面积最大的是圆。今天这个原理叫作等周定理。

057 面积和周长

上面有 8 个图形，其中有 2 个圆、2 个六边形、2 个正方形和 2 个三角形。这些图形中有 4 个图形面积相等，4 个图形周长相等。

请你分别把它们找出来。

神奇的全脑思维游戏书

小钉板上的图形面积 (1)

计算小钉板上图形的面积可以把图形分成几部分来计算它们的和，这样即使是最复杂的图形也可以很容易地算出它的面积。

如图所示，用一根橡皮筋在左边的小钉板上围出一个红色的四边形，假设图中每一个小正方形的边长为 1 个单位，你能算出这个红色的四边形的面积吗？

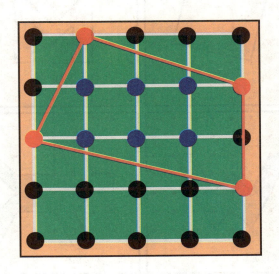

059 小钉板上的图形面积 (2)

如图所示，假设每一个小正方形的边长为 1 个单位，你能够算出下面这 4 个图形的面积吗？

1 单位面积

1 单位面积

1 单位面积

1 单位面积

神奇的全脑思维游戏书

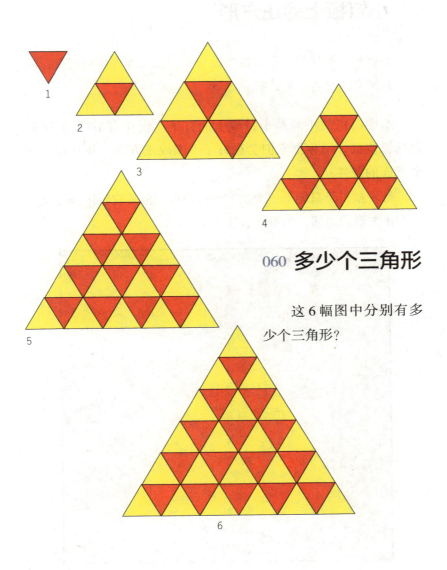

060 多少个三角形

这 6 幅图中分别有多少个三角形？

061 小钉板上的正方形

小钉板能够帮助我们解决有关面积、排列和角度的问题，我们可以用它来发明一些谜题。

图中白色的小圆是小钉板上的钉子。现在有 16 根不同颜色的橡皮筋，请你把它们套在钉子上围成正方形，并且必须符合下面的条件：

每一枚钉子只能是一个正方形的顶点，但是它可以同时在另一个正方形的内部，如图所示。

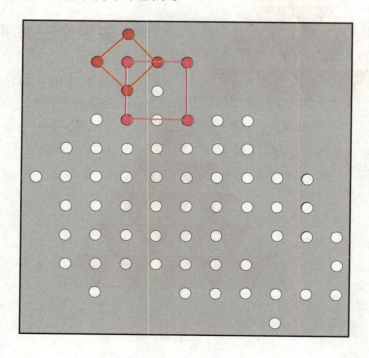

神奇的全脑思维游戏书

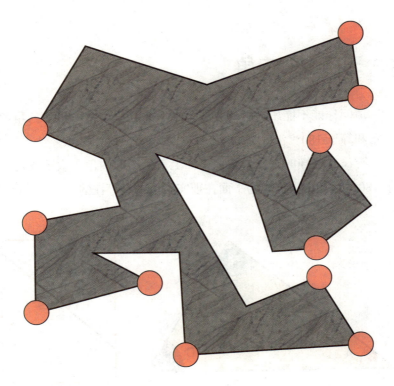

062 萨瓦达美术馆

　　这个形状奇怪的美术馆里一共有 24 堵墙，在美术馆里的任何一个角落都可以安放监视器。在上图中，一共安放了 11 台监视器。

　　但是，监视器的安装和维护都非常昂贵，因此美术馆希望安放最少的监视器，同时它们的监视范围能够覆盖到美术馆的每一个角落。问最少需要安放几台？

063 三角形的内角

　　请问你能不能用折纸的方式来证明欧几里得平面里的三角形内角和等于 180°？

　　有没有这样的平面，在该平面上三角形的内角和大于或是小于 180°？我认为这样的平面在现实生活中是存在的。

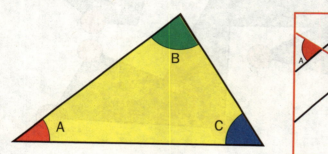

神奇的全脑思维游戏书

三角形内角和的证明

    做完上页的题你已经知道了该怎么去证明"三角形的内角和等于180°"这个定理，但是你可能还心存疑惑：这个结果可能只适用于这个三角形，而不适用于其他的三角形；或者折叠的时候产生的误差没有算进去；或者折叠改变了角本来的角度；等等。当然，如果你多用几个三角形做实验，可能会减少你的怀疑，但是你可能仍然会想，会不会存在其他的不遵循这个定理的三角形呢？

    数学最基本的思维方法就是用共性而非个例来证明数学定理。而这种定理的出现可以追溯到古希腊数学家建立抽象几何学上。他们用点和线创造了一个抽象的世界，而他们所创造的几何学能够精确地应用于这个世界。同时他们把自己假想的模型建立在公理的基础上，从而使这个模型在现实世界中也能够站住脚。

    欧几里得的几何学在他的著作《几何原本》里有详细的介绍，数个世纪以来，这都是关于人类理性最重要的一部教科书。而要掌握这些几何学的原理，我们首先要搞清楚"公理"这个词的概念，因为没有公理，任何定理都无从谈起，所有的定理都是建立在公理的基础之上的。公理的魅力就在于：如果你相信公理，那么你也必须相信由公理推导而来的那些定理。但是我们能否相信公理呢？对于这个问题古希腊数学家应该会这样回答你：公理是不需要证明的。

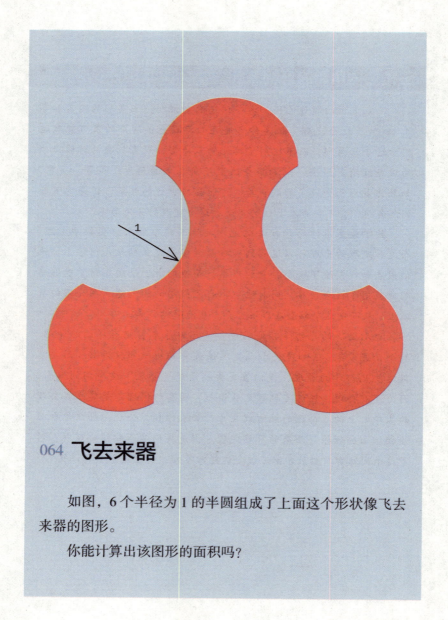

064 飞去来器

　　如图，6 个半径为 1 的半圆组成了上面这个形状像飞去来器的图形。

　　你能计算出该图形的面积吗？

正方形和三角形

简单的图形通过不同的组合能够构成复杂的图形，看看下面的这几个题目。

下图的凸多边形（从五边形到十边形）都是由全等的三角形和正方形组成的，现在请问组成十一边形至少需要多少个这样的三角形和正方形？

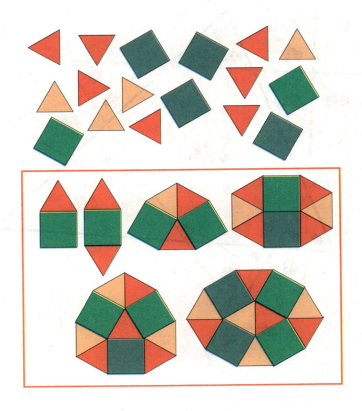

瓢虫的位置

一共有 19 只不同大小的瓢虫，其中 17 只已经被分别放入了下面的图形中，每只瓢虫均在不同的空间里。

现在要求你改变下面图形的摆放方式，使整个图中多出两个空间，从而能够把 19 只瓢虫全部都放进去，并且每只瓢虫都在不同的空间里。

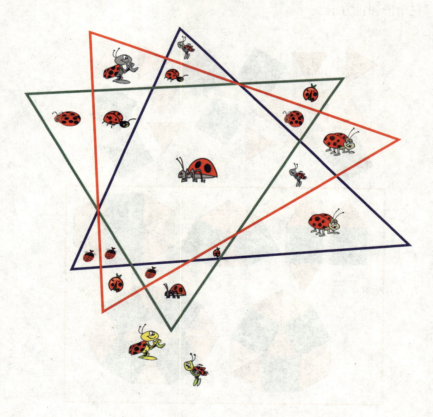

在平面上随机画几个点，要你用最短的线段把它们连接起来，应该怎么办？

解决这种问题时我们通常会用生成树（直接把点与点连接起来）或者斯泰纳树（即在平面上再画 1 个或几个辅助点）的解法。下图是平面上不同条件下分别采用这两种解法的情况。

线段总长度：2
3 个点
用生成树解法

线段总长度：1.74
3 个点
用斯泰纳树解法，在 3 个点中间加上 1 个点，使连接这 3 点的线段总长度最短

线段总长度：3
4 个点
用生成树解法

线段总长度：2.73
4 个点
用斯泰纳树解法，在 4 个点之外另外加上 2 个点，使线段总长度最短

067 最短的六边形

如右图所示，这 6 个点是一个正六边形的 6 个顶点，问怎样连接这 6 个顶点才能使线段总长度最短？

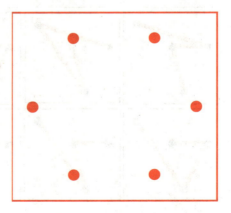

068 四点生成树

如图所示，图中的 4 个点分别是 4 个城市的位置，红色的线段是城市之间的公路。

请问下面的 16 幅图中哪幅图的公路总长度最短？

请你分别使用生成树和斯泰纳树解法。

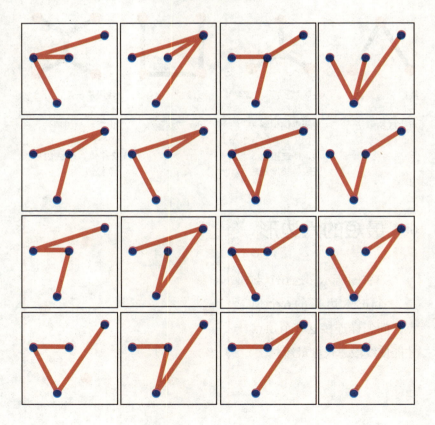

神奇的全脑思维游戏书

069 旋转

通常思考一个难题的过程比解开难题更有趣——特别是当题目的答案很难找到时。

上面是一些分散的色块，每个色块上都分别有一个顶点将色块钉在白纸上，请你转动这些色块，使它们最终拼成一个英文单词。

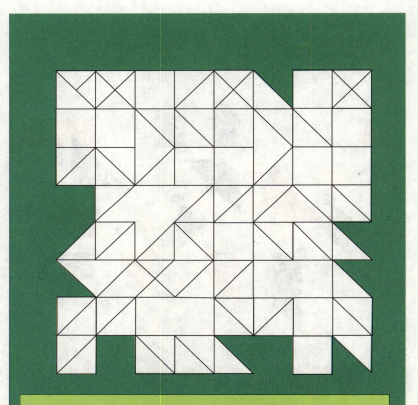

1

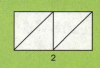

2

070 隐藏的图形

　　图形 1 和图形 2 分别如左图所示，请问在上图中你能够找到几个图形 1 和几个图形 2？其中图形 1 和 2 上面可以允许有其他的线段穿过。

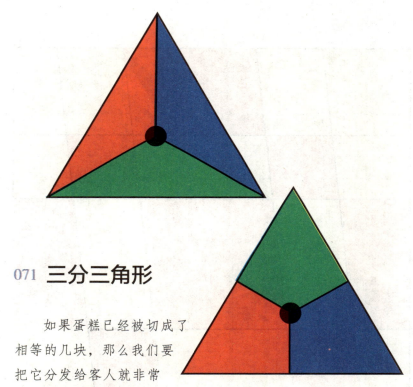

071 三分三角形

如果蛋糕已经被切成了
相等的几块，那么我们要
把它分发给客人就非常

容易了。但是如果切蛋糕的人没有切好，那么我们分蛋糕的时候
应该把大块给谁，把小块又给谁呢？

如上图和右图所示，要把一个正三角形三等分非常简单。

现在的要求是沿直线将三角形剪成几片，使各片拼起来能
够正好拼成 3 个一模一样的形状。且剪刀不能通过该三角形的
中心。

请问应该怎样剪？

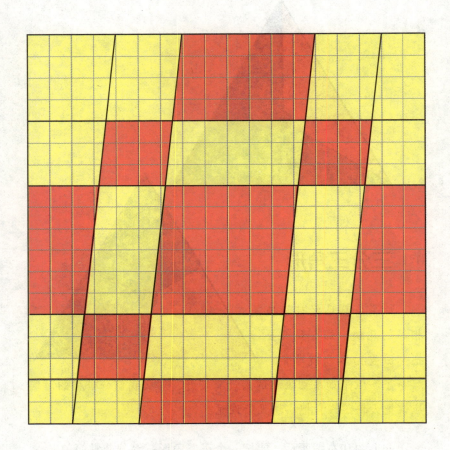

072 正方形格子

上图中红色的部分占整个正方形总面积的百分之几？

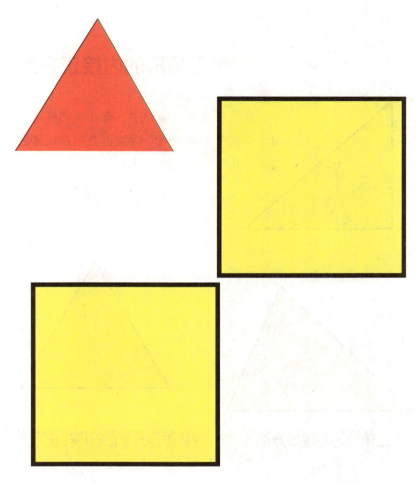

073 正方形的内接三角形

在边长为 1 的正方形的内接正三角形中，面积最小的是多少？面积最大的又是多少呢？

074 直角三角形的内接正方形

在等腰直角三角形中，有几个内接正方形？它们都一样大吗？内接正方形在该等腰直角三角形中的摆放方法有几种？

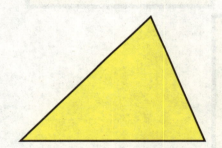

075 三角形的内接长方形

在上面的三角形中，如何画出最大的内接长方形？

076 等边三角形的内接正方形

在等边三角形的内接正方形中，面积最大的是多少？最大面积的内接正方形在该等边三角形中的摆放方法有几种？

神奇的全脑思维游戏书

每个人都喜欢去动物园玩，但是你有没有想过，其实饲养动物并不是一件容易的事情，饲养员要做的不仅仅是给小动物喂食那么简单。

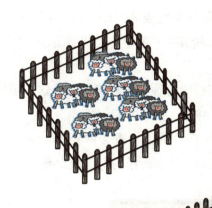

077 动物园的围栏 (1)

这3个围栏的面积相同，请问制作哪个围栏所用的材料最少？

078 动物园的围栏 (2)

我们已经讨论了在矩形面积相等的情况下怎样才能使周长最短。

现在摆在我们面前的是一个更难的问题：两个矩形围栏全等，并且有一条边重合，这种情况下怎样才能使制造围栏所用的材料最少呢？

如下图所示，这 3 种围栏中哪种所用材料最少？这 3 幅图都是按照相同的比例尺画的，并且 3 幅图的面积相等。

如果不仅仅是 2 个这样有一条边相重合的矩形，而是更多个，怎样才能使总的边长最短，从而所用的材料最少呢？

神奇的全脑思维游戏书

079 旋转方框

　　仅凭直觉回答：通过旋转这 5 个方框，能否使每条射线上仅有一种颜色？

080 卡利颂的包装盒

很多人都喜欢吃巧克力，把巧克力进行一定的几何排列也会成为一个好玩的思维游戏。

卡利颂是一种有名的法国糖果，它的形状是由两个正三角形所组成的菱形，卡利颂通常用漂亮的纸盒包装起来。

我们的题目就与它的包装有关。

我们用三角形格子的纸盒来装卡利颂，由于每个卡利颂要占两个三角形的位置，那么一般说来纸盒里三角形的格子数必须是偶数。

但是是不是这样就够了呢？是不是所有含三角形的格子数为偶数的纸盒都可以装满卡利颂，而没有一个格子空出来呢？

如下页图所示，你能够用 3 种颜色的卡利颂糖果填满下页的星形包装盒吗？

081 不透明的正方形

R. 亨斯贝尔格在 1978 年提出了"不透明的正方形"问题，也叫"不透明的围栏"，这一问题是对马丁·加德纳和伊恩·斯图尔特的不透明的多边形和不透明的立方体的问题的归纳。

已知 1 个单位面积的正方形，请你找出最短的围栏，使这个正方形能够挡住穿过该正方形边缘的所有直线。

这个围栏可以是任意形状的：直的、弯的或者由分开的几截组成的都可以。

最简单的一个解法就是沿着正方形的周长做一个围栏，也就是说围栏的长度是 4 个单位长度。更好一点的方法就是只围正方形的 3 边，也就是围栏的长度为 3。

请问你还能找出更短一点的围栏吗？

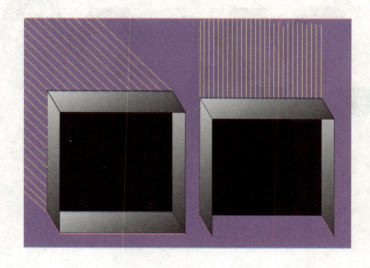

神奇的全脑思维游戏书

082 五角星的内角和

数学家总是对三角形非常着迷，因为不同的三角形能够有无数不同的组合，从而也就有了我们所看到的无数不同的复杂的图形。

如图所示，请问你能否证明五角星的内角和等于180°？

083 分割多边形

要把这些正五边形和正六边形分割成三角形，要求分割线只能是连接两个顶点的线段，而且这些分割线之间不能相交，你能想出多少种分割方法？

在该题中，同一个图形的旋转和镜像被认为是不同的图形。这个问题也被称为欧拉多边形分割问题。

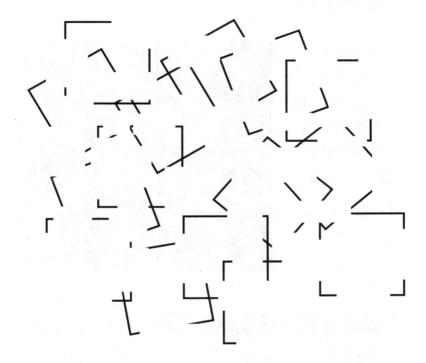

084 不完整正方形的个数

上图是若干个全等正方形不规则地排列在白色的桌面上，但是在这些正方形上面铺了一张有镂空图案的白色桌布，把很多正方形都部分地覆盖住了。

现在看着上面的这幅图，请问你还能数出桌子上正方形的个数吗？

085 土地裂缝

如图所示的是
一块泥地,泥地上有
很多裂缝,只用眼睛
看,你能够说出这众
多裂缝中哪一条是最
先出现的吗?

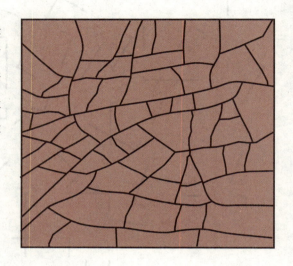

分岔结构

肥皂膜展示了细胞系统的特性,即趋向于最小的接触面。而这里所讨论的是一种完全不同的结构——分岔结构,比如说一棵普通的树,或者河床。这种结构在自然界中无处不在,分支趋向于向周围的地域发展,以争取更多的养料、光、热以及其他生存所必需的东西。高压下的固体、土地的裂缝、放电、腐蚀以及晶体的形成中都可以看到类似的结构。

所有的这种结构都是从一个点开始,沿着线形发展,直到它们与其他点的发展线相交,然后就会停止继续延伸。

那么,这些裂缝相交时有没有趋近于某个特定的角度呢?这些裂缝所形成的一个一个分开的"岛"是否具有某种特定的几何形状呢?

神奇的全脑思维游戏书

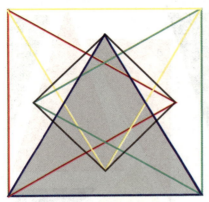

086 十二边形的面积

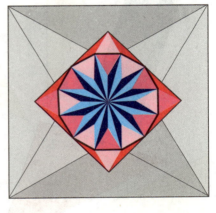

　　如上图所示，在一个大
正方形内画了4个等边三角
形，分别用红色、绿色、黄
色和蓝色的线标注了出来。
这4个等边三角形的顶点相
连形成了一个小正方形（用
黑色的线标注了出来），把这个小正方形的中心和三角形各边相
交的点连接起来，就形成了一个正十二边形，如右上图所示。这
个小正方形被称为库沙克瓦片，它被用来证明库沙克定理，即一
个半径为1的圆的内接正十二边形的面积为3。

　　右上图中的正十二边形与该库沙克瓦片之间的面积有什么
关系？

087 组合正方形

　　3 个全等的正方形被剪成了 13 块，如图所示。请问你能不能仅凭第一印象就迅速地把这 13 个图形重新拼成 3 个正方形？

088 给正方形涂色

把 4 种不同的颜色涂在正方形的 4 条对称轴上，其中相对的 2 条线段颜色相同，问一共有多少种涂色方法？

左边已经给出了其中的一种。

同一图形的不同旋转只看作是一种方法。

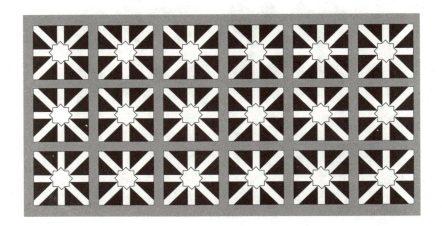

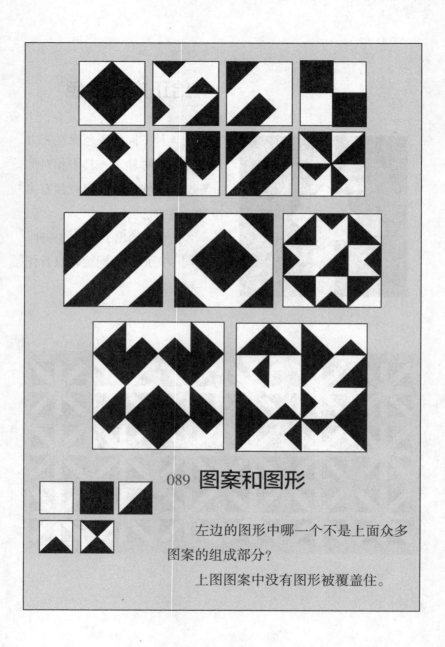

089 图案和图形

左边的图形中哪一个不是上面众多
图案的组成部分？

上图图案中没有图形被覆盖住。

答案

001. 找面具

那个生气的面具在第 2 行右边倒数第 2 个。

人的感知系统总是能够很容易察觉异常的事物，而完全不需要系统地查找。这个原理被用于飞机、汽车等系统里，从而使它们的显示器能够随时随地地探测出任何异常的变化。

002. 排队

003. 瓷砖图案

尽管看上去似乎至少需要两种图形才能构成这两个图案，而事实上只要一种就够了。比如在第一幅图中，你把黄色部分看作背景，那么其余的部分就全部是由下图所示的紫色图形所构成的。

004. 杂技演员 (1)

如图所示，有两种排列方法。

005. 杂技演员 (2)

如图所示，想象有两个这样的金字塔，它们正好拼成一个平行四边形，从图中可以很直观地看出这个平行四边形有 20 横行和 21 纵行，那么组成这个平行四边形就需要 20×21=420 个演员，两个金字塔需要 420 个演员，那么一个金字塔则需要 210 个演员。

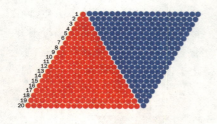

006. 阿基米德定律

如果金块和王冠所排出的水的体积相等，那么就说明王冠是纯金的。

但是当时这个实验的结果并非如此，相反，王冠排出的水的体积更大。这说明王冠并不是纯金的，所以王冠的体积才会比金块的体积大。

除了这个发现，阿基米德在很多其他的领域也有很大的作为。

他发现了每个浸在水中的物体都受到一个水对它的向上的作用力（也就是说，物体变轻了），

这称之为浮力，而物体的浮力等于该物体排出的水的重量。由此而出现了流体静力学。

在阿基米德之后，这个方法被很多人用来鉴别金属、珠宝以及测量物体的密度。另外，根据阿基米德定律，物体的质量与跟该物体等体积的水的质量之比，我们称之为该物体的比重。即：

$$比重 = \frac{物体的质量}{等体积的水的质量}$$

007. 液体天平——浮力

浸在水里的物体的浮力等于它所排出的水的重量。

你可能认为结果应该是在天平右端原来的重物基础上再加上与左端容器里重物承受的浮力相等的重量，然而真的是这么简单吗？

根据牛顿第三定律，作用力与反作用力相等。那么容器里的水对重物的浮力就等于重物对水的反作用力。

因此，天平右端的重量减少时，天平左端的重量相应增加。

所以要达到平衡，天平右端需要加上 2W 的重量，W 等于重物在左端容器里排出的水的重量。

008. 图案速配

1	2	3	4	5
6	7	8	9	10
11	12	13	14	15
16	17	18	19	20
21	22	23	24	25
26	27	28	29	30

5	27	13	28	8
30	11	18	3	20
23	16	7	15	29
2	17	10	6	26
9	14	22	1	24
21	4	19	25	12

009. 3 道菜

第 1 组菜中你有两道可以选择，第 2 组菜中你有 3 道可以选择，第 3 组菜中你有两道选择。因此你的选择方法一共应该有 $2 \times 3 \times 2 = 12$ 种。

010. 买彩票

根据前面我们已经讲过的组合的公式：

$$C_n^k = \frac{n!}{k!(n-k)!} = \frac{54!}{6!(54-6)!}$$

$$= \frac{54 \times 53 \times 52 \times \cdots \cdots \times 3 \times 2 \times 1}{(6 \times 5 \times 4 \times 3 \times 2 \times 1) \times (48 \times 47 \times 46 \times \cdots \cdots \times 3 \times 2 \times 1)} = 25827165$$

011. 夫妻圆桌

满足条件的排列方法只有唯一的一种，如下图所示。

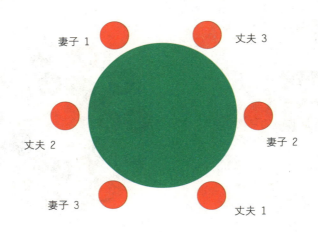

而如果有3对以上的夫妻，情况会发生很大的变化。下面列举了从3到10对夫妻满足条件的排列方法：

n=3........................ 1
n=4........................ 2
n=5........................13

n=6........................80
n=7........................579
n=8........................4738
n=9........................43387
n=10........................439792

这个问题就是益智数学中著名的麦那热问题。

012. 圆桌骑士

n 个骑士在圆桌旁的排列应该有：$\dfrac{(n-1)\times(n-2)}{2}$ 种，即：

$$\dfrac{(8-1)\times(8-2)}{2} = 21$$

种。另外的 20 种排列方法如图所示。

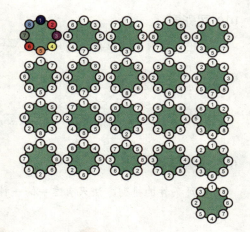

013. 动物转盘

满足条件的排序一共有4种，右图是其中的一种。

神奇的全脑思维游戏书

014. 蛋卷冰激凌

一共有 3 种口味需要排序，因此应该是 3 的阶乘，也就是一共有 6 种排序方法，因此冰激凌的口味正好是你最喜欢的顺序的概率应该是 1/6。

015. 传音管

声音的传播跟光一样，也遵循反射定律。

如图所示，当两根管子跟墙所成的角度分别相等时，两个孩子就能够听到对方讲话。声波反射到墙面上，然后再通过墙反射进管子。

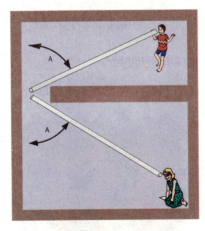

016. 帕斯卡定理

我们必须记住的是水压所产生的巨大力量是同距离有很大关系的。

因此，大活塞每活动 1 个单位距离，小活塞就要活动 7 个单位距离。

加在小汽缸上的压力应该是 7 牛。

017. 多边形和线段

正多边形：6，12

不闭合多边形：1，8

闭合多边形：2，3，4，5，6，7，9，10，11，12

简单多边形：4，5，6，10，11，12

复杂多边形：2，3，7，9

复合多边形：3，9

凸多边形：5，6，10，12

凹多边形：1，2，3，4，7，8，9，11

018. 相交多边形 (1)

019. 相交多边形 (2)

无解。

020. 相交多边形 (3)

无解。

021. 相交多边形 (4)

022. 圆的弦相交问题

每 3 个圆的 3 条公共弦都有 1 个交点，一共有 3 个这样的交点，这 3 点连成线可以组成 1 个三角形。

023. 半径与面积

橙色的圆的半径是黄色圆半径的一半，那么根据圆的面积公式，橙色的圆的面积应该是黄色的圆的 1/4；而图中一共有两个橙色的圆，那么两个橙色的圆的面积应该是黄色的圆的面积的一半。其他的圆可以同理得到。

假设黄色的圆的面积为 1 个单位面积，那么其他颜色的圆的面积为：

橙色的圆为 1/2 个单位面积；
红色的圆为 1/4 个单位面积；
绿色的圆为 1/8 个单位面积；
紫色的圆为 1/16 个单位面积；
黑色的圆为 1/32 个单位面积。

024. 电影胶片

所得到的图案如下图所示。

025. 阿基米德的盒子

各块碎片的面积如图所示。

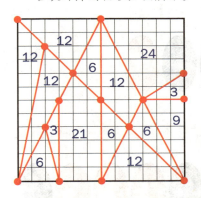

1	2	3	4	5	6	7	8	9	10	11	12	13	14
12	12	24	12	6	12	3	21	6	6	6	3	9	12

026. 多边形变星形 (1)

027. 多边形变星形 (2)

028. 多边形变星形 (3)

一共有 23 种。

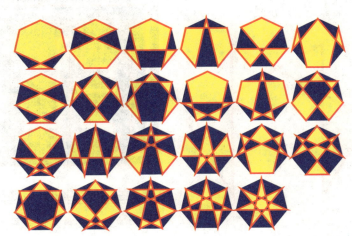

029. 双色珠子串

二连珠可能有 4 种：红—红；红—蓝；蓝—蓝；蓝—红。
没有重复的二连珠的珠子串最长含 5 颗珠子：

三连珠可能有 8 种；没有重复的三连珠的珠子串最长含 10 颗珠子：

030. 六边形的图案

只有这个图案是单独的，其他图案都是成对出现的。

031. 弯曲的彩虹

032. 富兰克林的细胞自动机

原来的图形被复制需要 4 步，

如下图所示。

　　麻省理工学院的爱德华·富兰克林于 1960 年发明了这个系统。这个系统非常有价值，最初的图形经过一定的步数后会复制为原来图形的 4 倍、16 倍、64 倍。

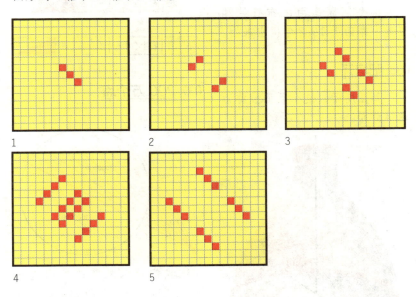

033. **拇指结**

　　这个结会被打开。

034. **最短的距离**

　　如图所示，对于房子总数为偶数的情况，到所有的房子距离最近

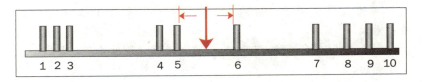

的点应该在中间两栋房子的中心。

而对于房子总数为奇数的情况，到所有房子距离最近的点应该是最中间的那栋房子。

这个问题是由 J.布查特和里奥·摩西于 1952 年提出来的。

035. 肥皂环

如图所示，这个曲面被称为悬链曲面。

036. 左撇子和右撇子

N 是既是左撇子同时也是右撇子的学生数。

7N 的人是左撇子，9N 的人是右撇子。

那么 N+6N+8N=15N，即全班的学生数。

而右撇子在学生总数中所占的比例是 9N/15N，即 3/5，超过班上一半的人数。

左	左	左	左	左	左	N=左+右

右	右	右	右	右	右	右	右	N=左+右

037. 200 万个点

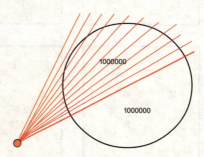

我们可以从圆的外面选一点，从这一点向圆发出射线，射线从圆的边缘开始切入。我们可以数这条射线与圆相夹的面积内有多少个点，直到正好为 100 万个点为止。这时这条射线在该圆内的线段就是我们要找的线段。

如果射线一次扫射正好从999999 个点到了 1000001 个点，那就只能在圆外面另选一个点，重新来试，最后总有一条线会成功的。这就是所谓的馅饼理论的一个简单例子。

038. **有向三角形**

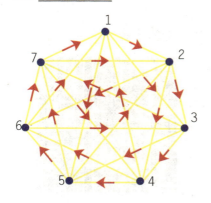

039. **魔方**

图中一共有 $8×8×8$ 个 $1×1$ 的立方体。

有 $7×7×7$ 个 $2×2$ 的立方体。

有 $6×6×6$ 个 $3×3$ 的立方体。

……

以此类推，最后有 1 个 $8×8$ 的立方体。

因此立方体的总数应该是 $8^3+7^3+6^3+5^3+4^3+3^3+2^3+1^3=1296$。

事实上由一个公式可以直接得到这个结果：

总的立方体数 $=\left[\dfrac{n}{2}×(n+1)\right]^2$，当 $n=8$ 时，得到 1296。

040. **三色环**

红色面积最大（19个单位面积），其次是绿色部分（18个单位面积），而蓝色部分的面积是 17 个单位面积。

这道题是建立在意大利数学家卡瓦列里（1598—1647）的理论基础上的，即等底等高的三角形面积相等。

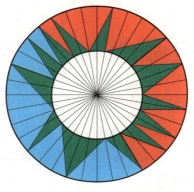

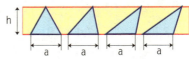

041. **八色纸片**

将 8 个不同颜色的纸片拼入所给出的不规则图形中，且不出现重复，答案如图所示。

此类题目的解法同拼图类

似，但是稍难一些，因为拼图一般都是将碎片拼成规则图形，而此题恰好相反。

在做这种题目的时候我们的判断力常常被图的背景所干扰，从而很容易弄错。

043. 连接色块

042. 猫窝的门

蓝色的门应该选择2；红色的门应该选择7，你选对了吗？

该题的解有很多种，上面是其中一种，如图所示。

044. 密码

1. 每个字母有 26 种可能，每个数字有 10 种可能，那么密码的可能性有：

$P=26×26×26×10×10=26^3×10^2=1757600$ 种。

2. $P=26×25×24×10×9=1404000$ 种。

3. $P=1×25×24×10×9=54000$ 种。

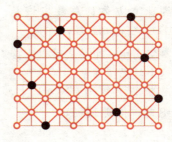

045. 伪装

046. 小钉板上的闭合多边形 (1)

在 3×3 的小钉板上不论你怎么连，最终总是会剩下 2 个钉子；而在 5×5 的小钉板上则总是会剩下 1 个钉子；在 4×4 的小钉板上可以把 16 个钉子全部用上，一个也不剩。如图所示。

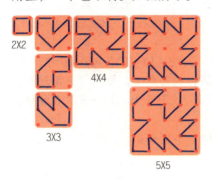

2X2
4X4
3X3
5X5

047. 小钉板上的闭合多边形 (2)

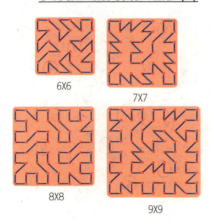

6X6
7X7
8X8
9X9

答案如图所示。当然也可能有其他的解。

048. 小钉板上的闭合多边形 (3)

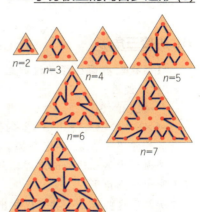

n=2
n=3
n=4
n=5
n=6
n=7
n=8

049. 小钉板上的闭合多边形 (4)

答案如图所示。当然也可能有其他的解。

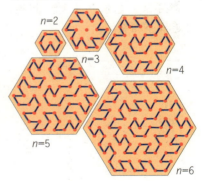

n=2
n=3
n=4
n=5
n=6

050. 重叠的六边形

4个绿色正六边形的面积之和等于红色正六边形的面积，而它们重叠的部分的面积是相等的，因此减去了重叠部分之后的面积还是相等的。

051. 拼接三角形

根据我们前面已经学过的组合公式，从6根棍子里选出3根来有20种可能性：

$C_n^k = 6!/(3! \times 3!)$

$= 6 \times 5 \times 4 \times 3 \times 2 \times 1/(3 \times 2 \times 1) \times (3 \times 2 \times 1) = 720/(6 \times 6) = 20$ 种

但是并不是这20种组合都能够拼成三角形，根据"三角形两边之和必须大于第三边"的定理，3-4-7、3-4-8、3-5-8这3种组合都不能组成三角形。

所以用这些棍子一共可以拼出17个三角形。

052. 连线

答案如右图所示。原题中选的是18个点，其实任意多少个点都可以把它们从头到尾相连，且连线不相交。

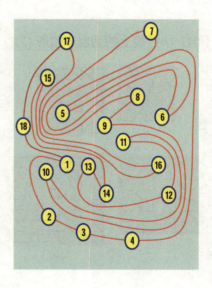

053. 小钉板上的四边形 (1)

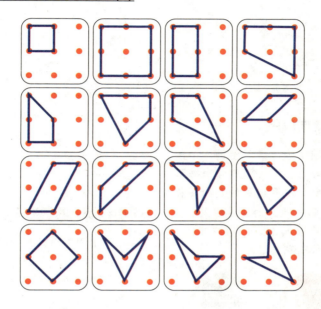

054. 小钉板上的四边形 (2)

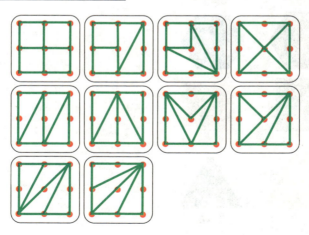

055.数一数 (1)

23 个正方形。

056.数一数 (2)

50 个正方形。

057.面积和周长

如图所示，第 1 组的 4 个图形面积相等，第 2 组的 4 个图形周长相等。这两组中的圆的周长和大小都一样，而第 2 组其他 3 个图形的面积比第 1 组的其他 3 个图形的面积都要小。

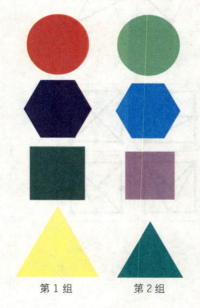

第 1 组　　　第 2 组

058.小钉板上的图形面积 (1)

7.5 个单位面积。

可以把这个红色四边形的面积分成 3 个直角三角形和中间的 3 个小正方形。中间的 3 个小正方形的面积是 3 个单位面积，而 3 个直角三角形的面积分别是 1.5 个、1 个、2 个单位面积，因此红色四边形的总面积是 3+1.5+1+2=7.5 个单位面积。

059.小钉板上的图形面积 (2)

这 4 个图形的面积分别是 17 个、9 个、10 个、16 个单位面积。

上一题的方法同样也适用于这一题。不过对于更加复杂的图形可以采用皮克定理，它会让计算变得非常容易。

当我们要计算一个小钉板上的闭合多边形的面积时，我们所要做的就是数出这个多边形内（不包括多边形的边线）的钉子数（N）和多边形的边线上的钉子数（B），多边形的面积就等于：$N+B/2-1$。

你可以用本题中的例子来验证一下这个公式。

060. 多少个三角形

1. 1 个三角形
2. 5 个三角形
3. 13 个三角形
4. 27 个三角形
5. 48 个三角形
6. 78 个三角形

如果 n（n 为每条边被平均分成的份数）为偶数，三角形的总数将遵循下面这个公式：

$$\frac{n(n+2)(2n+1)}{8}$$

而如果 n 为奇数，公式应该是：

$$\frac{n(n+2)(2n+1)-1}{8}$$

061. 小钉板上的正方形

如图所示，该问题的解是唯一的。

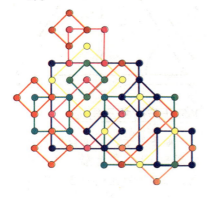

062. 萨瓦达美术馆

瓦塞克·萨瓦达和史蒂夫·弗里斯克认为可以用下面的定理来解决这个美术馆的问题。

如图所示，将这个美术馆的平面图分成若干个三角形，每个三角形的顶点分别用 3 种不同的颜色标注出来，每个三角形所用的 3 种颜色都相同。最后在出现次数最少的颜色的顶点处安放监视器。

但是这个办法只能帮助我们从理论上知道需要放多少台监视器。

按照这一定理一共需要 6 台监视器，然而在实际操作中只需要 4 台就够了。

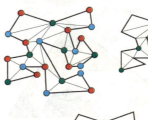

063. 三角形的内角

如图将三角形的 3 个角分别

向内折，中间形成一个长方形，这样A、B、C三个角加起来正好是一个平角，也就是相加之和等于180°。

除了欧几里德平面，还存在球面和双曲球面，在球面上的三角形3个内角之和大于180°，而在双曲球面上的三角形内角和则小于180°。

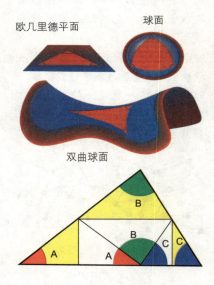

欧几里德平面　　球面

双曲球面

064. 飞去来器

该图形可以通过移动拼成一个正六边形，那么我们只要算出这个正六边形的面积，就可以得到原图形的面积。这个正六边形

是由6个正三角形组成的，如右图所示。因此所求图形的面积为6× 正三角形面积，即：

$$6 \times \frac{1}{2} \times 底 \times 高$$
$$= 6 \times (\frac{1}{2} \times 2 \times (\sqrt{2^2 - 1^2}) = 6$$

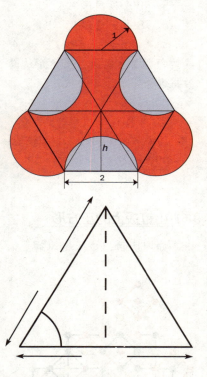

065. 正方形和三角形

如图所示，至少需要7个正方形和13个三角形；其中由6个正三角形所组成的凸五边形可

以用来作为十一边形的核心。

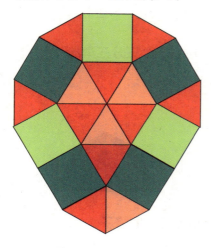

这一点很容易证明。两个三角形相交，最多能够形成7个独立的空间，而第3个三角形的每一条边最多能够与4条直线相交，因此它能够与前两个三角形再形成12个新的空间，所以加起来就是19个空间。

067.最短的六边形

下图是分别用这两种方法所得到的解。

这两种方法中所用的线段长度最短的是用生成树法，即用正六边形的5条边把这6个点连接起来。

066.瓢虫的位置

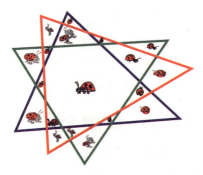

如图，19只瓢虫分别在不同的空间内。

一般情况下，3个三角形相交，最多只能形成19个独立的空间。

5.196个单位　　　　5个单位

068.四点生成树

第1行的第3幅图中的公路总长度最短。

1968年，贝尔实验室的埃德加·吉尔伯特和亨利·波拉克提出一个理论：不管这几个城市的位置如何，用斯泰纳树的方法能够比用生成树的方法节约 13.34% 的距离。23 年后这一理论被普林斯顿大学的堵丁柱教授和贝尔实验室的黄光明博士所证明。

要找到连接众多点之间的最短的线段可不是一件容易的事情。不过肥皂泡似乎"深谙此道"，把简单的模型浸入肥皂水中，往往马上就能得出结果。

069. 旋转

如图所示，把图中的每一个色块按顺时针方向旋转180°就得到下面的英文单词：

070. 隐藏的图形

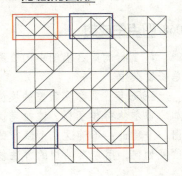

图形1和图形2在图中分别出现了两次，如图所示。

071.073. 三分三角形

如图所示。

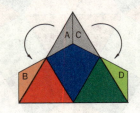

072. 正方形格子

红色部分占总面积的 44%。

我们可以看到图中竖向的线都是平行的。又根据等底等高的平行四边形和长方形的面积相等，而红色部分又全部都是平行四边形，因而很容易得到红色部分的面积为总面积的 4/9，即 44%。

073. 正方形的内接三角形

最小的内接正三角形边长为 1，面积约为 0.4330；

最大的内接正三角形边长为 1.035，面积约为 0.4641。

内接正三角形的面积计算公式是：$A=\dfrac{\sqrt{3}}{4}S^2$

15°

074. 直角三角形的内接正方形

直角三角形的内接正方形只有两个，摆放位置如图所示。用红色标示出来的那个正方形是最大的。

075. 三角形的内接长方形

将三角形任意两边的中点连

结起来，这条线段与三角形的另一边所组成的长方形就是面积最大的内接长方形。锐角三角形有3个这样的内接长方形（形状不同，面积相同）；直角三角形有2个；钝角三角形只有1个。这个内接长方形的面积是三角形面积的一半，这一点用折纸很容易就能证明。

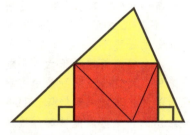

076. 等边三角形的内接正方形

如图所示，等边三角形的内接正方形有3种摆放方法。

该正方形的面积见下图。

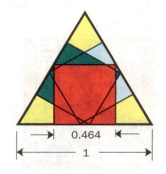

0.464

1

077.动物园的围栏 (1)

在面积相等的 3 个围栏中，正方形围栏所用的材料最少。

078.动物园的围栏 (2)

关着大象的围栏所用的材料最少。

也就是说，两个相连的全等图形面积相等时，周长最短的并不是正方形，而是长比宽长 1/3 的长方形。

这个答案是通过正六边形解出来的，而这个证明则是由密歇根大学的托马斯·黑尔斯于 1999 年给出的。这可能能够部分地解释为什么六边形在自然界中出现得如此之多，比如蜜蜂的蜂巢。

079.旋转方框

这是不可能做到的。最接近的解如下图所示。

080.卡利颂的包装盒

下图是一种解法的直观图。

在该题中，3 种颜色的卡利颂必须分别占糖果总数的 1/3。

你有没有发现，下图 3 种颜色的卡利颂组成了一个非常具有立体感的图形。

081.不透明的正方形

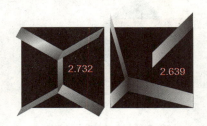

由一条连续的线构成的围栏中最短的就是 U 形围栏了。

最短的斯泰纳树的围栏长度为 2.732 个单位长度，如图所示，但是它还不是最短的。

迄今为止最短的解法是 2.639 个单位长度。

082. 五角星的内角和

无论是什么形状、什么大小的五角星，它的 5 个内角之和都等于 180°。

这个定理你可以这样验证：通过作辅助线把 5 个内角放到一条直线上，如图所示。

083. 分割多边形

一般情况下，正多边形能够分割成不相交的三角形的个数从三角形开始分别是：

1，2，5，14，42，132，429，1430，4862，……

这些数也被称之为加泰罗尼亚数字，以尤根·加泰罗尼亚 (1814—1894) 的名字命名。它们在组合数学的很多问题中都经常出现。

084. 不完整正方形的个数

如图所示，一共有 15 个正方形。

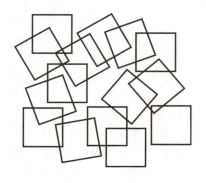

085. 土地裂缝

　　最先出现的那条裂缝是图中间横向的一条，从正方形左边的中间向右延伸到右边离右上角1/3处的地方。

　　20世纪60年代，美国空军剑桥研究实验室的詹姆士·尼尔根据他多年对泥裂的研究得出结论：泥块之间相交的裂缝大约是垂直的，这些被裂缝分割成的泥块都呈四边形。"几何的约束"在断裂的泥块中间也发挥了作用。所有简单的网状结构的形成都有这样的趋势——每3条边相聚合在1个交叉点。一大片泥地里的多处裂缝显然不是同时形成的，而是先后形成的。因而，当一个裂缝出现时，它通常会挨着已经形成的老的裂缝，与之形成一个交点，从这条交点发射出3条射线。要形成发射4条射线的交点是不太可能的，因为一般不会出现两个新裂缝同时与老裂缝相交，而且正好向相反的方向发展的情况。

　　通常要判断两个裂缝中哪个更早出现并不难：更早出现的裂缝会完全穿过这两个裂缝的交点。

086. 十二边形的面积

　　如图所示，这个瓦片被分为16个相等的正三角形和32个相等的等边钝角三角形，这些钝角三角形的3个角都分别为15°、15°、150°。

　　在瓦片以内正十二边形以外有4个正三角形和8个钝角三角形，占三角形总面积的1/4。因此该正十二边形的面积是这个瓦片面积的3/4。由于库沙克瓦片是一个半径为1的圆的内接正方形，因此它的面积为4，所以该正十二边形的面积为3。

087. 组合正方形

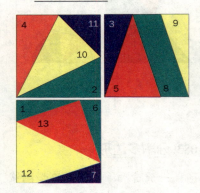

088. 给正方形涂色

　　一共有12种不同的涂色方

法，如图所示。

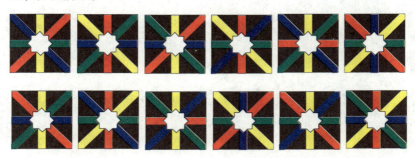

089. 图案和图形

如图所示，该图形没有被用到。

神奇的全脑思维游戏书

增强
记忆力

金 铁 / 主编

中国华侨出版社

北 京

图书在版编目 (CIP) 数据

神奇的全脑思维游戏书 / 金铁主编 . –– 北京 : 中国华侨出版社 , 2021.1
ISBN 978–7–5113–8427–0

Ⅰ . ①神… Ⅱ . ①金… Ⅲ . ①智力游戏－通俗读物
Ⅳ . ① G898.2

中国版本图书馆 CIP 数据核字 (2020) 第 226671 号

神奇的全脑思维游戏书

主　　编：	金　铁	
责任编辑：	江　冰	
封面设计：	冬　凡	
文字编辑：	朱立春	
美术编辑：	吴秀侠	
经　　销：	新华书店	
开　　本：	880mm×1230mm　1/32　印张：32　字数：720 千字	
印　　刷：	三河市兴博印务有限公司	
版　　次：	2021 年 1 月第 1 版　2021 年 1 月第 1 次印刷	
书　　号：	ISBN 978–7–5113–8427–0	
定　　价：	208.00 元（全 8 册）	

中国华侨出版社　北京市朝阳区西坝河东里 77 号楼底商 5 号　邮编：100028
法律顾问：　陈鹰律师事务所
发 行 部：　（010）88893001　　　传　真：（010）62707370
网　　址：　www.oveaschin.com　　E－m a i l：　oveaschin@sina.com

如果发现印装质量问题，影响阅读，请与印刷厂联系调换。

前言
PREFACE

　　思维游戏引人入胜，充满趣味，在活跃大脑的同时，带给游戏者一种全新的、前所未有的新奇和快感，并能激发好奇心。本套书侧重于提高你的创造力、推理力、想象力、观察力、记忆力、分析力、逻辑力、判断力等各方面的能力。

　　记忆力是可以被挖掘的。研究表明，人脑潜在的记忆能力是惊人的、超乎想象的，只要掌握了科学的记忆规律和方法，每个人的记忆力都可以提高。记忆力得到提高，我们的学习能力、工作能力、生活能力也将随之提高，甚至可以改变人的命运。

　　本书汇集阅读应用、缺失的图像、恰当地配对、找出不同之处、整理书籍、迷宫、树形家谱图、在镜子中的记忆、补空缺、拼整圆各类思维游戏，从提高记忆力的角度出发，对每一类游戏都进行了精心选择和设计。每个游戏都极具代表性和独创性，难易有度，形式活泼。在游戏的过程中，你需要速记或认真理解，尽可能获取有用信息；需要对问题进行整体把握，梳理事物与事物间的联系，找出合理的解题方法；需要对各类线索进行归纳和总结，找出解决问题的关键点。

　　书中的 99 个思维游戏可以有针对性地锻炼你的记忆力，帮助你学会联想记忆法、分类记忆法、概括记忆法、提纲记忆法、细节观察法、外部暗示法、图像记忆法、逻辑推理法等有利于提高记忆力的方法，所举实例涉及语文、数学、英语、历史、地理等学科，对于改变机械的记忆方式、增强记忆效果具有指导意义，并寓教于乐，让你在游戏中不断进升自我，迅捷走向成功。

目录

CONTENTS

001 做早餐

这个练习需要集中注意力，并要求调动逻辑推理、计划和心理意象等能力。

把下面打乱的图案按照逻辑顺序重新排列。

阅读应用 (1)

这个练习要求高强度的记忆力和注意力。

1. 仔细阅读这段文章，然后把它盖住，继续做练习。

复活节期间，格瓦赫在他所在辖区的一个文化中心参加了一个戏剧培训班。最初，他只是想战胜自己害羞的天性，但是很快他就被出台演出的欲望征服了。在老师的鼓励下，他明天将第一次接受演员分配挑选，参演一个由爱尔兰小说改编的音乐剧。

2. 现在请盖住上面的文章，回答下面的问题：
◎ 格瓦赫在什么时候参加的培训班？
◎ 他在哪里参加的培训班？
◎ 他抱着什么样的目的报的名？
◎ 他什么时候接受第一次演员分配挑选？
◎ 音乐剧是由什么来改编的？

003 缺失的图像 (1)

这个练习需要调动分析能力和视觉记忆。

1.仔细地观察并记住这些图。然后，把它们盖住，继续以下的练习。

现在，请在 4 个选项中找出一个可以填充的元素，以得到上一个系列。

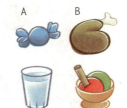

2.仔细地观察并记住这些图。然后，把它们盖住，继续以下的练习。

现在，请在 4 个选项中找出一个可以填充的元素，以得到上一个系列。

3. 仔细地观察并记住这些图。然后，把它们盖住，继续以下的练习。

现在，请在4个选项中找出一个可以填充的元素，以得到上一个系列。

神奇的全脑思维游戏书

004 服务员 (1)

　　这个练习训练运作记忆的口头和视觉方面。事实上，它涉及学习一定数量的新信息，然后再把它们重组出来。

　　1. 记住两个对话者的菜单。然后，盖住图片完成练习。

　　2. 现在你能够借助下面的菜名将两个对话者的菜单重组出来吗？

猪肉酱、牛扒、白奶酪、水果沙拉

绿沙拉、面磨鳎鱼、卡门贝干酪、草莓奶油蛋糕

柯罗艾

雨果

菜单

绿沙拉
猪肉酱

牛扒
面磨鳎鱼

卡门贝干酪
白奶酪

草莓奶油蛋糕
水果沙拉

005 逻辑推理 (1)

在这个练习中，为了理解从一个多米诺骨牌到下一个多米诺骨牌所执行的操作，良好的推理能力是必需的。同时，还需要视觉运作记忆的参与。

1. 观察下面的多米诺骨牌。

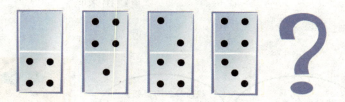

2. 在以下 4 个选项中，找出能够替代问号的多米诺骨牌。

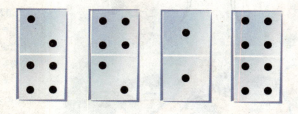

神奇的全脑思维游戏书

恰当地配对（1）

这个练习需要利用你的文化知识和良好的视觉-空间记忆。

1. 找出对应的国家及其首都。　　2. 找出对应的动物及其类属。

泰国	奥斯陆
巴格达	挪威
阿根廷	曼谷
塞内加尔	布宜诺斯艾利斯
达喀尔	伊拉克

鹧鸪	哺乳纲
爬行纲	凤尾鱼
昆虫	白蚁
乌龟	鱼类
鸟类	旱獭

3. 找出对应的医生称谓及其专业。

心脏	皮肤科医生
儿科医生	眼睛
肺	心脏科医生
眼科医生	儿童
皮肤	肺病科医生

　　建议： 如果你对这些题目涉及的内容不太了解，请不要沮丧。参见答案，然后在一星期后重新做练习，评估你是否取得进步。

007 旋转的立方体 (1)

这个练习要求调动心理成像的能力。

1.仔细地观察这个展开的立方体表面，记住图案及其位置。然后，盖住它继续做练习。

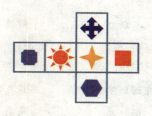

2.现在，把提供的元素重新放入展开的立方体表面。为了帮助你，两个元素已经被放置在其中了。注意，立方体被旋转了！

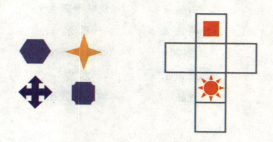

　神奇的全脑思维游戏书

找出不同之处 (1)

这个练习需要集中注意力，及分析、视觉－空间记忆和口头记忆的参与。建议最好记住物体的外形、颜色和位置，如果给每件物体起个名字，就更容易了。

1. 仔细地观察下面给出的场景，记住不同物体的外形、位置和颜色。然后，盖住图片继续完成练习。

2. 现在，请找出这个场景与上面给出的场景之间的 6 处不同。物体可能被置换、移动、拿走……

009 整理书籍 (1)

这个练习要求调动情景记忆（因为必须记住游戏的步骤）和策略性的程序记忆（利用以前使用过的类似策略）。

如何移动最少的书，就能从图 A 到图 B，注意：

◎ 不能把一本书放在比它小的书上；

◎ 一次只能移动一本书。

A

B

旋转的立方体 (2)

这个练习要求调动心理成像的能力。

1.仔细地观察这个展开的立方体表面，记住图案及其位置。然后，盖住它继续做练习。

2.现在，把提供的元素重新放入展开的立方体表面。为了帮助你，两个元素已经被放置在其中了。注意，立方体被旋转了！

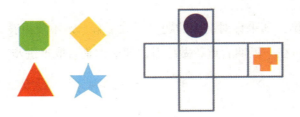

011 他是谁 (1)

这个练习将考查你的语义记忆，包括你的文化知识和推理能力。

1.瑞典化学家，炸药的发明者，有一个奖项以他的名字命名，每年颁发一次，奖励在不同领域里做出卓越贡献的人。

他是谁?

A. 阿尔弗雷德·诺贝尔　　B. 托马斯·爱迪生　　C. 亚历山德罗·伏特

2.罗马爱神，他有一张金弓、一支金箭和一支银箭。被他的金箭射中，便会产生爱情；被他的银箭射中，则会拒绝爱情。

他是谁?

A. 阿波罗　　B. 朱庇特　　C. 丘比特

建议：如果你对上面的题目不太了解，请不要沮丧。参见答案，然后在一星期后重新做练习，评估你是否取得进步。

012 恰当地配对 (2)

这个练习需要利用你的文化知识和良好的视觉−空间记忆。

1. 找出对应的技术及其职业。

2. 找出对应的植物及其类属。

建议：如果你对上面的题目不太了解，请不要沮丧。参见答案，然后在一星期后重新做练习，评估你是否取得进步。

找出不同之处 (2)

这个练习需要集中注意力，及分析、视觉-空间记忆和口头记忆的参与。建议最好记住物体的外形、颜色和位置，如果给每件物体起个名字，就更容易了。

1.仔细地观察下面给出的场景，记住不同物体的外形、位置和颜色。然后，盖住图片继续完成练习。

2.现在，请找出这个场景与上面给出的场景之间的 6 处不同。物体可能被置换、移动、拿走……

缺失的图像 (2)

这个练习需要调动分析能力和视觉记忆。

1.仔细地观察并记住这些图。然后，把它们盖住，继续以下的练习。

现在，请在4个选项中找出一个可以填充的元素，以得到上一个系列。

2.仔细地观察并记住这些图。然后，把它们盖住，继续以下的练习。

现在，请在4个选项中找出一个可以填充的元素，以得到上一个系列。

3. 仔细地观察并记住这些图。然后，把它们盖住，继续以下的练习。

现在，请在 4 个选项中找出一个可以填充的元素，以得到上一个系列。

神奇的全脑思维游戏书

015 看病

这个练习需要集中注意力，并要求调动逻辑推理、计划和心理意象等能力。

把下面打乱的图案按照逻辑顺序重新排列。

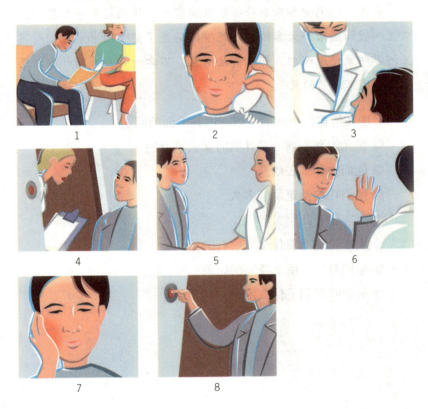

阅读应用 (2)

这个练习要求高强度的记忆力和注意力。为了成功地完成练习，不仅需要仔细地阅读文章，还要尽可能多地注意其中的细节。这个练习同时也训练了对文章的理解能力。

1. 仔细阅读这段文章，然后把它盖住，继续做练习。

去年，纪尤姆和朱丽叶去埃及度蜜月。他们花了一个星期，乘坐一艘四层豪华大客轮沿着尼罗河游览了整个国家。他们对国王河谷印象特别深刻，那儿有法老墓。不幸的是，朱丽叶难以忍受这个国家闷热的天气。

2. 现在请盖住上面的文章，回答下面的问题：
◎ 纪尤姆和朱丽叶是什么时候去埃及的？
◎ 他们为什么去埃及？
◎ 他们在埃及逗留了多久？
◎ 大客轮有几层？
◎ 大客轮是沿着什么河航行的？
◎ 他们对什么留下特别的印象？
◎ 朱丽叶遇到了什么困难？

他是谁 (2)

这个练习将考查你的语义记忆，包括你的文化知识和推理能力。

在备选答案中选出与每个陈述相关的人物。

1. 法国皇后，原籍奥地利，丈夫死后，被关在巴黎裁判所的附属监狱里。1793 年，被处死。她是谁？

A. 玛莉·梅第奇　　B. 玛莉·安托瓦奈特　　C. 玛格丽特·纳瓦拉

2. 西班牙画家和雕塑家，尖胡子，超现实主义大师，创作的作品"柔软的钟表"在世界各地展出。他是谁？

A. 帕布鲁·毕加索　　B. 弗朗西斯科·戈雅　　C. 萨尔瓦多·达利

3. 19 世纪法国化学家和生物学家，发现抗狂犬病的疫苗，今天有一个研究机构以他的名字命名。他是谁？

A. 皮埃尔·居里　　B. 尼古拉·哥白尼　　C. 路易·巴斯德

建议：如果你对上面的题目不太了解，请不要沮丧。参见答案，然后在一星期后重新做练习，评估你是否取得进步。

正确的图案 (1)

这个练习训练你的视觉记忆和注意力。

1. 仔细地观察下面的这个图案，然后把它盖住再继续练习。

2. 以下 4 个图案，哪个是你刚记住的？

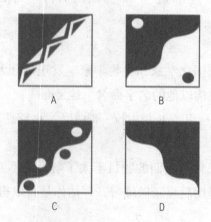

019 **整理书籍 (2)**

这个练习要求调动情景记忆（因为必须记住游戏的步骤）和策略性的程序记忆（利用以前使用过的类似策略）。

如何移动最少的书，就能从图 A 到图 B，注意：

◎ 不能把一本书放在比它小的书上；

◎ 一次只能移动一本书。

A

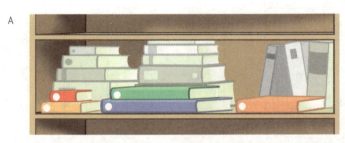

B

020 迷宫 (1)

这个游戏训练视觉−空间记忆和注意力。

进入迂回曲折的迷宫，然后尽可能快地出来。

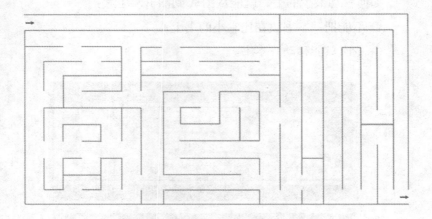

神奇的全脑思维游戏书

021 在镜子中的记忆 (1)

这个练习训练视觉-空间记忆和意象转动图像的能力。

仔细观察左边的图案，记住它的形状和所占的格子。然后盖住图案，在右边的"镜子中"对称地画出它的图像。

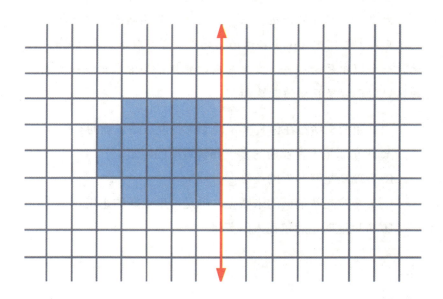

022 逻辑推理 (2)

这个练习需要调动情景记忆和逻辑推理能力。

仔细阅读下面这段文字，然后回答问题。可以不盖住文字。

公元前7世纪，罗马城和阿尔瓦城陷入对峙。一场血腥的战斗将决定两个军营的命运：三个罗马人，贺瑞斯氏，将攻打三个阿尔瓦人，古里亚斯……在这场悲剧里，贺瑞斯与萨宾娜结婚了，她是一个阿尔瓦女人——古里亚斯的姐姐；而卡米拉——贺瑞斯的妹妹，是古里亚斯的未婚妻。

很难厘清头绪？在你看来，以下哪些说法是正确的？
A. 萨宾娜是古里亚斯的妻子和贺瑞斯的姐姐。
B. 贺瑞斯是罗马人的英雄。
C. 卡米拉是贺瑞斯的未婚妻，也是古里亚斯的姐姐。
D. 古里亚斯是阿尔瓦人的英雄。

神奇的全脑思维游戏书

023 树形家谱图 (1)

这个练习训练记忆名字和家庭关系的能力。

树形家谱图以简单的方式标出一个家族的亲属关系。

◎ 竖线表示父母——子女关系。

◎ 水平线表示兄弟姐妹关系。

◎ X 表示夫妻关系。

1. 观察并记住这个树形家谱图，然后盖住它继续做练习。

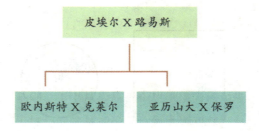

2. 现在请盖住图谱，你是否能够判断下面这些说法的对错？

A. 皮埃尔和路易斯有 4 个孩子。

B. 克莱尔是保罗的妻子。

C. 保罗是欧内斯特的内兄。

D. 欧内斯特是亚历山大的兄弟或者姐妹。

024 异类

这个练习训练你的视觉记忆和观察力。

下面的哪个图形和其他选项不一样?

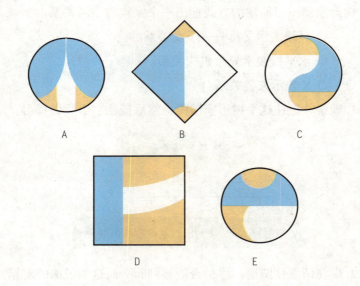

A   B   C

D   E

斗兽之星 (1)

这个练习训练语义记忆和逻辑能力。

仔细观察以下这些猫科动物，记住它们的名字，然后做下面的练习。

盖住上面的图，然后在以下选项中找出对应的图。

A. 美洲豹

B. 薮猫

C. 非洲豹

D. 豹猫

E. 猎豹

在镜子中的记忆 (2)

这个练习训练视觉-空间记忆和意象转动图像的能力。

仔细观察左边的图案，记住它的形状和所占的格子。然后盖住图案，在右边的"镜子中"对称地画出它的图像。

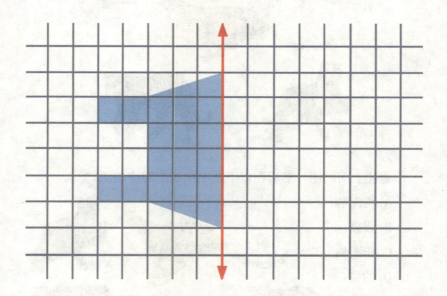

正确的图案 (2)

这个练习训练你的视觉记忆和注意力。

1. 仔细观察下面的这个图案，然后把它盖住再继续练习。

2. 以下 4 个图案，哪个是你刚记住的?

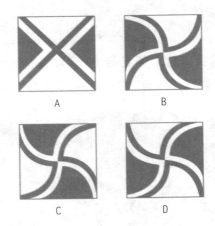

找出不同之处 (3)

这个练习需要集中注意力，以及分析、视觉－空间记忆和口头记忆的参与。建议最好记住物体的外形、颜色和位置，如果给每件物体起个名字，就更容易了。

1. 仔细地观察下面给出的场景，记住不同物体的外形、位置和颜色。然后，盖住图片继续完成练习。

2. 现在，请找出这个场景与上面给出的场景之间的 8 处不同。物体可能被置换、移动、拿走……

阅读应用 (3)

这个练习要求高强度的记忆力和注意力，不仅需要仔细地阅读文章，还要尽可能多地注意其中的细节。这个练习同时也训练了对文章的理解能力。

1. 仔细阅读这段文章，然后把它盖住，继续做练习。

网球比赛仍在进行。从两个球员的脸上可以看出他们已经筋疲力尽了，观众也热切地等待这场比赛的结果。科阿特在做最后一次努力，他成功地得到了制胜的一分。因获得循环赛决赛的冠军，他感到放松而愉快，他自豪地举起球拍，然后在雷鸣般的掌声中把拍子扔在场地上，在地上打起滚来。

2. 现在请盖住上面的文章，回答下面的问题：
◎ 两个运动员从事什么体育活动？
◎ 从他们的面部可以看出什么？
◎ 胜利者赢得了什么比赛？
◎ 他在掌声中做出了什么举动？

030 意外事件

这个练习需要集中注意力，并要求调动逻辑推理、计划和心理意象等能力。

把下面打乱的图案按照逻辑顺序重新排列。

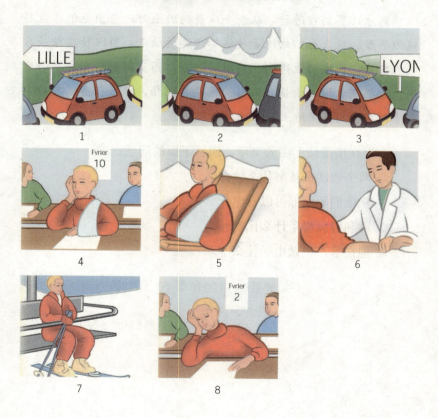

031 旋转的立方体 (3)

这个练习要求调动心理成像的能力。

1.仔细地观察这个展开的立方体表面，记住图案及其位置。然后，盖住它继续做练习。

2.现在，把提供的元素重新放入展开的立方体表面。为了帮助你，一个元素已经被放置在其中了。注意，立方体被旋转了！

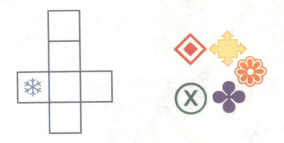

032 日光浴

这个练习需要集中注意力，并要求调动逻辑推理、计划和心理意象等能力。

把下面打乱的图案按照逻辑顺序重新排列。

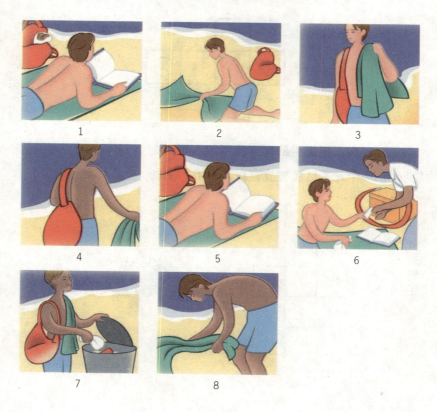

神奇的全脑思维游戏书

在超市 (1)

这个练习训练运作记忆的口头和视觉方面。事实上，它涉及学习一定数量的新信息，然后再把它们重组出来。

1. 记住 3 个购买者的购物单。然后，盖住图片完成练习。

2. 现在你能够借助收银台的电脑小票将 3 个顾客所购买的物品重组出来吗？

约瑟安娜　　卡赫拉　　艾米琳娜

洗发水、咖啡、醋、格鲁耶尔奶酪

牛奶、酸奶、肥皂、香肠

鸡蛋、摩丝、小豌豆、牙膏

超级市场
肥皂
小豌豆
洗发水
格鲁耶尔奶酪
香肠
牛奶
牙膏
摩丝
咖啡
酸奶
醋
鸡蛋

逻辑推理 (3)

在这个练习中，为了理解从上个图形到下一个图形所执行的操作，良好的推理能力是必需的。同时，还需要视觉运作记忆的参与。

1. 观察下面的图形。

2. 从以下的 5 个选项中，找出能够继续上一系列的图形。

A   B   C   D   E

恰当地配对 (3)

这个练习需要利用你的文化知识和良好的视觉—空间记忆。

1. 找出对应的货币和使用国家。

2. 找出对应的服装和国家。

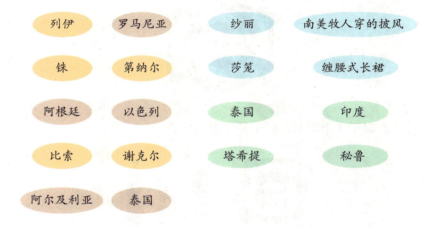

建议：如果你对上面的题目不太了解，请不要沮丧。参见答案，然后在一星期后重新做练习，评估你是否取得进步。

正确的图案 (3)

这个练习训练你的视觉记忆和注意力。

1. 仔细地观察下面的图案，然后把它盖住再继续练习。

2. 以下 4 个图案，哪个是你刚记住的?

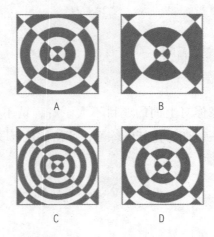

A   B

C   D

037 整理书籍 (3)

这个练习要求调动情景记忆（因为必须记住游戏的步骤）和策略性的程序记忆（利用以前使用过的类似策略）。

如何移动最少的书，就能从图 A 变到图 B，注意：
◎ 不能把一本书放在比它小的书上；
◎ 一次只能移动一本书。

A

B

038 箭头

这个练习需要运用良好的视觉—空间记忆和逻辑分析能力。

下列图形是按照一定规律排列的，按照这一规律，接下来应该填入方框中的是 A，B，C，D 中的哪一项？

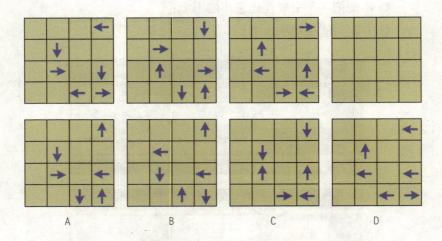

A   B   C   D

神奇的全脑思维游戏书

039 旋转的立方体 (4)

这个练习要求调动心理成像的能力。

1. 仔细地观察这个展开的立方体表面，记住图案及其位置。然后，盖住它继续做练习。

2. 现在，把提供的元素重新放入展开的立方体表面。为了帮助你，一个元素已经被放置在其中了。注意，立方体被旋转了！

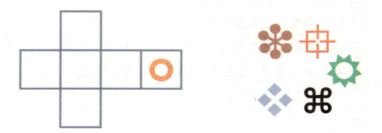

阅读应用 (4)

这个练习要求高强度的记忆力和注意力。为了成功地完成练习，不仅需要仔细地阅读文章，还要尽可能多地注意其中的细节。这个练习同时也训练了对文章的理解能力。

1. 仔细阅读这段文章，然后把它盖住，继续做练习。

年轻的盗窃犯由于内疚，决定向警察全盘托出。在调查人员长时间询问下，他详细地说出了自己是如何潜入银行家的住宅，然后撬开藏在一块大毯子后面的保险箱，毯子遮盖了一间小客厅的整一面墙。作为砖石工的他曾在这间客厅干过活，因此他对房间的布置了如指掌……

2. 现在请盖住上面的文章，回答下面的问题：
◎ 为什么年轻的盗窃犯决定全盘托出？
◎ 谁询问了盗窃犯？
◎ 盗窃犯潜入了谁的住宅？
◎ 保险箱藏在什么地方？
◎ 盗窃犯曾在房主的住所从事了什么职业活动？

041 缺失的图像 (3)

这个练习需要调动分析能力和视觉记忆。

1.仔细地观察并记住这些图。然后，把它们盖住，继续以下的练习。

现在，请在 4 个选项中找出一个可以填充的元素，以得到上一个系列。

2.仔细地观察并记住这些图。然后，把它们盖住，继续以下的练习。

现在，请在 4 个选项中找出一个可以填充的元素，以得到上一个系列。

3. 仔细观察并记住这些图。然后，把它们盖住，继续以下的练习。

现在，请在 4 个选项中找出一个可以填充的元素，以得到上一个系列。

神奇的全脑思维游戏书

042 找出不同之处 (4)

这个练习需要集中注意力，及分析、视觉−空间记忆和口头记忆的参与。建议最好记住物体的外形、颜色和位置，如果给每件物体起个名字，就更容易了。

1. 仔细观察下面给出的场景，记住不同物体的外形、位置和颜色。然后，盖住图片继续完成练习。

2. 现在，请找出这个场景与上面给出的场景之间的 8 处不同。物体可能被置换、移动、拿走……

043 在超市 (2)

　　这个练习训练运作记忆的口头和视觉方面。事实上，它涉及学习一定数量的新信息，然后再把它们重组出来。

　　1. 记住 3 个购买者的购物单。然后，盖住图片完成练习。

　　2. 现在你能够借助收银台的电脑小票将 3 个顾客所购买的物品重组出来吗？

约瑟安娜　　　卡赫拉　　　艾米琳娜

油、面条、番茄酱、香芹

猪排骨、大蒜、鲜奶酪、食盐

帕尔玛干烙、菠菜、面粉

超级市场
菠菜
鲜奶酪
香芹
面粉
帕尔玛干烙
番茄酱
油
猪排骨
食盐
面条
大蒜

神奇的全脑思维游戏书

044 正确的图案 (4)

这个练习训练你的视觉记忆和注意力。

1. 仔细地观察下面的图案，然后把它盖住再继续练习。

2. 以下 4 个图案，哪个是你刚记住的？

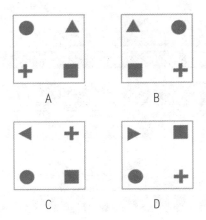

045 整理书籍 (4)

这个练习要求调动情景记忆（因为必须记住游戏的步骤）和策略性的程序记忆（利用以前使用过的类似策略）。

如何移动最少的书，就能从图 A 变到图 B，注意：

◎ 不能把一本书放在比它小的书上；

◎ 一次只能移动一本书。

A

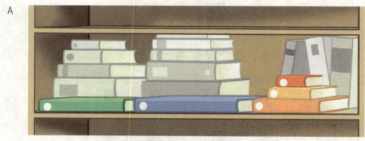

B

逻辑推理 (4)

这个练习需要调动情景记忆和逻辑推理能力。

仔细阅读下面这段文字，然后回答问题。可以不盖住文字。

齐格弗里德喜欢克里姆希尔特和巩特尔。克里姆希尔特喜欢齐格弗里德，讨厌布伦希尔特。巩特尔喜欢布伦希尔特、克里姆希尔特和哈根。布伦希尔特讨厌齐格弗里德、巩特尔和克里姆希尔特。哈根讨厌齐格弗里特和所有喜欢齐格弗里特的人。布伦希尔特喜欢所有讨厌齐格弗里特的人。阿尔贝里希讨厌所有的人，除了他自己。

1. 谁喜欢齐格弗里德？
2. 谁喜欢布伦希尔特？
3. 谁喜欢阿尔贝里希？

在这个练习中，为了理解从上个图形到下一个图形所执行的操作，良好的推理能力是必需的。同时，还需要视觉运作记忆的参与。

1. 观察下面的图形。

2. 从以下 5 个选项中，找出能够继续上一系列的图形。

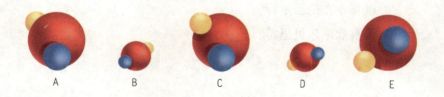

A   B   C   D   E

恰当地配对 (4)

这个练习需要利用你的文化知识和良好的视觉—空间记忆。

1. 找出相应的体育运动及其诞生国家。

2. 找出相应的罗马神及其掌管的领域。

德国	手球	战争	爱情
滑雪	加拿大	丘比特	内普杜尼
羽毛球	冰球	马尔斯	火
排球	美国	维斯达	海
挪威	英国	酒	巴克斯

建议： 如果你对上面的题目不太了解，请不要沮丧。参见答案，然后在一星期后重新做练习，评估你是否取得进步。

缺失的图像 (4)

这个练习需要调动分析能力和视觉记忆。

1. 仔细地观察并记住这些图。然后，把它们盖住，继续以下的练习。

现在，请在 4 个选项中找出一个可以填充的元素，以得到上一个系列。

A   B

C   D

2. 仔细地观察并记住这些图。然后，把它们盖住，继续以下的练习。

现在，请在 4 个选项中找出一个可以填充的元素，以得到上一个系列。

3. 仔细地观察并记住这些图。然后,把它们盖住,继续以下的练习。

现在,请在 4 个选项中找出一个可以填充的元素,以得到上一个系列。

050 迷宫 (2)

这个游戏训练视觉−空间记忆和注意力。

进入迂回曲折的迷宫，然后尽可能快地出来。

逻辑推理 (6)

这个练习需要调动情景记忆和逻辑推理能力。

仔细阅读下面这段文字，然后回答问题。可以不盖住文字。

3 个男孩，约翰、弗雷德里克和查理，每个人乘坐自己的船，离开湖面。船的颜色分别是红色、绿色和蓝色。在红色船里的男孩是弗雷德里克的弟弟。约翰没有乘坐绿色的船。在绿色船里的男孩与弗雷德里克发生了争吵。

3 个男孩分别乘坐了什么颜色的船？

你可以借助以下这个表格进行每一步的推理。

	红色的船	绿色的船	蓝色的船
约翰			
弗雷德里克			
查理			

052 在镜子中的记忆 (3)

这个练习训练视觉−空间记忆和意象转动图像的能力。

仔细观察左边的图案，记住它的形状和所占的格子。然后盖住图案，在右边的"镜子中"对称地画出它的图像。

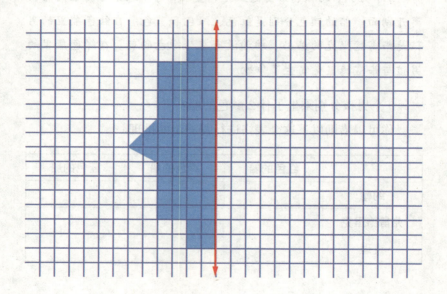

神奇的全脑思维游戏书

在镜子中的记忆 (4)

这个练习训练视觉-空间记忆和意象转动图像的能力。

仔细观察左边的图案，记住它的形状和所占的格子。然后盖住图案，在右边的"镜子中"对称地画出它的图像。

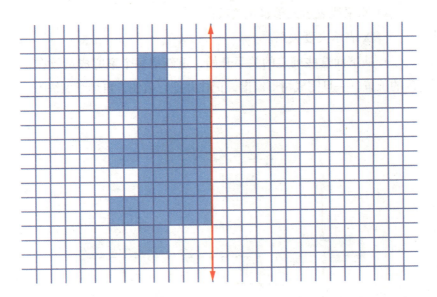

树形家谱图 (2)

这个练习训练记忆名字和家庭关系的能力。

树形家谱图以简单的方式标出一个家族的亲属关系。

◎ 竖线表示父母—子女关系；

◎ 水平线表示兄弟姐妹关系；

◎ X 表示夫妻关系。

1. 从下面这些确定的关系开始，重新把每个家庭成员放在正确的位置。一旦完成树形家谱，记住并把它盖住，再继续做练习。

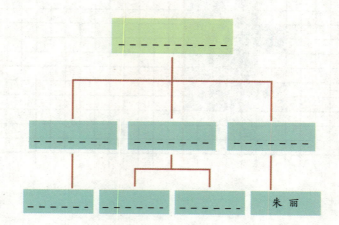

◎ 朱丽是尤金的侄女。

◎ 尤金有 3 个孩子，分别是马克、玛丽亚、莫里斯。

◎ 朱丽有两个表姐妹，凯特和珍妮，以及一个表兄弟拉乌尔。

◎ 玛丽亚有两个女儿，莫里斯有一个儿子。

2. 现在请盖住图谱，回答下面的问题。

a. 谁是朱丽的父亲？

b. 尤金的侄子、侄女都是谁？

c. 谁是凯特和珍妮的叔叔？

055 填入缺失的数字

这个练习需要分析和视觉记忆能力。

1. 仔细地阅读下面这篇文章，记住其中的数字，然后盖住文章再继续做练习。

自 2002 年以来，法国每年发现 1000 例军团菌病，而在 20 世纪 80 年代，每年只有 100 多例。这个增长数值，与自 1987 年起，需要义务申报军团菌病并记录在登记簿上相关。

2. 现在，重新填上缺失的数字。

自_____年以来，法国每年发现_____例军团菌病病例，而在_____世纪_____年代，只有_____多例。这个增长数值，与自_____年起，需要义务申报军团菌病并记录在登记簿上相关。

斗兽之星 (2)

这个练习训练语义记忆和逻辑能力。

仔细观察以下这些蛇，记住它们的名字，然后做下面的练习。

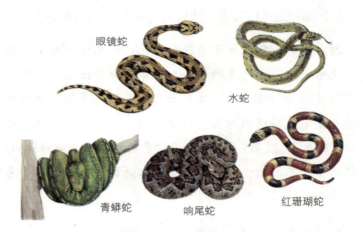

眼镜蛇

水蛇

青蟒蛇　　响尾蛇　　红珊瑚蛇

盖住上面的图，然后在以下选项中找出对应的图。

◎ 眼镜蛇

◎ 红珊瑚蛇

◎ 水蛇

◎ 青蟒蛇

◎ 响尾蛇

这个练习要求高强度的记忆力和注意力，同时也训练了对文章的理解能力。

1. 仔细阅读这段文章，然后把它盖住，继续做练习。

画家让一个年轻女子坐在深红色的天鹅绒沙发上，她身上的白色塔夫绸长裙随着她每一个优雅的动作而摆动。她鬈曲的头发落在薄薄的披肩上，披肩上几颗充满光泽的珍珠与那绺棕色的头发形成鲜明的对比。画家给她一本精致的小书，让她打开放在膝盖上。然后，画家开始在白色的大画布上勾勒她的轮廓。年轻的女子不敢动，生怕打断了画家的工作，我们几乎感觉不到她的呼吸。

2. 现在请盖住文章，回答下面的问题：
　◎ 画家让年轻女子坐在什么地方？
　◎ 她的裙子是用什么材料做的？
　◎ 她披肩上有什么？
　◎ 画家让她拿着什么？
　◎ 为什么年轻女子不敢动？

058 旋转的立方体 (5)

这个练习要求调动心理成像的能力。

1.仔细地观察这个展开的立方体表面，记住各个字母及其位置。然后，盖住它继续做练习。

2.现在，把提供的字母重新放入展开的立方体表面。为了帮助你，一个字母已经被放置在其中了。注意，立方体被旋转了！

缺失的图像 (5)

这个练习需要调动分析能力和视觉记忆。

1.仔细地观察并记住这些图。然后，把它们盖住，继续以下的练习。

现在，请在 4 个选项中找出一个可以填充的元素，以得到上一个系列。

2.仔细地观察并记住这些图。然后，把它们盖住，继续以下的练习。

现在，请在 4 个选项中找出一个可以填充的元素，以得到上一个系列。

神奇的全脑思维游戏书

3. 仔细地观察并记住这些图。然后，把它们盖住，继续以下的练习。

现在，请在 4 个选项中找出一个可以填充的元素，以得到上一个系列。

060 服务员 (2)

这个练习训练运作记忆的口头和视觉方面。事实上，它涉及学习一定数量的新信息，然后再把它们重组出来。

1. 记住 4 个顾客的菜单。然后，盖住图片完成练习。

2. 现在你能够借助下面的菜名将 4 个顾客的菜单重组出来吗？

迪伯特
> 橙汁、面包片、白奶酪

朱丽
> 热巧克力、羊角面包、蛋糕、柚子

瑟哈芬
> 茶、炒鸡蛋、水果酸奶

夏特洛
> 咖啡加牛奶、烤火腿、蜂窝饼、猕猴桃

咖啡加牛奶
热巧克力
橙汁
茶
面包片
羊角面包
蜂窝饼
烤火腿
炒鸡蛋
蛋糕
白奶酪
猕猴桃
柚子
水果酸奶

神奇的全脑思维游戏书

061 逻辑排序 (1)

在这个练习中，为了理解从上个数字到下一个数字所执行的操作，良好的推理能力是必需的。同时，还需要视觉运作记忆的参与。

1. 观察下面的数字。

12 8 10 3 5 22 28 1 1 14 7 ?

2. 从以下 6 个选项中，找出能够继续上一序列的数字。

12   20   15   9   8   4

找出不同之处 (5)

这个练习需要集中注意力，及分析、视觉－空间记忆和口头记忆的参与。建议最好记住物体的外形、颜色和位置，如果给每件物体起个名字，就更容易了。

1. 仔细地观察下面给出的场景，记住不同物体的外形、位置和颜色。然后，盖住图片继续完成练习。

2. 现在，请找出这个场景与上面给出的场景之间的 10 处不同。物体可能被置换、移动、拿走……

他是谁 (3)

这个练习将考查你的语义记忆，包括你的文化知识和推理能力。

在备选答案中选择与陈述相关的人物。

1. 网球运动员，1970年出生于拉斯维加斯，赢得了8个大满贯冠军，其中包括1999年的法国网球公开赛。他是谁？

A. 皮特·桑普拉斯　　B. 安德烈·阿加西　　C. 吉姆·库勒尔

2. 美国民主党派政客，1976年当选为美国总统，《戴维营和平协议》的促成者，但在1980年的总统竞选中因不敌罗纳德·里根而落选。他是谁？

A. 约翰·菲茨杰拉德·肯尼迪　　B. 理查德·尼克松　　C. 吉米·卡特

3.19世纪英国女文学家，一个英国浪漫主义诗人的妻子，因幻想小说《弗兰肯斯泰因》而出名。她是谁？

A. 艾米莉·勃朗特　　B. 简·奥斯丁　　C. 玛丽·雪莱

建议： 如果你对上面的题目不太了解，请不要沮丧。参见答案，然后在一星期后重新做练习，评估你是否取得进步。

064 约会

这个练习需要集中注意力，并要求调动逻辑推理、计划和心理意象等能力。

请把下面打乱的图案按照逻辑顺序重新排列。

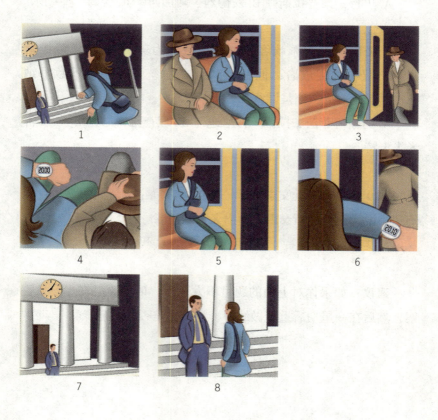

065 整理书籍 (5)

这个练习要求调动情景记忆（因为必须记住游戏的步骤）和策略性的程序记忆（利用以前使用过的类似策略）。

如何移动最少的书，就能从图 A 到图 B，注意：

◎ 不能把一本书放在比它小的书上；

◎ 一次只能移动一本书。

A

B

恰当地配对 (5)

这个练习需要利用你的文化知识和良好的视觉-空间记忆。

1. 找出相应的美国各州及其首府。

2. 找出相应的宝石及其颜色。

亚利桑那州	丹佛	天青石	紫色
科罗拉多州	印第安纳波利斯	蓝色	紫水晶
印第安纳州	加利福尼亚州	翡翠	红色
菲尼克斯	火奴鲁鲁（檀香山）	黄色	红宝石
夏威夷	萨克拉门托	黄玉	绿色

建议：如果你对上面的题目不太了解，请不要沮丧。参见答案，然后在一星期后重新做练习，评估你是否取得进步。

服务员 (3)

这个练习训练运作记忆的口头和视觉方面。事实上，它涉及学习一定数量的新信息，然后再把它们重组出来。

1. 记住 4 个顾客的菜单。然后，盖住图片完成练习。

2. 现在你能够借助下面的菜名将 4 个顾客的菜单重组出来吗？

菜单

夹心奶油果
鹅肝油
含羞草鸡蛋
特色沙拉
白豆焖肉
蘑菇汁兔肉
咖喱鸡
烤金枪鱼
波弗特奶酪
库洛米埃干酪
普索罗奶酪
半软蛋味干酪
香蕉船
上校杯
焦糖奶皮
果馅饼

贾斯订
鹅肝油、蘑菇汁兔肉、普索罗奶酪、上校杯

贝尔纳
含羞草鸡蛋、烤金枪鱼、库洛米埃干酪、果馅饼

克里斯蒂安
夹心奶油果、咖喱鸡、波弗特奶酪、香蕉船

雷亚
特色沙拉、白豆焖肉、半软蛋味干酪、焦糖奶皮

068 逻辑排序 (2)

在这个练习中，为了理解从上个数字到下一个数字所执行的操作，良好的推理能力是必需的。同时，还需要视觉运作记忆的参与。

1. 观察下面的字母。

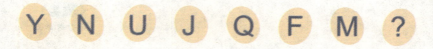

2. 从以下 6 个选项中，找出能够继续上一序列的字母。

整理书籍 (6)

这个练习要求调动情景记忆（因为必须记住游戏的步骤）和策略性的程序记忆（利用以前使用过的类似策略）。

如何移动最少的书，就能从图 A 变到图 B，注意：

◎ 不能把一本书放在比它小的书上；

◎ 一次只能移动一本书。

A

B

070 逻辑推理 (7)

这个练习需要调动情景记忆和逻辑推理能力。

仔细阅读下面这段文字，然后回答问题。可以不盖住文字。

欧德、芭芭拉、塞琳娜和黛尔芬，遇到了埃德蒙、弗雷德里克、纪尧姆和艾尔维，但是他们互不同意对方要做的。最后，根据每个人的品位形成了几对（一个女孩和一个男孩）。欧德想去迪斯科跳舞；芭芭拉和纪尧姆一起走；无论如何，塞琳娜不想和弗雷德里克一起做任何事；艾尔维去了电影院；弗雷德里克去听了一场管风琴音乐会；其中有一对将去公园散步。

他们是怎么分组的，谁和谁在一起？你可以借助以下这个表格进行推理。

	埃德蒙	弗雷德里克	纪尧姆	艾尔维
欧德				
芭芭拉				
塞琳娜				
黛尔芬				

071 旋转的立方体 (6)

这个练习要求调动心理成像的能力。

1. 仔细地观察这个展开的立方体表面，记住各个字母及其位置。然后，盖住它继续做练习。

2. 现在，把提供的字母重新放入展开的立方体表面。为了帮助你，一个字母已经被放置在其中了。注意，立方体被旋转了！

072 完善图形

这个练习将考查你的视觉－空间记忆、逻辑分析能力和观察力。

空白处应该填入哪个选项？

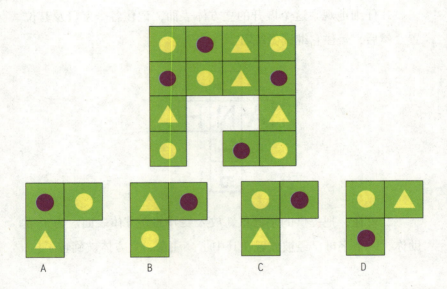

A   B   C   D

神奇的全脑思维游戏书

073 缺失的图像 (6)

这个练习需要分析和视觉记忆能力。

1. 仔细地观察并记住这些图。然后，把它们盖住，继续以下的练习。

现在，请在 4 个选项中找出一个可以填充的元素，以得到上一个系列。

2. 仔细地观察并记住这些图。然后，把它们盖住，继续以下的练习。

现在，请在 4 个选项中找出一个可以填充的元素，以得到上一个系列。

79

3.仔细地观察并记住这些图。然后，把它们盖住，继续以下的练习。

现在，请在4个选项中找出一个可以填充的元素，以得到上一个系列。

神奇的全脑思维游戏书

找出不同之处 (6)

这个练习需要集中注意力及分析、视觉-空间记忆和口头记忆的参与。建议最好记住物体的外形、颜色和位置，如果给每件物体起个名字，就更容易了。

1. 仔细地观察下面给出的场景，记住不同物体的外形、位置和颜色。然后，盖住图片继续完成练习。

2. 现在，请找出这个场景与上面给出的场景之间的 9 处不同。物体可能被置换、移动、拿走……

阅读应用 (6)

这个练习要求高强度的记忆力和注意力，同时也训练了对文章的理解能力。

1.仔细阅读这段文章，然后把它盖住，继续做练习。

10点整，一个年轻男子穿着特地买来的深灰色西服不安地来到接待台。10分钟后，人力资源经理让他进入办公室，并长时间地询问他在大学对原子物理学的学习。年轻男子详细地讲述了自己的论文主体，并特别强调了自己曾在一个富有经验的研究团队里从事的研究工作。接着，人力资源经理向他介绍了该企业主要专注于精密医学器材的研究，以及12个员工的具体分工。最后，还向他描述了如果他被雇用所需负责的工作。面试结束后，经理向他保证将在极短的时间内给他一个确切的答复。

2.现在请盖住文章，回答下面的问题
◎ 应聘者的西服是什么颜色的?
◎ 他在几点钟到的接待台?
◎ 他在几分钟后被接待?
◎ 他在大学学的是什么?
◎ 该企业的专业领域是什么?
◎ 该企业已经雇用了多少员工?

服务员 (4)

这个练习训练运作记忆的口头和视觉方面。事实上，它涉及学习一定数量的新信息，然后再把它们重组出来。

1. 记住两位顾客的菜单。然后，盖住图片完成练习。

2. 现在你能够借助下面的菜名将两位顾客的菜单重组出来吗?

菜单

腌制烤鸡

小麦粉姜黄蛋糕

沙拉三明治

黎巴嫩兰姆糕

黎巴嫩馅饼

法都什沙拉

这个练习训练视觉-空间记忆和意象转动图像的能力。

仔细观察左边的图案，记住它的形状和所占的格子。然后盖住图案，在右边的"镜子中"对称地画出它的图像。

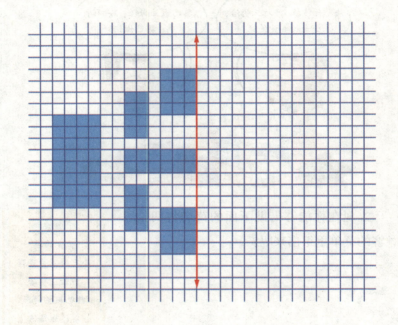

078 **正确的图案 (6)**

这个练习训练你的视觉记忆和注意力。

1. 仔细地观察下面的图案，然后把它盖住再继续练习。

2. 以下 4 个图案，哪个是你刚记住的？注意，图案被旋转了。

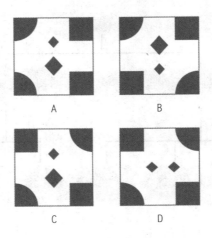

A   B

C   D

079 树形家谱图 (3)

这个练习训练记忆名字和家庭关系的能力。

树形家谱图以简单的方式标出一个家族的亲属关系，记住它，然后在回答问题前把它盖住。

1. 谁是雷翁的祖父？
2. 谁是巴蒂西亚的兄弟？
3. 谁是约翰的叔叔？
4. 谁是雷亚的表姐妹？
5. 谁是雷奥的姨妈？

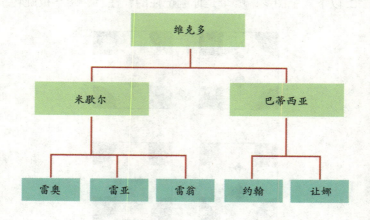

080 迷宫 (3)

这个游戏训练视觉–空间记忆和注意力。

进入迂回曲折的迷宫，然后尽可能快地出来。

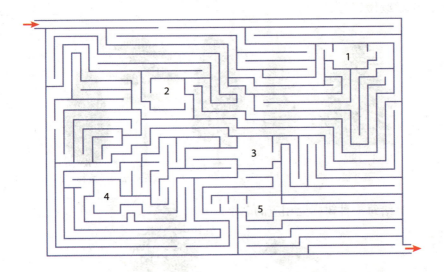

081 植物专家

这个练习训练视觉和口头记忆。

仔细地观察下面这些针叶树，并记住它们的名字，然后盖住图继续做练习。

落叶松　　冷杉　　云杉　　欧洲赤松　紫杉

给每一种树标上相应的名字。

神奇的全脑思维游戏书

082 补空缺

这个练习需要集中注意力，并训练视觉-空间记忆力和逻辑推理能力。

想想看，哪个选项填到空缺处比较合适呢？

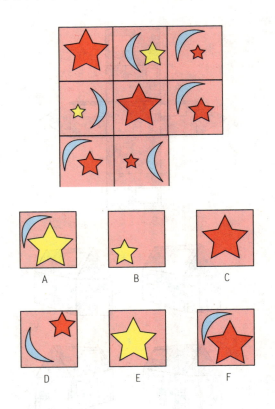

083 构造的房屋

这个游戏训练视觉−空间记忆力和注意力。

　　假设将 A 向上或向后折叠使其形成一所房子的外形，那么 B、C、D、E 选项中哪个构造的房屋不是由这个图形所组成的呢？

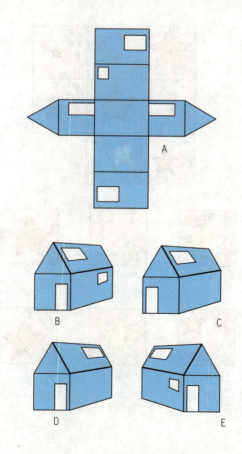

084 找出不同之处 (7)

这个练习需要集中注意力，及分析、视觉－空间记忆和口头记忆的参与。建议最好记住物体的外形、颜色和位置，如果给每件物体起个名字，就更容易了。

下面两幅图中有 5 处不同的地方，你能找出来吗?

085 颜色和形状

这个游戏训练记忆力和注意力。

1. 仔细观察下面的图片，并记住每个形状的颜色。

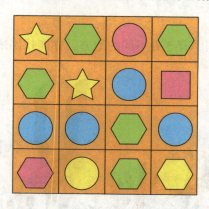

2. 请盖住你刚看见的图片。这里有些图形的颜色和形状已经改变了，你能确定是哪几个吗？请圈出来。

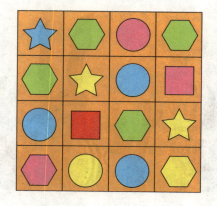

神奇的全脑思维游戏书

086 圆点 (1)

这个游戏训练你记忆力和空间想象力。

仔细观察下面的图，并注意圆点的排列方式。

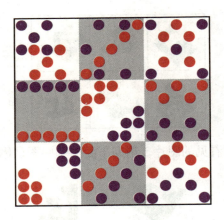

请盖住你刚看见的图片。请问下面的小图来自原图的哪一个部分？

1	2	3
4	5	6
7	8	9

087 各式各样的图形

这个游戏训练记忆力和观察力。

仔细观察下面的图形，并记住它们。

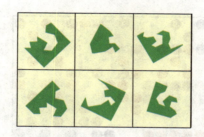

请盖住你刚看见的图片。请问下面的哪些图是你刚见过的？

神奇的全脑思维游戏书

动物散步

这个游戏需要调动分析能力和视觉记忆。

仔细观察下面的图片，并记住其排列顺序。

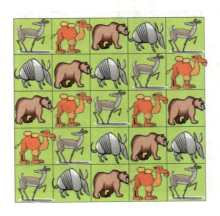

请盖住上面的图片。请问下图中的问号处应该分别填上什么动物？

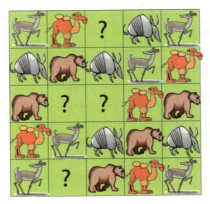

圆点 (2)

这个游戏训练记忆力和注意力。

仔细观察下面的图，并注意圆点的排列方式。

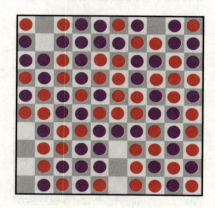

请盖住你刚看见的图片。请问图中的哪些部分没有圆点？请
标出来。

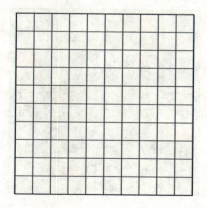

这个游戏需要调动视觉记忆和观察能力。

仔细观察下面的图形，并尽量记住。

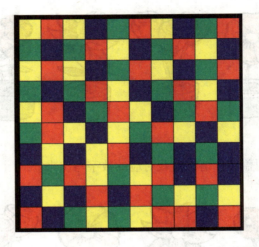

请问编号 1—5 的方形卡片中哪张不可能在上面的图中找到？

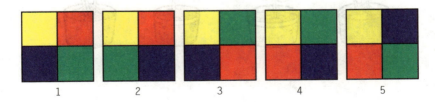

盆栽

这个游戏训练记忆力和观察力。

请仔细地观察下面的这 4 个盆栽。

将上图盖住。请将盆栽对应的数字写出来。

092 拼整圆

这个游戏训练记忆力、判断力，以及逻辑思维能力。

仔细观察下面的图片，并记住每幅图。

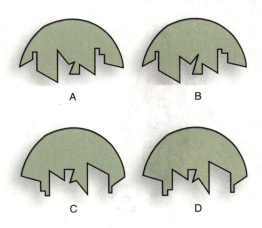

请盖住你刚看见的图片。请问 4 幅图中只有 2 幅图能够恰好拼成一个整圆，是哪两幅图呢？

目标：这个游戏需要调动分析能力和视觉记忆。

仔细观察给定的图片，应特别注意细节。请问下边 5 个选项中哪一个是所给图的镜像图？

094 彩色的词

这个游戏训练视觉记忆和观察力。

请用 2 分钟时间记住下面的词及其颜色。

红色　绿色　蓝色　橘红色　黑色

蓝色　黄色　灰色　红色　粉红色

上面的词和颜色你还记得吗？请回答下面的问题。

1. 上面共有多少个词？

_____

2. "橘红色"的词呈现什么颜色？

_____

3. "绿色"的词呈现什么颜色？

_____

4. 哪几种颜色有两个词？

_____

5. 哪几种颜色只有一个词？

_____

6. "黑色"的词呈现的是黑色吗？

_____

095 四个男孩

这个游戏需要调动分析能力和视觉记忆。

请在 2 分钟内记住 4 个男孩的姓名及其偏爱的玩具的名称。

迪亚斯托	杰弗里	詹姆斯	宾西亚
积木	玩具手枪	气球	轨道火车

请盖住上图。请在空缺处填上正确的答案。

宾西亚		杰弗里	
____	气球	____	积木

神奇的全脑思维游戏书

096 痛苦的记忆

这个游戏需要调动语言分析能力和重复记忆能力。

仔细阅读下面的句子，并记住其内容。

在很多情况下，痛苦的记忆会演变成一种逃避性反应和其他一些持久性的非逻辑行为。严格说来，当这种记忆被唤起时，我们似乎不会采取非常理性的行为。这种记忆的结果会对当前的情况做出不合适的反应。有些时候提到像"感情包袱或是有毒记忆"这样的现象，如果我们不承认他们的存在，那么这些联系最后就会妨碍当前的关系往来和健康的交流模式，并且可能有意识地用更合适的反应替换过时的反应。

请回答下面的问题。

1. 痛苦的记忆会演变成什么？

_____

2. 文中提到"我们似乎不会采取"什么行为？

_____

3. 与"感情包袱"并列的是什么？

_____

4. 文中有一句"健康的"什么？

_____

5. 过时的反应会被什么替换？

_____

这个游戏训练记忆力和判断力。

请认真阅读下面的短文，注意用词的选择。

天山不仅给人一种稀有美丽的感觉，而且更给人一种无限温柔的感情。它有丰饶的水草，有绿发似的森林。当它披着薄薄云纱的时候，它像少女似的含羞；当它被阳光照耀得非常明朗的时候，又像年轻母亲饱满的胸膛。人们会同时用两种甜蜜的感情交织着去爱它，既像婴儿喜爱母亲的怀抱，又像男子依偎自己的恋人。

与上面的短文相比，下文中的一些词语被替换了，请在被替换的词语下面画横线。

天山不仅给人一种稀有瑰丽的感觉，而且更给人一种无限温柔的情感。它有丰饶的水草，有绿发似的树木。当它披着薄薄云纱的时候，它像少女似的害羞；当它被阳光照耀得非常明亮的时候，又像年轻母亲丰满的胸膛。人们会同时用两种甜蜜的感情交织着去爱它，既像婴儿喜爱母亲的怀抱，又像男子依靠自己的恋人。

098 贝壳

这个游戏需要调动逻辑思维能力和视觉记忆。

请记住下面的 6 张图及其旁边的数字。

请将下面的图片替换成上面代表的数字，并解答这些计算题。

099 平分秋色

这个游戏需要调动视觉记忆和逻辑分析能力。

仔细观察下面的图片，并试图记住其中的事物及其细节。

在这幅场景里有 3 样东西分别跟这些数字的单词押韵：two，four，six，eight，ten。你能把它们都找出来吗？

_____

_____

_____

_____

神奇的全脑思维游戏书

答案

001. 做早餐

6，4，7，8，2，1，5，3

005. 逻辑推理 (1)

D。多米诺骨牌上部和下部的点数轮流增加1，而另一部分总是有4点。

006. 恰当地配对 (1)

1. 首都→国家
巴格达→伊拉克
曼谷→泰国
布宜诺斯艾利斯→阿根廷
达喀尔→塞内加尔
奥斯陆→挪威
2. 动物→类属
凤尾鱼→鱼类
旱獭→哺乳纲
鹧鸪→鸟类
白蚁→昆虫
乌龟→爬行纲
3. 医生→专业
心脏科医生→心脏
皮肤科医生→皮肤

眼科医生→眼睛
儿科医生→儿童
肺病科医生→肺

008. 找出不同之处 (1)

1. 沙发的扶手由圆形变成了方形。
2. 陈列柜里的 CD 少了。
3. 靠垫原来放在沙发的左边。
4. 书柜中最底层的书原来都不是直立放置的。
5. 矮桌子上什么东西都没有了。
6. 电视机上天线没有了。

009. 整理书籍 (1)

至少需要移动 5 次书：
1. 红色的书放在第一堆书上。
2. 橘色的书放在第三堆书上。
3. 红色的书放在第二堆书上。
4. 黄色的书放在第三堆书上。
5. 红色的书放在第三堆书上。

011. 他是谁 (1)

1. A。

2. C。

012. **恰当地配对 (2)**

1. 技术→职业
截肢→外科医生
调味→厨师
耕地→农业生产者
修补→裁缝
排空→机械师
2. 植物→类属
桂皮→香料
哈密瓜→水果
北风菌→蘑菇
荞麦→谷物
接骨木→树木

013. **找出不同之处 (2)**

1. 看报的女子原来坐在中间的烫发机下。
2. 矮桌上的杂志没有了。
3. 针刺形梳子变成了平梳。
4. 男理发师原来是左手拿着吹风机。
5. 最左边的女子头上的卷发夹子变成了绿色。
6. 大衣架上多了一顶帽子。

015. **看病**

7, 2, 8, 4, 1, 5, 3, 6。

017. **他是谁 (2)**

1. B。
2. C。
3. C。

018. **正确的图案 (1)**

C。

019. **整理书籍 (2)**

至少需要移动4次书：
1. 橘色的书放在第二堆书上。
2. 红色的书放在第三堆书上。
3. 黄色的书放在第二堆书上。
4. 红色的书放在第二堆书上。

020. **迷宫 (1)**

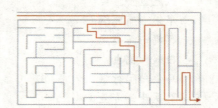

022. 逻辑推理 (2)

B 和 D。

023. 树形家谱图 (1)

A 错，B 错，C 对，D 对。

024. 异类

E。所有图形都可以分为 4 部分。在前 4 个图形中，都有两部分可以接触到其他 3 部分，另外两部分只可以接触其他两部分。而在第 5 个图形中，有一部分可以接触到另外 3 部分，两部分可以接触到另外两部分，最后一部分只能接触到其中一部分。

027. 正确的图案 (2)

D。

028. 找出不同之处 (3)

1. 最右边的房子的门上原来有 3 面旗帜。

2. 原来钟楼上的时钟显示 3 点。

3. 房子的两扇窗户现在敞开着。

4. 只剩下 4 棵法国梧桐，原来有 5 棵。

5. 流浪狗的位置上变成了一只猫。

6. 挽着菜篮的妇女位置改变了。

7. 长椅变成了绿色。

8. 面包店的橱窗里多了一个大的圆形蛋糕。

030. 意外事件

8, 3, 2, 7, 6, 5, 1, 4。

032. 日光浴

3, 2, 5, 6, 1, 8, 7, 4。

034. 逻辑推理 (3)

E。

为了找到正确的答案，应该分析每一个孤立的元素的发展变化：

1. 蓝色的格子按顺时针方向改变位置。

2. 橘色的几何图形每次增加一条边。

3. 黄色的圆在中央的格子和其正下方的格子的位置上交替出现。

035. 恰当地配对 (3)

1. 货币→国家

比索→阿根廷

第纳尔→阿尔及利亚

列伊→罗马尼亚

谢克尔→以色列

铢→泰国

2. 服饰→国家

缠腰式长裙→塔希提

南美牧人穿的披风→秘鲁

纱丽→印度

纱笼→泰国

036. 正确的图案 (3)

D。

037. 整理书籍 (3)

至少需要移动 7 次书：

1. 红色的书放在第一堆书上。

2. 黄色的书放在第二堆书上。

3. 红色的书放在第二堆书上。

4. 橘色的书放在第一堆书上。

5. 红色的书放在第三堆书上。

6. 黄色的书放在第一堆书上。

7. 红色的书放在第一堆书上。

038. 箭头

B。每个小方框里的箭头每次逆时针旋转 90°。

042. 找出不同之处 (4)

1. 其中一张桌子上的蜡烛灭了。

2. 原来厨师的上衣的右部有一块污渍，现在污渍出现在上衣左部。

3. 厨师所在的桌子上的酒瓶没了。

4. 厨师所在的桌子上的杯子空了。

5. 服务员端来的菜变成了鱼，原来是牛排。

6. 7 号桌变成了 4 号桌。

7. 面包篮的位置变了。

8. 穿毛衣的男宾客原来没有围围巾。

044. 正确的图案 (4)

C。

045. 整理书籍 (4)

至少需要移动 8 本书：

1. 绿色的书放在第二堆书上。

2. 红色的书放在第二堆书上。

3. 黄色的书放在第一堆书上。

4. 红色的书放在第一堆书上。

5. 橘色的书放在第二堆书上。

6. 红色的书放在第三堆书上。

7. 黄色的书放在第二堆书上。

8. 红色的书放在第二堆书上。

046. **逻辑推理** *(4)*

1. 只有克里姆希尔特喜欢齐格弗里特。

2. 只有巩特尔喜欢布伦希尔特。

3. 布伦希尔特喜欢所有憎恨齐格弗里特的人。因为阿尔贝里希讨厌所有人，所以布伦希尔特非常喜欢他。

047. **逻辑推理** *(5)*

C。

为了找到正确的答案，应该分析每一个孤立的元素的发展和变化：

1. 红色圆依次改变大小。

2. 蓝色圆依次位于红色圆的下方、中央和上方，如此循环。

3. 黄色圆每次都按逆时针方向转动 1/4 圈，并且每两次就有一次转到红色的圆后面。

048. **恰当地配对** *(4)*

1. 体育运动→国家
羽毛球→英国
手球→德国
冰球→加拿大
滑雪→挪威
排球→美国

2. 神→领域
巴克斯→酒
丘比特→爱情
马尔斯→战争
内普杜尼→海
维斯达→火

050. **迷宫** *(2)*

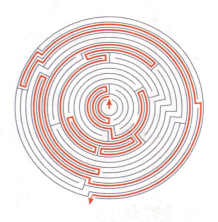

051. **逻辑推理** *(6)*

绿色的船里：
不是约翰；
不是弗雷德里克，因为他不可能自己和自己吵架；
所以是查理。
红色的船里：
不可能是弗雷德里克，因为这条船是他哥哥管理的；

不是查理，因为他坐在绿色的船里；

所以是约翰。

蓝色的船里：

弗雷德里克坐在这条船里，因为只剩下这一个男孩了。

054. 树形家谱图 (2)

1. 第一行：尤金。

第二行：莫里斯，玛丽亚，马克。

第三行：拉乌尔，凯特，珍妮，朱丽。

2. a. 马克。

　b. 拉乌尔、凯特、珍妮和朱丽。

　c. 马克和莫里斯。

061. 逻辑排序 (1)

答案是9。

分组进行计算，每组3个数字，每3个数字的和都应该等于30：

12+8+10=30

3+5+22=30

28+1+1=30

14+7+9=30

062. 找出不同之处 (5)

1. 其中一只老虎的斑纹不同。

2. 原来老虎园里的树枝上没有树叶。

3. 原来脖子上挂着相机的游客穿着一件长袖的衣服。

4. 小女孩的冰激凌变成了一个黄色的小球。

5. 现在鸟笼里有8只鹦鹉，而原来有6只。

6. 鹦鹉的颜色多了种绿色。

7. 有一只猴子的尾巴变短了。

8. 一只猴子的动作方向变了。

9. 餐桌下的水洼的形状变了。

10. 垃圾桶中高脚杯里的吸管改变了方向。

063. 他是谁 (3)

1. B。

2. C。

3. C。

064. 约会

5，3，2，4，7，6，1，8。

065. 整理书籍 (5)

至少应该移动9本书：

1. 红色的书放在第二堆书上。

2. 绿色的书放在第三堆书上。

3. 红色的书放在第三堆书上。

4. 黄色的书放在第一堆书上。

5. 红色的书放在第一堆书上。

6. 橘色的书放在第三堆书上。

7. 红色的书放在第二堆书上。

8. 黄色的书放在第三堆书上。

9. 红色的书放在第三堆书上。

066. 恰当地配对 (5)

1. 州→首府

亚利桑那州→菲尼克斯

加利福尼亚州→萨克拉门托

科罗拉多州→丹佛

火奴鲁鲁→夏威夷

印第安纳州→印第安纳波利斯

2. 宝石→颜色

紫水晶→紫色

翡翠→绿色

天青石→蓝色

红宝石→红色

黄玉→黄色

068. 逻辑排序 (2)

B。

有两个同时发生的进展，一个从字母 Y 开始，另一个从字母 N 开始。按照字母顺序，从倒数第二个字母开始，回溯 4 个字母：

Y (X W V)，N (M L K)，U (T S R)，J (I H G)，Q (P O N)，F (E D C)，M (L K J)，B。

069. 整理书籍 (6)

至少应该移动 11 本书：

1. 红色的书放在第三堆书上。

2. 黄色的书放在第一堆书上。

3. 红色的书放在第一堆书上。

4. 绿色的书放在第三堆书上。

5. 红色的书放在第三堆书上。

6. 黄色的书放在第二堆书上。

7. 红色的书放在第二堆书上。

8. 橘色的书放在第三堆书上。

9. 红色的书放在第一堆书上。

10. 黄色的书放在第三堆书上。

11. 红色的书放在第三堆书上。

070. 逻辑推理 (7)

应该分步进行，采用排除法。

第一步：芭芭拉和纪尧姆一起离开，所以他俩都不可能再和其他人在一起。

第二步：塞琳娜不可能和弗

雷德里克在一起。

第三步：弗雷德里克不可能和欧德在一起，因为他想去听一场管风琴演奏会，而欧德去了迪斯科舞厅。那么，他一定是和黛尔芬在一起。

第四步：艾尔维不可能和欧德在一起，因为他想去电影院，而欧德去了迪斯科舞厅。那么，他一定是和塞琳娜在一起。同样，欧德一定是和埃德蒙在一起，因为她既没有和弗雷德里克或纪尧姆在一起，也没有和艾尔维在一起。

072. **完善图形**

C。

074. **找出不同之处** (6)

1. 最右面的男人原来腿是伸直的。

2. 跑步机上的女人穿着一件淡紫色的厚运动衫。

3. 左前方男人的文身变了。

4. 矮柜上的毛巾少了。

5. 哑铃变成了"20千克"。

6. 后排最左边的女人头上戴着发带。

7. 旧毛巾没有了。

8. 正在举哑铃的男人的鞋带开了。

9. 墙上的四幅体育运动照片中有一幅倾斜着。

078. **正确的图案** (6)

B。

079. **树形家谱图** (3)

1. 维克多。

2. 米歇尔。

3. 米歇尔。

4. 让娜。

5. 巴蒂西亚。

080. **迷宫** (3)

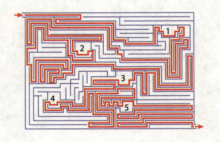

082. **补空缺**

E。

083. **构造的房屋**

D。

084. **找出不同之处 (7)**

090. **彩色方形图**

1 图。

092. **拼整圆**

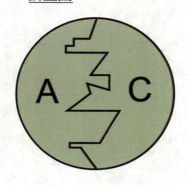

093. **镜像图**

B。

099. **平分秋色**

Two：glue（胶水），screw（螺丝钉），shoe（鞋）

Four：core（of apple）（苹果核），door（门），oar（桨）

Six：bricks（砖），chicks（小鸡），sticks（棍子）

Eight：crate（板条箱），gate（大门），plate（盘子）

Ten：hen（母鸡），men（男人），pen（笔）

神奇的全脑思维游戏书

开发
想象力

金　铁 / 主编

中国华侨出版社
北京

图书在版编目 (CIP) 数据

神奇的全脑思维游戏书 / 金铁主编 . –– 北京：中
国华侨出版社 , 2021.1

ISBN 978–7–5113–8427–0

Ⅰ . ①神… Ⅱ . ①金… Ⅲ . ①智力游戏—通俗读物
Ⅳ . ① G898.2

中国版本图书馆 CIP 数据核字 (2020) 第 226671 号

神奇的全脑思维游戏书

主　　编：	金　铁
责任编辑：	江　冰
封面设计：	冬　凡
文字编辑：	朱立春
美术编辑：	吴秀侠
经　　销：	新华书店
开　　本：	880mm×1230mm　1/32　印张：32　字数：720 千字
印　　刷：	三河市兴博印务有限公司
版　　次：	2021 年 1 月第 1 版　2021 年 1 月第 1 次印刷
书　　号：	ISBN 978–7–5113–8427–0
定　　价：	208.00 元（全 8 册）

中国华侨出版社　北京市朝阳区西坝河东里 77 号楼底商 5 号　邮编：100028

法律顾问：　陈鹰律师事务所

发 行 部：　（010）88893001　　　传　真：（010）62707370

网　　址：www.oveaschin.com　　　E–m a i l：oveaschin@sina.com

如果发现印装质量问题，影响阅读，请与印刷厂联系调换。

前言
PREFACE

　　思维游戏引人入胜，充满趣味，在活跃大脑的同时，带给游戏者一种全新的、前所未有的新奇和快感。书中精选的世界经典思维游戏，能让游戏者的思维得到更好的锻炼，本套书更侧重于提高你的创造力、思考力、推理力、想象力、观察力、记忆力、分析力、逻辑力、判断力等各方面的能力。

　　想象力是促进思维活动的重要源泉，是走向成功的巨大推动力，在学习、工作和生活中具有重要意义。本书从提高想象力的角度出发，对每一类游戏都进行了精心的选择和设计，每个游戏都极具代表性和独创性，内容丰富，难易有度，形式活泼。

　　其中包括著名的杜勒魔鬼幻方、拉丁方、彩色魔轮、麦克马洪的彩色方块、爱的立方问题等，让你绞尽脑汁、欲罢不能的思维游戏。在游戏的过程中，你需要模仿游戏的各种情形和进程，在头脑中反复地做实验，找到解决问题的突破口；需要以独特的视角进行仔细观察，打破常规，大胆想象，探求多种解题方法；需要对现有表象进行分析和加工改造，并构造出新的形象，得到最佳答案。这种先观察分析、加工改造，再构建新形象的思维过程，正是提高想象力的基本方法。

书中的 90 个思维游戏可以激活你沉睡的想象力，帮助你学会空间想象、再造想象、情境想象、创意想象、图形想象、发散想象、深度想象、假设想象、原型想象和比拟想象等，让你在游戏中得到锻炼，使你的空间想象能力和形象思维能力得到潜移默化的提升，从而令你拥有超凡的想象力，在工作、学习和生活中迸发更多创意，做出更有建设性的革新和创造，迅速走向成功。

目录
CONTENTS

001 九宫图

在某些领域中，魔方由于他们独特的数字模式而被认为具有某种神秘特性。信不信由你，通常具有魔力的人才能创造出魔方！

将编号从1到9的棋子按一定的方式填入游戏中的9个小格中，使得每一行、列以及两条对角线上的和都分别相等。

1 2 3 4 5 6 7 8 9

森姆·莱特（1841—1911）

森姆·莱特是一名美国魔方发明者和创造者。他学习工程学并且原本打算做一名机械工程师，不过他创造的谜题和数学游戏足以让他维持生计。从1860年起他担任《国际象棋月刊杂志》的难题编辑，并且于1878年出版了一本名为《国际象棋策略》的难题集。从此对魔方的狂热席卷美国。

莱特一生中创造了超过1万种的难题，当中许多包含了尖端的数学理念和方法。

002 四阶魔方

　　将这些编号从 1 到 16 的棋子填入游戏纸板的 16 个方格内，使得每一行、列以及两条对角线上的和相等，且和（即魔数）为 34。

1	9
2	10
3	11
4	12
5	13
6	14
7	15
8	16

魔术方阵

在为众人所喜爱的消遣活动中,魔术方阵并不是最早与方块有关的游戏。早在4500年前,人们就花很多时间试图将数字放进小盒子里,从中体会数学的魅力。他们玩的是被称作魔术方块的古代智力谜题,那是历史记载中最古老的谜题。

在图案中填入数字的活动是从中国开始的,古代中国的数字通常用一个规则图形(比如说三角形或者正方形)当中的圆圈或点表示。由于中国数学家很早就在思考如何将数字放入格子中并建立联系,他们只需要再前进一步就创造出了第一个魔术方阵——九宫图(即洛书)。

魔方是由一组填充了自然数的格子组成的,这些自然数通常是一系列从1到与魔方方格数相对应的数字。比方说,一个5×5的魔方,就包含了1到25的自然数。而魔方特别的地方在于,这些数字必须以一种独特的方式填入方格中——必须令任何一行或列(以及任意一条长对角线)上的和相等,这个和被称作魔幻恒量。

魔方是以阶描述的,也就是魔方某条边上的格子数。这样一来就不存在二阶魔方,而且只有一种三阶魔方:九宫图。

阶数超过3的魔方数目增加得非常快。四阶魔方有880种,其中有许多比魔方定义的要求更为"魔幻",而五阶魔方则有上百万种。

魔方一直以来受到广泛欢迎,有的人还赋予它一种不同的魔力。比如说,在公元900年,一篇阿拉伯的论著建议孕妇佩带有魔方标志的小饰物,以期待生产顺利。

003 杜勒幻方

一些不满足于简单魔方的人将魔方的数目模式的界限拓展到了极致。思考下面这个作为例子的杜勒难题。

杜勒著名的蚀刻画《忧郁》（如下图所示）包含了一个四阶的魔方，关于这个魔方还有一系列的书。它只是许多四阶魔方中的一个，但是因为它比魔方定义所要求的更加"魔幻"，所以它经常被叫作恶魔魔方。这幅蚀刻画创作的年份——1514，显示在魔方底行中心的 2 个方块中。

除了魔方基本定义中的几组数字模式之外，你还能在这个恶魔魔方中找出几组不同的模式，使其魔数为 34？

1	4	14	15	1	3	5	12	14	14	4	7	11	12	3	13	2
12	13	4	5	6	10	16	3	5	7	2	16	9	7	6	8	10
11	8	1	14	12	16	5	2	11	9	1	7	12	14	10	3	7
10	9	13	2	15	5	6	16	7	4	2	9	11	12	15	10	15
13	6	3	15	8	9	2	3	2	6	3	3	7	8	16	4	1
7	11	4	16	8	6	6	7	6	13	16	1	4	7	6	4	6
8	9	9	2	5	12	15	9	13	10	11	12	1	3	8	10	11
6	8	15	16	6	10	2	14	14	11	14	1	10	9	14	13	16
2	8	11	13	4	11	7	1	15	4	2	1	3	2	6	11	15
6	7	9	12	9	15	3	14	2	6	7	5	9	5	7	9	13
3	7	11	13	10	1	16	10	7	9	11	13	10	1	3	14	16
3	7	10	14	11	2	8	10	14	15	14	15	12	5	8	3	9
3	4	14	2	5	6	10	13	4	3	4	7	2	6	12	14	5
8	13	6	7	2	3	13	16	5	6	11	8	13	9	11	1	8
11	9	10	12	3	5	11	15	11	12	6	9	14	6	13	1	10
12	8	4	13	1	2	15	16	14	13	13	10	5	6	9	14	11
4	16	12	2	12	4	1	14	3	13	4	3	6	5	9	14	1
3	4	11	16	5	12	1	16	4	15	12	3	7	2	4	13	15
12	11	1	10	1	8	10	9	10	5	4	15	8	5	7	10	12
16	3	9	6	16	10	15	8	6	11	5	12	14	4	5	9	16

a	b	c	d

a + b + c + d = 34

004 忧郁狭条

你能不能把这个图案分成 85 条由 4 个不同数字组成的狭条，使得每个狭条上的魔数都等于 34？

用数字 1 到 16 组成和为 34 的 4 数组合共有 86 种，上面这个网格图中只出现了 85 条。你能把缺失的 1 条找出来吗？

005 沿铰链转动的双层魔方

双层魔方展现的是另一种思考数学问题的方法。但它同时也需要你双倍的努力来解决问题。

沿着铰链翻动标有数字的方片会覆盖某些数字并翻出其他数字：每个方片背面的数字是和正面一样的，而在每个方片下面（即第 2 层魔方）的数字则是该方片原始数字的 2 倍。

如果要得到一个使得所有水平方向的行、垂直方向的列以及两条对角线上的和分别都等于总魔数的魔方，需要翻动多少方片和哪些方片？

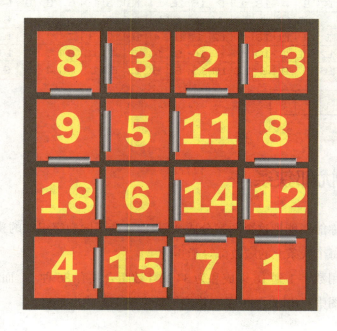

神奇的全脑思维游戏书

006 贝克魔方

你能将数字 1 到 13 填入下面图中的灰色圆圈中，使得每组围绕彩色方块的 6 个圆圈之和相等吗？

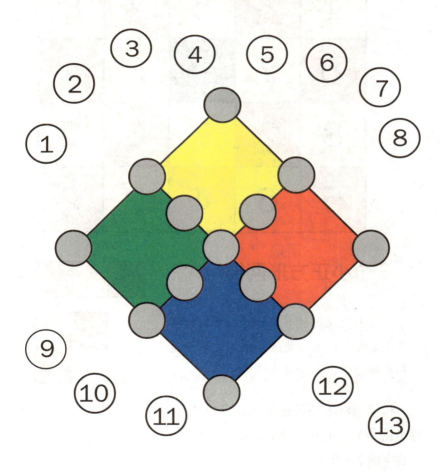

9	5	1	6	8
1	3	5	4	8
5	7	■	3	4
8	2	7	6	2
5	6	4	2	9

007 3个小正方形网格

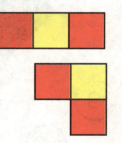

加入颜色及花样可以说是一种增加魔方难度的方法。看你能否运用你的识图能力和数字技巧找到题目的解决方法。

你能否将上面的格子图划分成8组，每组由3个小正方形组成，并且每组中3个数字的和相等？

神奇的全脑思维游戏书

28		3		35	
	18		24		1
7		12		22	
	13		19		29
5		15		25	
	33		6		9

008 六阶魔方

用数字 1 到 36 填入缺失数字的方格中，使得每一行、列及两条对角线上的 6 个数之和分别都等于 111。

这是一个古老的魔方，会作为驱魔的神物被埋在房子下面。

009 八阶魔方

本杰明·富兰克林的八阶魔方诞生于 1750 年，包含了从 1 到 64 的所有数字，并以每行、每列的和为 260 的方式进行排列。

你能填出缺失的数字吗?

52		4		20		36	
14	3	62	51	46	35	30	19
53		5		21		37	
11	6	59	54	43	38	27	22
55		7		23		39	
9	8	57	56	41	40	25	24
50		2		18		34	
16	1	64	49	48	33	32	17

010 阿基米德的镜子

　　镜子可以在科学、魔术以及日常生活中创造不可思议的功绩。

　　伟大的古希腊数学家阿基米德富于想象力地将镜子用于许多创造发明中。根据古代著作，他最杰出的功绩就是在公元前214年罗马舰队围攻西西里岛城市叙拉古时，他用镜子将太阳光集中反射到罗马船只上并使其着火。

　　我们可能永远都无法确信阿基米德是否成功地用镜子保卫了叙拉古。但是，他有可能办到这件事吗？

011 光路

下图镜子迷宫里的红线条都是双面镜。

通过哪个缺口进入能指引一束激光穿过这个镜子迷宫？

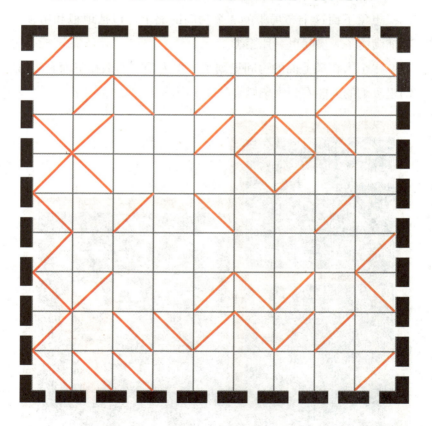

012 火柴光

如果你住在一间布满镜子的屋子里，你就会在确定自己来去方向时遇到困难。你甚至会遇到一个最棘手的问题：你没办法找到门在哪里！

想象下面这个布局中的 3 个房间的墙上（包括地板和房顶）都铺满镜子。房间里一片漆黑。

一个人在最上面的房间里划了一根火柴。那么在下面右边房间里吸烟的人能看到火柴燃烧的映像吗？

013　转角镜 (1)

　　如下图所示，一个男孩分别从 1 面平面镜和 2 面以 90° 角相接的镜子中观察自己。

　　男孩的脸在 2 种镜子中所成的影像是一样的吗？

014　转角镜 (2)

　　如上图所示，如果将第二面镜子翻转 90°，会发生什么情况？

015 曲面镜

　　如图所示，男孩看左边的凸面镜发现自己是上下颠倒的。然后将镜子翻转90°。这时候男孩看到的自己是什么样子的呢？

016 三阶拉丁方

你能将这些色块分配到网格中并使得每一种颜色在任何一行或一列中仅仅出现一次吗？有12种不同的三阶拉丁方。你能把它们都找出来吗？

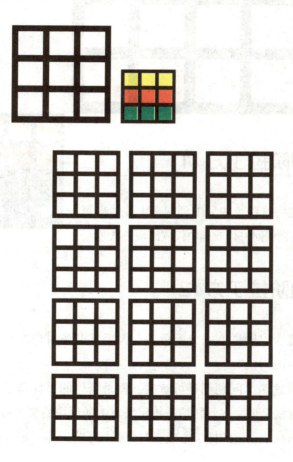

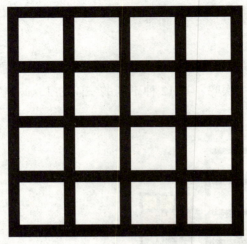

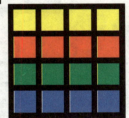

017 四阶拉丁方（1）

你能将这些色块分配到网格中并使得每一种颜色在任何一行或列中仅仅出现一次吗？

018 四阶拉丁方（2）

你能否以同样方式分配色块，但要求两条对角线也同样适用该规则？

尽管这两个问题都是可解的，但是当你的目标是寻找最佳解法时（也就是说，找到能填进特定魔方中的色块的最大可能数目），要创造出一个完整的拉丁方或者对角线拉丁方就不一定能成功了。

神奇的全脑思维游戏书

019 五阶对角线拉丁方

如下图所示，你能填满这 2 个魔方网格，使得每种颜色在每一行、每一列以及两条对角线上都只出现 1 次吗？

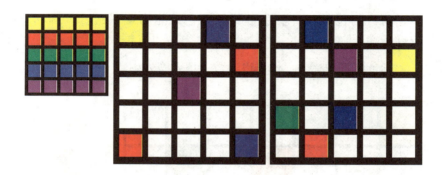

020 六阶拉丁方

在右图中用如下规则填满这个魔方网格：每种颜色在每一行、每一列中只出现一次，你能办到吗？（可以有多种解法）

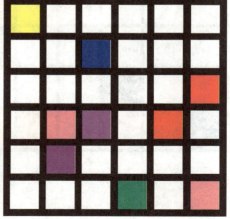

七阶拉丁方

用 7 种不同的颜色将下面这个 7×7 的魔方填满，使得每一行、每一列包含各种颜色且每种颜色只能出现一次。（可以有多种解法）

颜色已经被标号，你可以用数字填入魔方中。

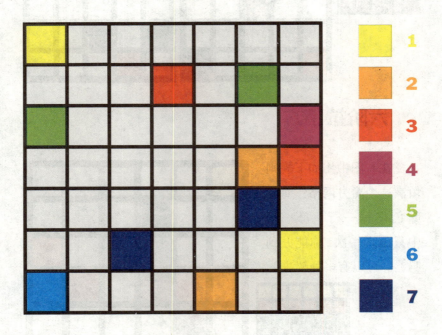

外魔轮

内魔轮

022 魔轮（1）

魔方可能让你陷入魔力方块中不能自拔，而魔轮将会带你走进圆圈的迷雾。

这里有一个经典魔方的新变体。

谜题的目标是将 2 个魔轮以同心圆的方式咬合（结果如右上图），必要时可以转动魔轮，使得任何一条直径上的数字之和都相等。

复制这个图，将魔轮的 2 部分（指 2 个较大的魔轮）剪出，并将内魔轮放在外魔轮上面；然后将内魔轮带数字的半圆纸片上下翻动并按要求计算，直到找到正确答案为止。

你也可以尝试用心算的方法解决。

023 魔轮 (2)

这里是另一种魔方的变形。它所适用的规则跟上一题中的魔轮一样，但现在你要操控 3 个魔轮。你可以旋转魔轮，颜色不一定要匹配。祝你好运！

神奇的全脑思维游戏书

024 三阶反魔方

魔方的变体也包括它的对立形式——反魔方。你可能会认为很简单，但这并不像你想的仅仅是填充数字那么简单，你很快就会发现这一点。

在三阶反魔方中，每一行、每一列以及两条对角线上的和全都不一样。

三阶反魔方可能存在吗？

神奇的全脑思维游戏书

025 魔幻蜂巢正六边形(1)

要创造出满足以下条件的二阶蜂巢六边形魔方是不可能的:将数字1到7排列到右边的蜂巢中,使得每一直行的和相等。

你能证明它为什么不可能存在吗?

026 魔幻蜂巢正六边形(2)

另一方面,三阶蜂巢六边形魔方是存在的,而且它的解法是唯一的。

你能否将数字1到19填入下边的蜂巢里,并且使每一相连的蜂巢室的直行上数字之和为38?

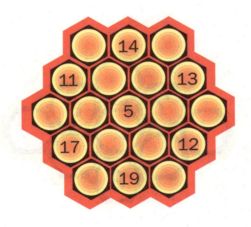

027 魔"数"蜂巢 (1)

你能将数字1到8填入右图的圆圈内，使游戏板上任何一处相邻的数字都不是连续的吗？

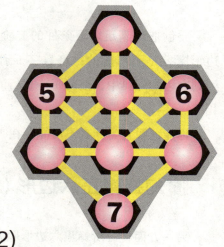

028 魔"数"蜂巢 (2)

将数字1到9填入下图的圆圈里，使得与某一个六边形相邻的所有六边形上的数字之和为该六边形上的数字的一个倍数。你能做到吗？

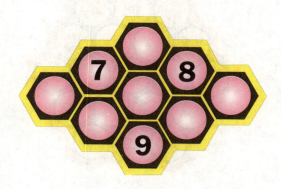

魔方是数学家们的最爱，不过其他形状其实也可以运用得一样好，比如星形、六边形、圆形或者其他多边形。

最简单的星状多边形是有 5 个顶点的"五角星"。它是古希腊毕达哥拉斯追随者的象征符号，寓意健康，而且在中世纪的巫术中有神秘的重要性。

要创造一个"完美的"星形魔方是不可能的。（也就是说，不可能将 1 到 10 的整数分配到五角星的结点，并使其每条线上的 4 个数字之和都相等）。我们所给出的谜题是接近完美的五角星魔方，用了从 1 到 12（除去 7 和 11）中的 10 个整数。

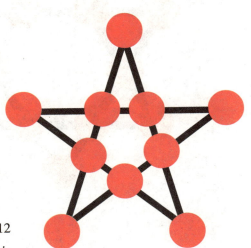

029 五角星魔方

你能将数字 1 到 12（除去 7 和 11）填入图中五角星上的 10 个圆圈上，并使任何一条直线上的数字之和等于 24 吗？

六角星魔方

你能将数字 1 到 12 填入下图的六角星的圆圈中，使得任何一条直线上的数字之和为 26 吗？

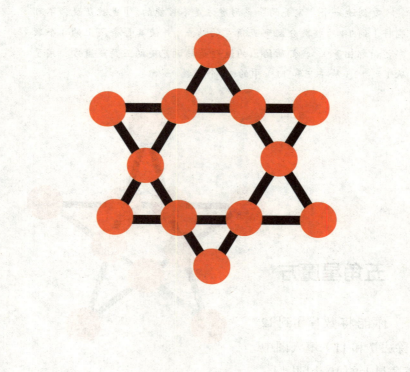

神奇的全脑思维游戏书

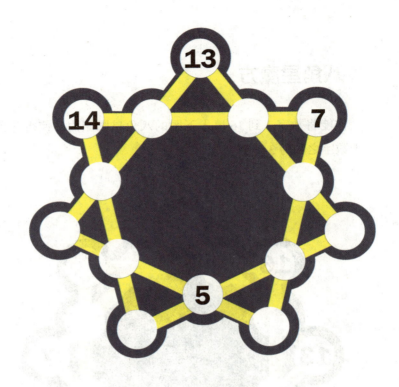

031 七角星魔方

你能将数字 1 到 14 填入上图的七角星圆圈内，使得每条直线上数字之和为 30 吗？

032 八角星魔方

　　你能将数字 1 到 16 填入下图的八角星圆圈内，使得每条直线上数字之和为 34 吗？

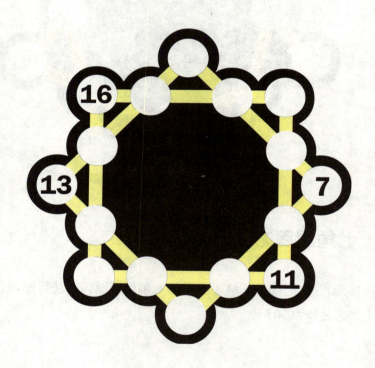

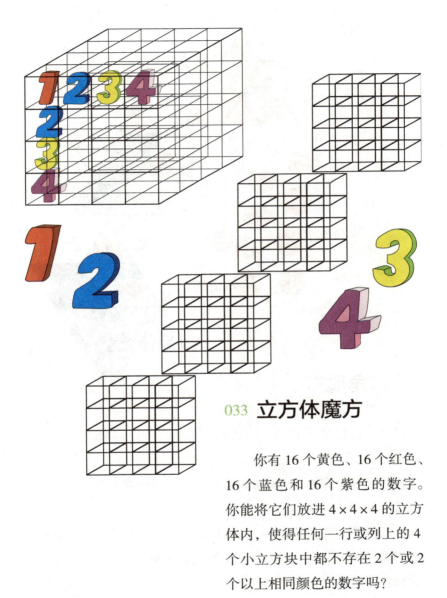

033 立方体魔方

你有 16 个黄色、16 个红色、16 个蓝色和 16 个紫色的数字。你能将它们放进 4×4×4 的立方体内，使得任何一行或列上的 4 个小立方块中都不存在 2 个或 2 个以上相同颜色的数字吗？

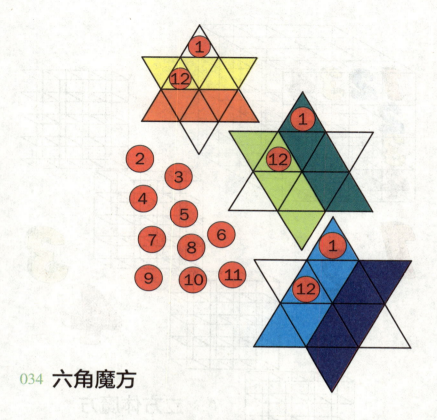

034 六角魔方

在娱乐数学文献中，一道完全新颖的多边形魔方谜题并不常见。

1991 年，布赖恩·鲍德、罗杰·伊兰特和乔·格尔克提出一个问题：

能否将数字 1 到 12 填入多边形的 12 个三角形中，使得多边形中的 6 行（由 5 个三角形组成的三角形组）中，每行（每组）的和均为魔数 33？

分割正方形

下图中的 3 个正方形分别被分割成 4、6、8 个较小的正方形，一共 18 个。

你能在这一页上加 4 条直线，使分割所得的正方形达到 27 个吗？

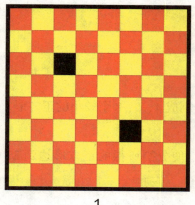

1

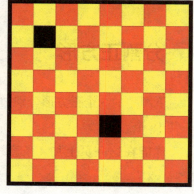

2

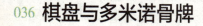

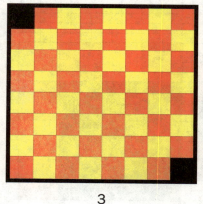

3

036 棋盘与多米诺骨牌

多米诺谜题中有一组经典题是用标准多米诺骨牌（1×2的长方形）覆盖国际象棋棋盘。

图中3面棋盘上各抽走2个方块（图中黑色处），留下的空缺无法用标准多米诺骨牌填充。

你能找出这3面棋盘中哪一面能用31块多米诺骨牌全覆盖吗？

神奇的全脑思维游戏书

六彩星星

你能用这 7 个六边形组成一个图形，使该图形包含一个具有 6 个顶点、6 种颜色的六角星吗？

038 镜面七巧板

镜子谜题是够难对付的，不过，多做一些此类的谜题，将对你提高想象力有很大的帮助。

34

每张卡片上描绘的是上页及本页底部4个物体中2个的镜像。

你能找出每张卡片中镜子所处的位置吗？以及该卡片上的2个物体分别是什么样的吗？

039 多米诺覆盖 (1)

当物体运动或者思想流动的过程产生连锁反应时，"多米诺效应"就出现了——只要推动一块多米诺骨牌，使它推倒下一块，再下一块，再下一块，再下一块……

用 1×2 的长方形多米诺骨牌，你能完全覆盖下图的网格吗？

二人游戏

一个游戏者使用垂直的（红色）多米诺骨牌，另一个用水平的（蓝色）多米诺。玩家轮流在上图的网格上放置多米诺骨牌，谁无法放进骨牌谁就算输。

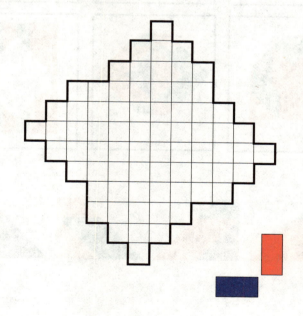

040 多米诺覆盖 (2)

上面的 10×10 的棋盘中有 5 个方块被删
掉。用 1×2 的长方形多米诺骨牌，你能完全覆盖上图所有没被
删掉的网格吗？如果不能，你能完成多少？

二人游戏

一个游戏者使用垂直的（红色）多米诺骨牌，另一个用水平
的（蓝色）多米诺骨牌。玩家轮流在上图的网格上放置多米诺骨
牌，谁无法放进骨牌谁就算输。

041 连续的多格骨牌方块 (1)

由 1 到 8 个正方形组成的被称作多格骨牌的这些形状，已如上图所示排列出来。

你能用所有这些形状创造出一个 6×6 的正方形吗？

你能找到几种解决方法？

连续的多格骨牌方块 (2)

这里有一组不同的共 8 块连续多格骨牌。

你能用它们创造一个 6 × 6 的正方形吗？

你能找到几种解法？

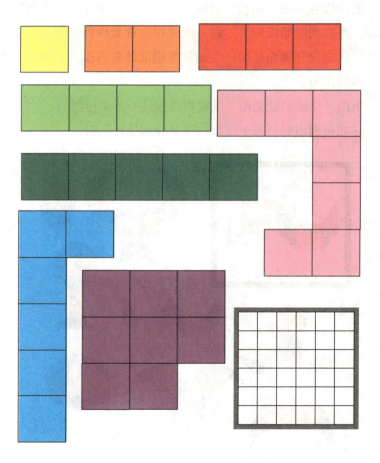

043 镜像射线 (1)

如果你正在试图从镜子里找到自己脸上的皱纹,马上停止吧,养成这种习惯是不好的。还是忘掉那些让人烦恼的皱纹吧!

假设你有一面平面镜,将镜子置于其中一条标有数字的线条上面,并放到原始模型上。每一次操作你都会得到由原始模型未被遮盖的部分和镜面反射产生的镜像组成的对称模型,镜子起着对称轴的作用。

下图 8 个模型就是由 7 条对称线按这一方法得到的。

你能辨别出制造每个模型的线条分别是什么吗?

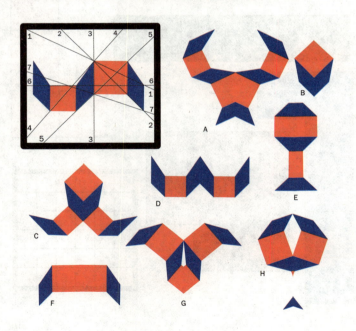

044 镜像射线 (2)

假设你有一面平面镜，将镜子置于其中一条标有数字的线条上面，并放到原始模型上。每一次操作你都会得到由原始模型未被遮盖的部分和镜面反射产生的镜像组成的对称模型，镜子起着对称轴的作用。

上图 10 个模型就是由 5 条对称线按这一方法得到的。

你能辨别出制造每个模型的线条分别是什么吗？

045 海市蜃楼

看东西过快可能让你错过一些极其重要的细节，但是速度过慢，你的眼睛又极易被其他事物干扰。有没有一个能让你又快又清楚地阅读的最佳速度呢？

你可能见过用两面凹面镜组成的"海市蜃楼之碗"。

放在"碗"的底部的一枚硬币或者其他小物体会被反射，并且如图所示被观察到在顶部漂浮。

这个令人难忘的视错觉是由反射产生的，那么有几次反射呢？

神奇的全脑思维游戏书

十二边形模型

　　如图所示的十二边形被分割成20块色块，并且这些色块被
重新排列成不同的模型。这4个模型中哪一个是不可能由这些色
块组合而成的？

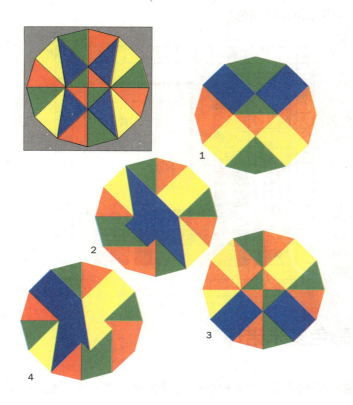

047 彩色多米诺魔方

从一组 28 块多米诺骨牌中选出 18 块，创造一个六阶拉丁方（图样见第 17 页）。

要求在每一水平的行上和每一垂直的列上有 6 种不同的颜色（图中一共给出 7 种颜色）。

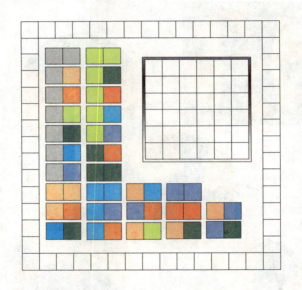

048 彩色多米诺环

你能用魔方中的 28 种颜色的骨牌制造出一个彩色多米诺环吗？必须要遵循传统多米诺骨牌的规则（也就是说，任意两个骨牌相邻的一端颜色必须相同）。

神奇的全脑思维游戏书

有效的六色布局

049 彩色斗牛士

你能将 28 块彩色的多米诺骨牌放入上方 7×8 的游戏板内,使得游戏板上除了 8 个灰色方块之外,其余的部分可以被分成 12 组 2×2 的双色方块吗?有效的六色布局如上图所示。

这是弗雷德(1875—1966)从斗牛士骨牌游戏中得到灵感而发明的,他是一位数学家和谜题创造家。

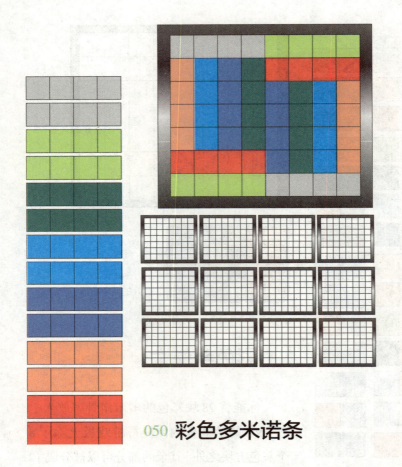

050 彩色多米诺条

你能以多少种方式用左上图所示的 14 条
彩色多米诺条完全覆盖这个 7×8 的游戏板？

其中一种可能的解法如右上图所示。在
不变动多米诺条位置的情况下，仅对颜色进
行置换不算作新的解法。

051 彩色多米诺

　　将28块彩色多米诺骨牌放入7×8的游戏板中，要求是以4个相同颜色的方块为一排填充。下图提供了一种解法（有多种完全不同的解法）。你能在这个解法当中嵌入多米诺骨牌的轮廓吗（即找出其骨牌原型）？

　　你能否在游戏板上给出另一种解法？

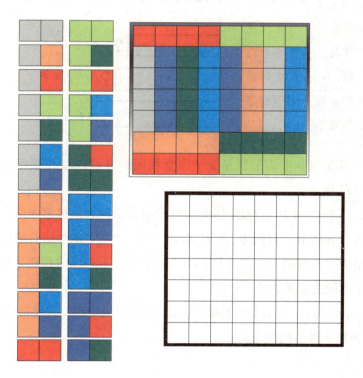

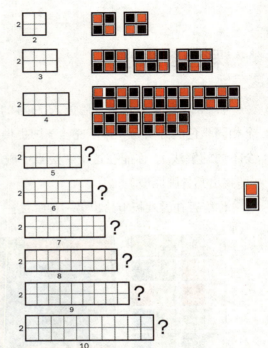

052 多米诺布局

有时候，实验法是解决难题的唯一办法，正如你在这一页上所见到的难题。如果你的运气够好，一开始就辨认出模型的话，剩下的事情就简单了。

标准的多米诺形状是 2 个完全相同的方块以棱相接组成的 1×2 的长方形。

一个"n×2"的多米诺骨牌可以用多少种方法被多米诺骨牌覆盖？n 的值一直到 10,将有多少种方法？图中多米诺骨牌的颜色是为了方便观察，因此只有当骨牌的布局不一样时我们才将其算作不同的覆盖方式。

n=2、n=3 和 n=4 时不同的覆盖方式如上图所示，它们分别有 2、3 和 5 种不同的布局。

神奇的全脑思维游戏书

053 成角度的镜子

假设有两面以铰链衔接的平面镜，以成对的彩线所成的角度摆放。

这个铰链衔接的镜子有 3 个值得注意的效果。

首先，通常的左右互换现象消失了。

其次，你只需要一个很小的东西就能制造出一个万花筒。

最后，通过改变两面镜子之间的角度，你能使被反射的物象加倍并且增多。

你能从不同角度找到多少个燃烧的蜡烛的像（包括原物像）？

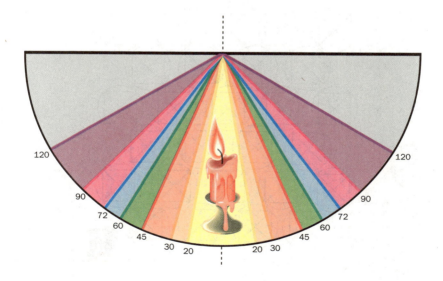

054 多米诺馅饼

该游戏的棋子以如下方式制作：

首先在所示圆形纸片中沿中心正方形的边剪下外围的1，2或3个弧；

然后给紧挨着被剪切的边的三角形涂上不同的颜色。从黄、红、绿和蓝色中选择；

最后将剩余部分涂黑。

右下方有一个实例。在这个例子当中，3个圆弧已经被剪掉，其相邻的三角形已经用规定的4种颜色中的3种上色。

你能制造出另外27个不同的多米诺馅饼的棋子吗（镜像图不算作新的棋子）？

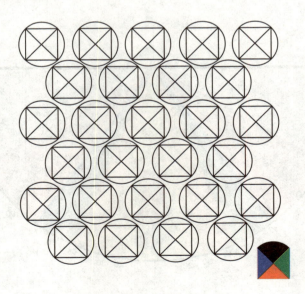

055 多米诺馅饼游戏板

你能将完整的一套多米诺馅饼的棋子放在游戏板上,使得棋子之间相邻的面的颜色相同吗?

广义化的多米诺骨牌

经典多米诺本质上是一个数字序列游戏。常规的多米诺骨牌是 2×1 的刻有数字的长方形骨牌。

通过添加颜色以及使用比单纯长方形棋子更复杂的形状（包括三维立方体），我们能创造出有趣的组合数学游戏。

珀西·麦克马洪发明了许多这样的广义多米诺骨牌游戏，运用有着系统而新潮颜色的多边形骨牌覆盖平面。

麦克马洪的骨牌系统不是任意的，同一基本形状的棋子被以所有可能的方式上色，形成另一套棋子。棋子经过反射所得的像被看作不同的棋子，但棋子旋转所得的像则看作是一样的。这一假设很有道理，因为通常棋子只在一面上色，所以它们不能被反转，但可以在平面上毫无困难地旋转。

多米诺骨牌游戏的目的是根据多米诺游戏规则，在给定的某些几何或系统模式之下按顺序编排一套棋子。

麦克马洪的数学著作是建立在对称函数理论的基础上的——在对称函数中如果字母顺序被改变，表达式是不变的。

比方说 $a\times b\times c$ 和 $ab\times bc\times ca$ 就是 a、b 和 c 的对称函数。

如果麦克马洪的一套完整的多米诺棋子的颜色被重新排列，我们最终会得到和以前完全一样的一套棋子。多米诺骨牌的这些漂亮的数学组合的特质诞生于数字排列的对称美。麦克马洪的理念至今仍为我们提供许多新的有待开发的谜题领域。

一个多米诺骨牌并不一定要是多米诺形状的。的确，传统的骨牌比较适合装入盒子里，但是，如果有机会炫耀一套有特点的多米诺骨牌的时候，干吗还要常规的骨牌呢？

神奇的全脑思维游戏书

056 麦克马洪的彩色方块

一个正方形被它的对角线分成了4部分。

用4种颜色给正方形上色，上色样板如下图所示。

有6种不同的方法给正方形上色（旋转所得的正方形不算作新的正方形）。你能把它们都找出来吗？

你将每一种正方形再复制3份，组成一套24个正方形，将它们剪下来并解决这个经典的题目：

你能否用这一套正方形拼成一个4×6的长方形？要求相邻正方形的边的颜色相同，符合多米诺骨牌风格。

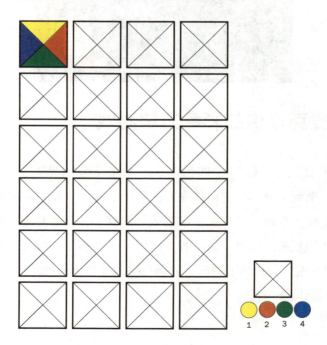

057 麦克马洪的彩色方块游戏

　　用上页的一套 24 个四色正方形来进行这个游戏，这个游戏能让 4 个玩家参与。之前排序好的棋子被随意分发；玩家们轮流在游戏板上摆放棋子来接上已摆放好的棋子，颜色要与和棋子任何一条边相接的颜色一致。首先将棋子全部摆放到板上的玩家获胜，放在游戏板边界上的棋子的颜色也应该与板同色。

　　你能做到吗？

神奇的全脑思维游戏书

锯齿形彩路

这 8 个棋子的每一条边都包含 6 种颜色。你能分辨出棋子经过旋转后（不改变它们在游戏板上的位置），哪种颜色能形成一条封闭的环形线路？

麦克马洪的彩色三角形

　　一组 24 个三角形可以按照多米诺骨牌颜色匹配原则（即相邻一边颜色相同）形成许多种多边形，像正六边形和蝴蝶谜题。从麦克马洪开始，便有马丁·加德纳、约翰·肯维以及其他人为浩如烟海的关于广义多米诺的资料做出了贡献，他们提供了新的难题和挑战。

　　用 4 种颜色给等边三角形的 3 个边缘上色，你能得到 24 个可能的不同颜色的三角形吗？

　　注意：旋转后得到的三角形不被算作是不同的；镜面反射则算作不同。

060 蝴蝶谜题

　　用你在上页制造出来的棋子完成这个网格，如下图所示该网格中已有部分填充了颜色。两边相接的地方颜色必须一致（网格中已给出的颜色除外）。

061 六边形谜题

　　根据上面那道谜题，再次用你的棋子来填充这个六边形网格。题目要求同上题一样。

062 楼号

　　街的一边上的大厦从 1 开始按顺序编号，直到街尾，然后从对面街上的大厦开始往回继续编号，到编号为 1 的大厦对面结束。每栋大厦都与对面的大厦恰好相对。

　　若编号为 121 的大厦在编号为 294 的大厦对面，这条街两边共有多少栋大厦？

063 彩色方形图

底部这 5 张编号的方形卡片中哪一张永远不可能在上方的图中找到？

积木冲击

将这 8 个八边形复制并裁下。

你能以同样布局安排这些八边形，并且使八边形之间相邻一边的颜色一致吗？

神奇的全脑思维游戏书

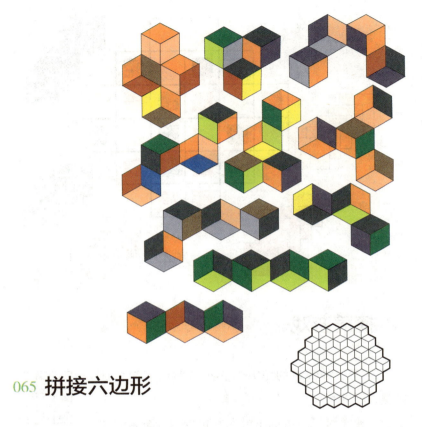

065 拼接六边形

灰色行动通常是间谍电影里面由特别情报人员进行的秘密行动。这一页上的隐藏形状题并不是官方秘密，不过它们确实给玩家出了一道难题。

将上面给出的 10 个部分复制并裁下。

将这些部分重新安排成一个 4×4×4 的八边形蜂巢模式，如右上图所示。

066 掩盖游戏

　　24 个 5 种颜色的正方形必须按照以下简单规则覆盖游戏板：

　　1. 水平或垂直方向上的 2 个正方形颜色不能相同，而斜向相邻的 2 个正方形颜色可以相同（如右图所示）；

　　2. 在考虑到第一条规则的范围内，正方形每走一步，被覆盖的棋盘格上的颜色就变成走这一步所使用的正方形的颜色；

　　这个游戏可以有多达 5 个玩家，每个玩家各选一种颜色，并根据上述规则轮流将自己颜色的正方形放到游戏板上。第一个把他的正方形全部放到板上的一方获胜。

067 火柴积木

彩色积木可以在游戏板上重新排列，类似魔方的玩法。想想你要如何在不同大小的游戏板上变换你所使用的积木类型。

这个矩阵（彩色小正方形）被分成 15 条，共 8 种颜色，每行用 1 种。

在 8×8 的游戏板上重新排列这 15 条积木，使得没有任何一行或列有颜色重复出现。

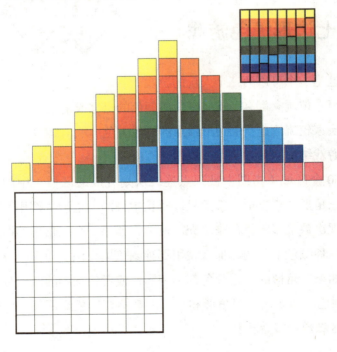

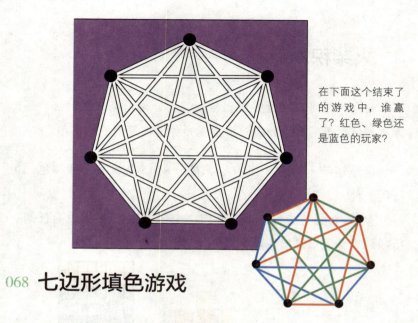

在下面这个结束了的游戏中，谁赢了？红色、绿色还是蓝色的玩家？

068 七边形填色游戏

这是一个可以两三个人玩的游戏。

每一位玩家都有一支属于他的颜色的铅笔或钢笔。

玩家轮流给连接七边形顶点的线段上色。

游戏结束后，参照以下规则计算成绩：

50个区域（指图中被顶点连线所划分成的区域）中的每一个（三角形、长方形、五角星以及正中央的七边形）都用其边界上出现次数最多的颜色来填充。例如，如果一个三角形的两边都是某一种颜色上色的，那么就用那种颜色填充该三角形。另一方面，如果三角形的三边颜色都不相同，或者长方形的四边分别有2种颜色，那么这个三角形和长方形都不要填色。用某一种颜色填色区域数最多者获胜。

神奇的全脑思维游戏书

六边形填色题 (1)

彩色铅笔准备就绪！记住：不许提前看下一道题，否则算作弊！

每个六边形被分成 6 个三角形，其中 3 个为黑色。

用所给 6 种颜色中的 3 种进行颜色填充，你能创造出多少个不同的六边形？

旋转后得到的六边形不被算作不同的；镜面反射则算作不同。

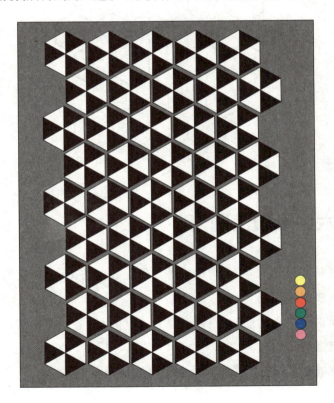

070 六边形填色题 (2)

复制并裁下这 40 个六边形（参照上题的答案），将它们尽可能多地放到游戏板上。

要求这些六边形放在板上之后，相邻边的颜色要相同，黑色块不能碰到其他色块。

你能摆放在上图游戏板上的最大数目是多少?

彩条谜题 (1)

　　用彩色条做游戏是一回事，但在游戏开始之前要找到你的棋子的不同排列组合则又是另一回事了。不过，这也是让你为乐趣而工作的一个好办法！

　　用4种颜色填充每个纸条，你能填充出多少种不同的纸条（旋转后得到的图案算作不同的一个）？

　　完整的一组彩条可以作为下面的游戏的棋子。

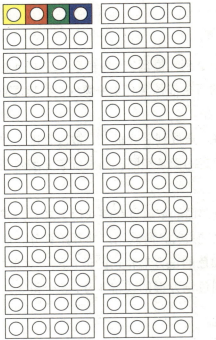

072 彩条谜题 (2)

谜题（1）的解法中的 24 条彩条代表 4 种颜色的 24 种排列组合。

10×10 的游戏板（下页图）展示的是没有重叠的所有彩条的排列，以及 4 个空白的正方形。彩条的轮廓没有显示出来。你能按照相同的颜色用这 24 条彩条覆盖游戏板，并且将彩条的轮廓画出来吗？

彩条谜题比赛

这个比赛需要 2 到 4 位玩家，每位玩家选择 4 种颜色中的 1 种。24 条彩条中的每条都各含有 4 种颜色，将其背面朝上，打乱后分给每个玩家 6 条。

玩家们轮流将彩条放到游戏板上。被放置进去的彩条的两端颜色必须和与其邻近的彩条相同，如果玩家无法做到，那么他们被取消一次游戏机会。

当所有的彩条都已经被放置在游戏板上之后，或者玩家们已无法将他的彩条放进去时，游戏结束并开始算分。这个游戏的目的是得到你所持颜色的正方形相连的最长线。对角线不能得分。一条有 4 个相连同色正方形的线得 4 分，5 个得 5 分（少于 3 个的线不得分）。

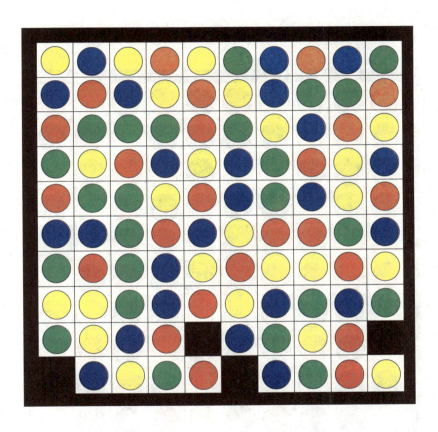

彩条谜题 (3)

参照"彩条谜题（2）"的要求，将彩条的轮廓画出来。

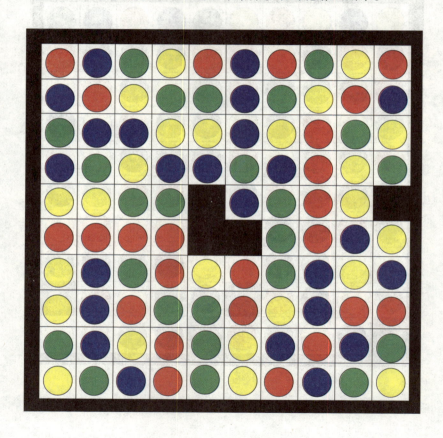

074 彩条谜题 (4)

参照"彩条谜题（2）"的要求，将彩条的轮廓画出来。

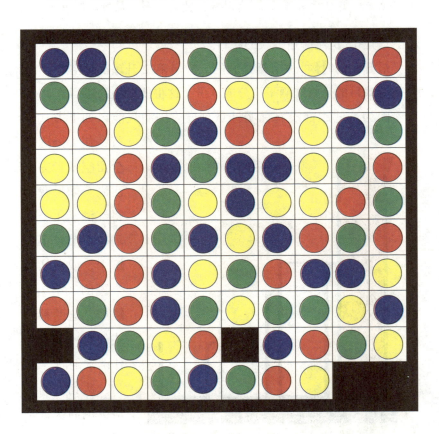

075 注水问题 (1)

"这是为您准备的上等好酒，先生。这位女士愿意用高脚杯品尝满满一杯红酒吗？还是您更喜欢用玻璃杯？当然没问题。不过恐怕这位先生要自行斟酒了。"有时候你就是得不到最好的服务……

这是 15 世纪一道经典的题目。

最开始的时候，9 升罐是满的，5，4 和 2 升罐都是空的。

游戏目的是将红酒平均分成 3 份（这将使最小的罐留空）。

因为这些罐都没有标明计量刻度，倒酒只能以如下方式进行：使 1 个罐完全留空或者完全注满。如果我们将红酒从 1 个罐倒入 2 个较小的罐中，或者从两个罐倒入第 3 个罐中，这两种方式的每一种都算作两次倒酒。

达到目的的最少倒酒次数是多少？

9升　　5升　　4升　　2升

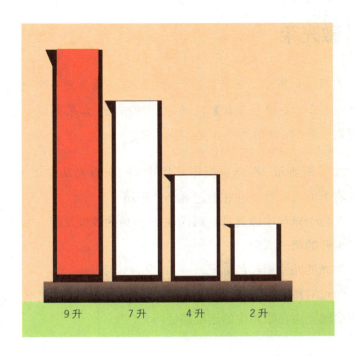

9升　　7升　　4升　　2升

076 注水问题 (2)

最开始的时候，9升罐是满的，7，4和2升罐都是空的。

游戏目的是将红酒平均分成3份（这将使最小的罐留空）。

因为这些罐都没有标明计量刻度，倒酒只能以如下方式进行：使1个罐完全留空或者完全注满。如果我们将红酒从1个罐倒入2个较小的罐中，或者从两个罐倒入第3个罐中，这两种方式的每一种都算作两次倒酒。

达到目的的最少倒酒次数是多少？

激光束

在很多电影中，劫匪在进行抢劫之前总是先用一束激光四下侦察一番，于是警报系统就不可避免地响起：如果他们对于反射了解更多的话，他们可能会更容易得手。

如下图所示，在全息摄影环境中，一束激光从左上方发出，并在右下方被吸收。它穿越过 8 个"暗箱"。

在每个暗箱中激光都被两面成 45° 角的棱镜反射，如图中两个被剖开的箱子所示。

激光的路线用红色标记。

通过对激光束可见部分的观察以及你的推演能力，你能重新构建出激光束在暗箱中的连续路径吗？

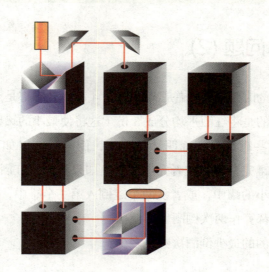

排列组合 (1)

假设所有碟子颜色都一样且没有标记，没有办法区分这些碟子。

你能用几种方法将 3 个不同颜色的物体分配到 3 个没有标记的碟子上？

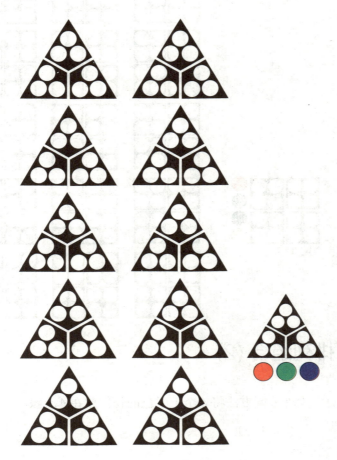

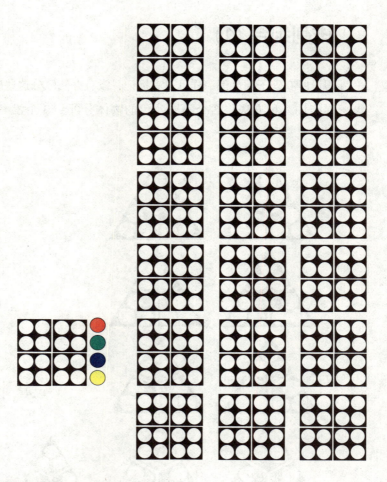

排列组合 (2)

有多少种分配方法将 4 个上了色的物体放在 4 个没有标记的碟子上?

　　　神奇的全脑思维游戏书

080 排列组合 (3)

有几种分配方法能将 3 个物体（三角形、正方形和圆形）放在 3 个有标签的碟子上？

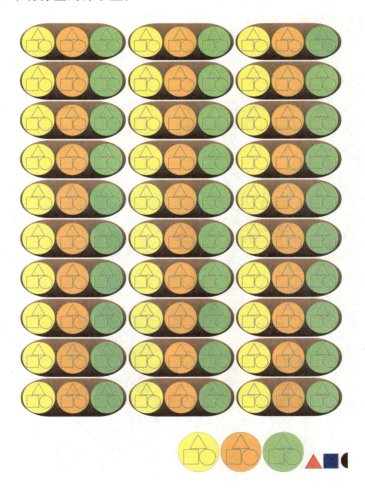

081 花朵上的瓢虫

卡通的昆虫实在比现实生活中的可爱多了，比如《木偶奇遇记》中的小蟋蟀。如果它看起来像一只真的昆虫，匹诺曹可能就不会跟它讲话，这样接下来的故事就会完全不同了。

3 只分别为红色、绿色和蓝色的瓢虫，住在一个有 5 朵花的花园里。

如果每朵花的颜色都不一样（也就是说，有"标记"），那么瓢虫落在花朵上的方式有多少种？如果有必要的话瓢虫们可以分享花朵。

神奇的全脑思维游戏书

082 各有所爱——蜜蜂也不例外

蜂群总数的一半的平方根飞去了一丛茉莉花中，8/9 的蜂群也紧跟着飞去了；只有 2 只蜜蜂留下来。

你能说出整个蜂群里一共有多少只蜜蜂吗？

爱的立方问题

这是一道老谜题的变体。这道题的目标是让所有 4 种颜色（以任何排列顺序）出现在长方体的每一面上，并且在所有 4 个面上都能拼出 "LOVE" 这个单词。

复制并裁下制作 4 个 LOVE 立方块所需要的图式，解决这道难题。

图式上已预留空白处，所以没必要用胶水粘出一个僵硬的三维立方块。制成的立方体很容易就能被打开，变成便于存放的平面模式。

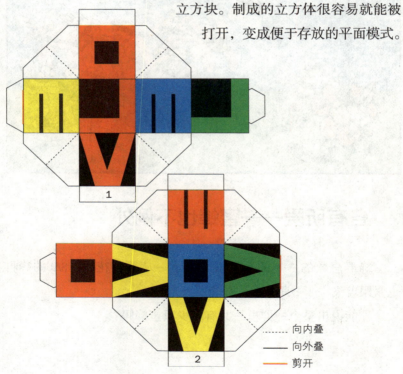

┈┈┈┈ 向内叠

———— 向外叠

———— 剪开

神奇的全脑思维游戏书

　　这道题不会像第一眼看起来那么简单。它有超过 4 万种不同的排列方法，但只有一种才是真正的解法。

立方块哥哥

从字面意义上来说，立方块就是三维数学里的积木。我们知之甚少的是，在孩提时代，我们不仅在玩积木，同时也在参与解决娱乐几何问题！

从麦克马洪的立方块体系中任意选一个。

将其作为制作一个更大的 2×2×2 立方块的模型（即与之颜色模式相同。该大立方块由 8 块小立方块组成），要求在各方块的面上上色，并且内部相邻接触面颜色相同。

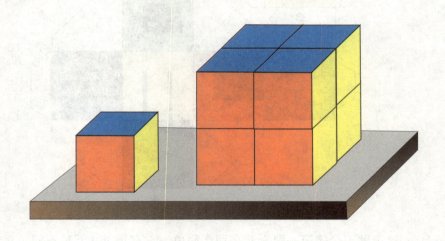

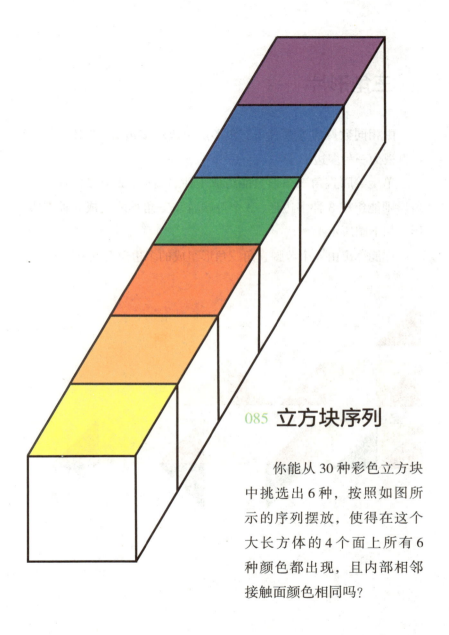

085 立方块序列

你能从 30 种彩色立方块中挑选出 6 种，按照如图所示的序列摆放，使得在这个大长方体的 4 个面上所有 6 种颜色都出现，且内部相邻接触面颜色相同吗？

086 三角形片

　　由相同数量的等腰直角三角形所组成的多边形,若其形状一致就视为一种多边形。

　　单个等腰直角三角形只能组成 1 种多边形,2 个等腰直角三角形则能组成 3 种多边形,3 个等腰直角三角形能组成 4 种多边形(如下图所示)。

　　你能算出由 4 个等腰直角三角形组成的多边形有几种吗?

神奇的全脑思维游戏书

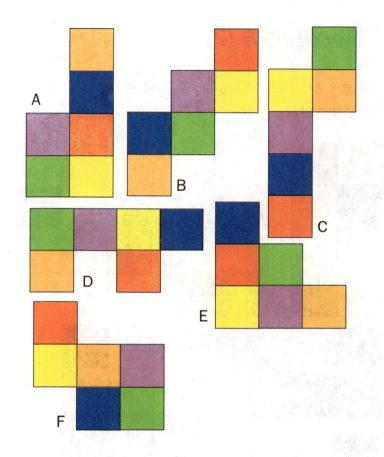

087 等积异型魔方 (1)

复制并裁下所给出的 6 个图片。将它们重新组合成一个魔方，每一行、列都有 6 种不同的颜色。想要尝试更大的挑战吗？那就不要将图片裁下，尝试心算解题。

等积异型魔方 (2)

你能将这 7 个图片重新组合成一个魔方，每一行、列都有 7 种不同的颜色吗？

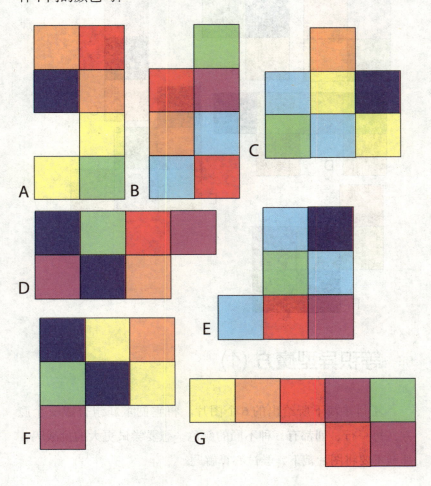

神奇的全脑思维游戏书

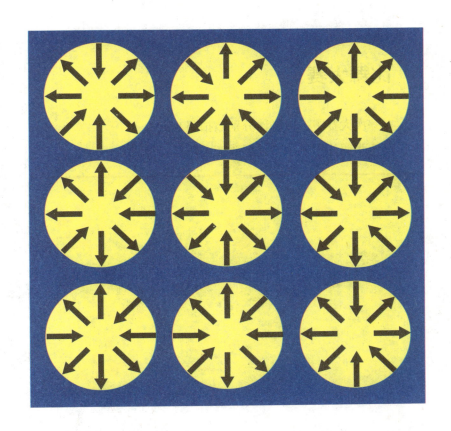

089 箭轮

落单者出列是每个早上打开袜子抽屉时进行的游戏，为了不穿错袜子，我们必须寻找 2 只颜色相同的袜子。找出与众不同的那个，就是最后的答案！

这 9 个箭轮中哪一个是与众不同的呢？

比舞大赛

在一次大赛中一对舞伴分别被拍照 8 次。

哪几张照片中显示出他们改变了跳舞姿势呢？

答案

001.九宫图

九官图中的9个数字相加之和为45。

因为方块中的3行（或列）都分别包括数字1到9当中的1个，将这9个数字相加之和除以3便得到"魔数"—15。

总的来说，任何n阶魔方的"魔数"都可以很容易用这个公式求出：$\dfrac{n^3+n}{2}$

和为15的三数组合有8种可能性：

9+5+1　9+4+2　8+6+1
8+5+2

8+4+3　7+6+2　7+5+3
6+5+4

方块中心的数字必须出现在这些可能组合中的4组。5是唯一在4组三数组合中都出现的。因此它必然是中心数字。

9只出现于两个三数组合中。因此它必须处在边上的中心，这样我们就得到完整的一行：9+5+1。

3和7也是只出现在2个三数组合中。剩余的4个数字只能有一种填法——这就证明了魔方的独特性（当然，旋转和镜像的情况不算）。

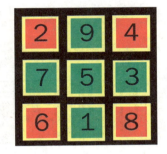

002.四阶魔方

魔数为34的四阶魔方有880种。我们在此举一例。

16	5	2	11
3	10	13	8
9	4	7	14
6	15	12	1

003.杜勒幻方

下面的示意图阐明了挑选出魔数为 34 的几组可能性。以第一行的 5 幅图表为例：

①每一行、列之和为 34；

②每个 2×2 的方块中数字之和为 34；

③每个风筝形图案上的 4 个数字和为 34；

④ 3×3 的正方形 4 角之和为 34；

⑤这 4 个不同的长方形的 4 角之和为 34。

看看你能否推出其他示意图的原理。

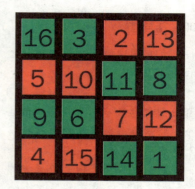

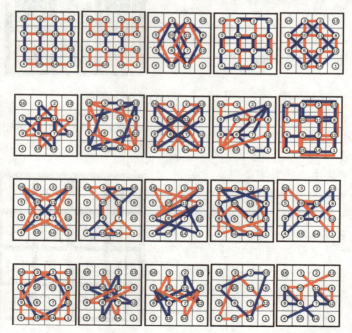

神奇的全脑思维游戏书

004. 忧郁狭条

缺失的狭条是： | 4 | 7 | 8 | 15 |

005. 沿铰链转动的双层魔方

16	3	2	13
5	10	11	8
9	6	7	12
4	15	14	1

4个方片需要按以下顺序沿着铰链翻动：

①方片7向上；

②方片9向下；

③方片8向下；

④方片5向左。

然后我们就得到了著名的魔数为34的杜勒幻方。

006. 贝克魔方

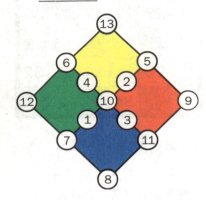

007. 3个小正方形网格

事实上，由1到9当中的3个数字组成和为15的可能组合有8种。

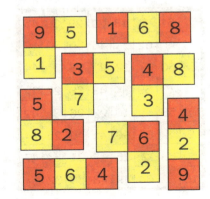

008. 六阶魔方

28	4	3	31	35	10
36	18	21	24	11	1
7	23	12	17	22	30
8	13	26	19	16	29
5	20	15	14	25	32
27	33	34	6	2	9

009. 八阶魔方

就像杜勒的恶魔魔方一样，八阶魔方具有许多"神秘"的特性，而且超出魔方定义的一般要求。

比如说每一行、列的一半相加之和等于魔数的一半等。

52	61	4	13	20	29	36	45
14	3	62	51	46	35	30	19
53	60	5	12	21	28	37	44
11	6	59	54	43	38	27	22
55	58	7	10	34	39	26	42
9	8	57	56	41	40	25	24
50	63	2	15	30	31	34	47
16	1	64	49	48	33	32	17

010. 阿基米德的镜子

尽管许多科学家和历史学家都对这个故事着迷，但是他们都判定这是个不可能完成的功绩。不过有几个科学家曾试图证明阿基米德的确能使罗马船舰突然冒出火苗。这些科学家的假设是，阿基米德用的肯定不是巨型镜子，而是用非常多的小反射物制造出一面大镜子，这些小反射物可能是磨得非常光亮的金属片（也许是叙拉古战士的盾牌）。

阿基米德所做的是不是仅仅让他的士兵们排成一行，命令他们将太阳光聚焦到罗马船只上呢？

1747 年法国物理学家布丰做了一个实验。他用 168 面普通的长方形平面镜成功地将 330 英尺（约 100 米）以外的木头点燃。似乎阿基米德也能做到这一点，因为罗马船队在叙拉古港湾里距离岸边肯定不会超过大约 65 英尺（约 20 米）。

1973 年一位希腊工程师重复了一个与之类似的实验。他用 70 面镜子将太阳光聚集到离岸 260 英尺（约 80 米）的一艘划艇上。镜子准确瞄准目标后的几秒钟内，这艘划艇开始燃烧。为了使这个实验成功，这些镜子的镜面必须是有点凹的，而阿基米德很有可能用的就是这种镜子。

011.光路

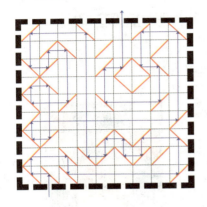

012.火柴光

可以，吸烟的人能看到经过2面镜墙反射出来的火柴光。

在19世纪50年代，厄斯特·斯托斯提出一个难题：是否存在一间如此复杂的房间，你在里面某处划着了一根火柴，却因为光的反射无法到达而使得有部分空间依然湮没在一片漆黑中？这个问题直到1995年才有了答案，加拿大艾伯塔大学的乔治·托卡斯凯回答了这个问题：存在这样一种房间，其目前可知面积最小的房间平面图有24条边。只要火柴光所在的位置恰当，就会至少有另一个相对点处在黑暗中，如图所示（图中的红点）。乔治·托卡斯凯把它叫作最小不可照明的房间。

在托卡斯凯房间里有一个特定的划火柴的点，使得火柴划亮之后房间有一部分处在黑暗中，但如果你把火柴稍微移动一点，整个房间就又变亮了。

没有答案的问题依然存在：是否存在一间如此复杂的房间，你无论在里面什么地方划火柴，房间里都会有暗点？

013.转角镜(1)

正常情况下，镜子将物体的镜像左右翻转。以正确角度接合的两面镜子则不会这样。

右面的镜子显示的没有左右变化，男孩在镜子中看到的自己和日常生活中别人看到的他是一样的。

这种成像结果是由于左手反转以及前后反转同时作用。

014. 转角镜 (2)

当你把这面转角镜翻转 90° 时，镜像将会上下颠倒。

015. 曲面镜

男孩看到的自己是右边凸起。

你如何解释镜子 90° 的翻转得到的是 180° 翻转的镜像？

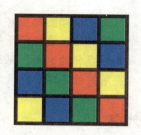

016. 三阶拉丁方

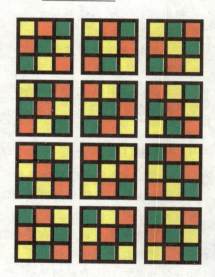

018. 四阶拉丁方 (2)

如果对 2 条对角线也应用相同规则，问题会变得更难，但也不是不能解决的：

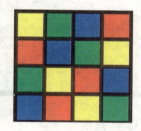

019. 五阶对角线拉丁方

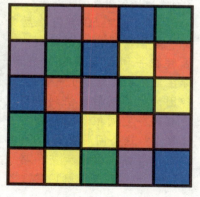

017. 四阶拉丁方 (1)

如果只要求每一行、列有 4 种不同的颜色，那么以下这个简单的图案会符合要求：

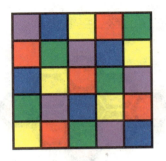

020.六阶拉丁方

解法之一，如下图所示。

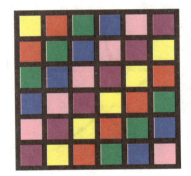

021.七阶拉丁方

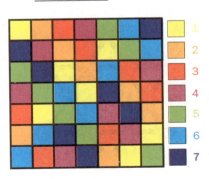

1
2
3
4
5
6
7

022.魔轮（1）

023.魔轮（2）

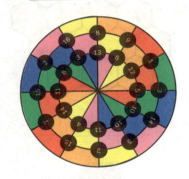

024.三阶反魔方

三阶反魔方存在，而且可以有其他答案。

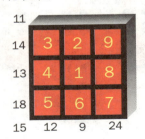

025. 魔幻蜂巢正六边形 (1)

很明显二阶六边形魔方是不可能存在的。最简单的证据就是 28 不能被 3 整除。

026. 魔幻蜂巢正六边形 (2)

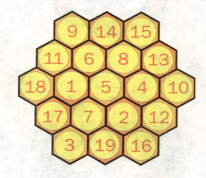

027. 魔 "数" 蜂巢 (1)

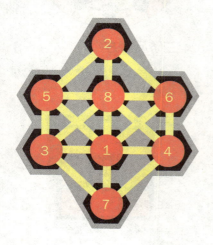

028. 魔 "数" 蜂巢 (2)

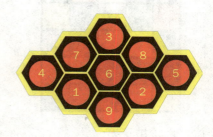

029. 五角星魔方

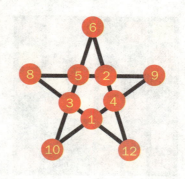

030. 六角星魔方

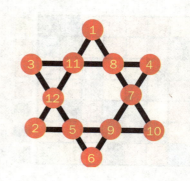

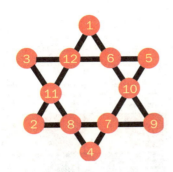

031. 七角星魔方

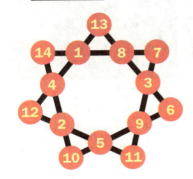

032. 八角星魔方

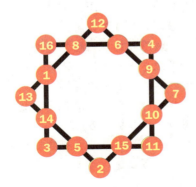

033. 立方体魔方

这里给出其中一种解决方法（还有很多可能性）。

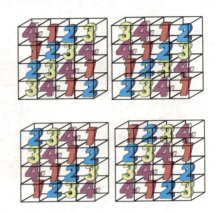

034. 六角魔方

这个问题可不简单。

一共有 12！（12 阶乘 =1×2×3×……×11×12=479001600）种方法将数字 1 到 12 填入六角形上的三角形中。计算机搜索出这道题的出题者们只做了一种解法，如下图所示。

035. 分割正方形

将正方形总数上升到 27 个的 4 条直线如下图中的蓝线条所示。

036. 棋盘与多米诺骨牌

许多与棋盘有关的题目以及其他谜题都可以通过简单的奇偶数检验法解决。

第一面棋盘中，无论你用什么办法都不能覆盖空缺的棋盘，而证明方法很简单。除空缺块以外，棋盘上有 32 块黄色方块，但只有 30 块红色的。一块多米诺骨牌必须覆盖一红一黄的方块，因此第一面棋盘不能用 31

块多米诺骨牌覆盖。

如果从棋盘中移走 2 个相同颜色的方块，剩下的方块就不能用多米诺骨牌覆盖。

该原理的反面由斯隆基金会主席拉尔夫·戈莫里证明。

如果将 2 个颜色不同的方块从棋盘移出，剩下的部分必然能用多米诺骨牌覆盖。

因此只有第二面棋盘能全部用多米诺覆盖。

037. 六彩星星

 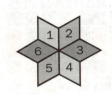

038. 镜面七巧板

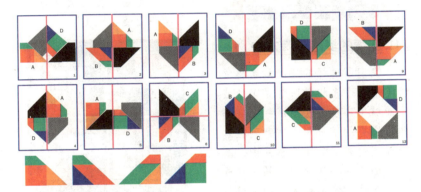

039. 多米诺覆盖 (1)

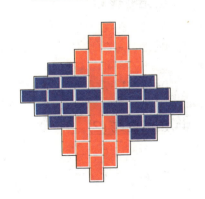

040. 多米诺覆盖 (2)

原图上的 5 个缺失方块中有 4 个是在棋盘的灰色块上的，只有 1 个在白色块上。

因此当你放进去最大数目的多米诺骨牌之后，无论你如何摆放骨牌，总会有 3 个白色块没有被覆盖上。

寻找解法的途径之一是在棋盘上画出车（国际象棋棋子）的

路线图，并用骨牌覆盖它的路线。

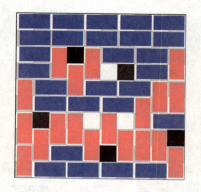

041. 连续的多格骨牌方块 (1)

　　我们所选择的连续的多格骨牌（每一个多格骨牌都是）使我们能够用许多方法组成一个完美的马赛克的正方形。注意到在这个连续的多格骨牌的解法中，有一种形成的是从中心开始以螺旋状延伸的，该中心周围的多格骨牌以逆时针顺序依次盘旋着加入

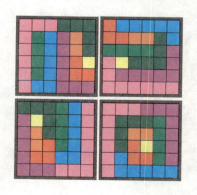

（指答案中的右下图，顺序为：黄色—橙色—红色—浅绿—深绿—蓝色—紫色—粉色）。

042. 连续的多格骨牌方块 (2)

　　对于这组 8 块连续多米诺骨牌也有很多种解法。最后一种解法（指图中的右下图）是一条顺时针盘旋的解法，这次是向内盘旋的（与上题相比）。

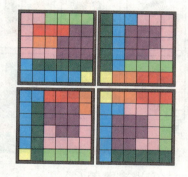

043. 镜像射线 (1)

A—1　　E—6
B—2　　F—3
C—5　　G—4
D—3　　H—7

044. 镜像射线 (2)

A—1　　E—5　　I—2
B—2　　F—5　　J—1

C—3   G—4
D—3   H—4

045. **海市蜃楼**

顶部所显示的景象是由2次反射产生的，如下图所示。

046. **十二边形模型**

不可能由这些颜色块组合而成的是模型3，其中一个大的绿色三角形被换成了红色的三角形。

047/048. **彩色多米诺魔方/彩色多米诺环**

049. **彩色斗牛士**

这道谜题的解法被认为是唯一的。显而易见，上边的图形满足谜题的要求；下边图形则展示解题的布局过程。

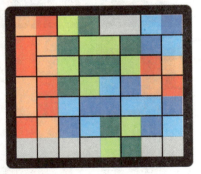

050. 彩色多米诺条

可以用如下图所示的 13 种方法解题。

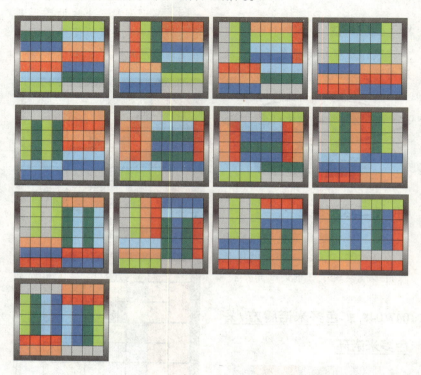

051. 彩色多米诺

有两种可能的答案。

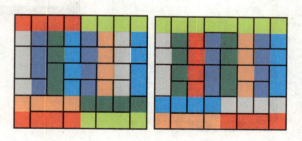

神奇的全脑思维游戏书

052. 多米诺布局

解法的关键是斐波纳契序列。该序列中的每一项是由前2项相加得到的：1，1，2，3，5，8，13……

结果是用骨牌覆盖一块 $n \times 2$ 的板的方法总数等于斐波纳契序列中的第 $n+1$ 项，以 F_{n+1} 标记。

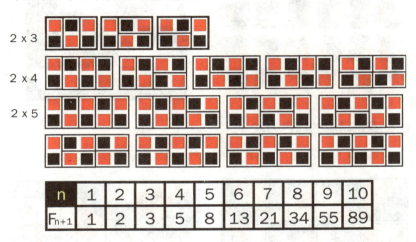

n	1	2	3	4	5	6	7	8	9	10
F_{n+1}	1	2	3	5	8	13	21	34	55	89

053. 成角度的镜子

当镜子之间角度减小时，放在两面镜子之间的物体的多重镜像的数目将会增加。

每次夹角度数以 360/N（N=2,3,4,5……）的数值减少时，镜像数目会对应增加。

因此，镜像数是两镜夹角度数的一个函数，如下所示：

夹角度数：120、90、72、60、51.4

镜像数：3、4、5、6、7

理论上，当夹角接近零时，镜像数将变为无穷。当你站在两面平行镜之间或者看一面无穷大的镜子时，你就会看到这种效果。但实际上，能看到的只有有限的镜像数，因为随着每次反射，镜像将逐渐变得微弱。

054. 多米诺馅饼

055. 多米诺馅饼游戏板

056. 麦克马洪的彩色方块

麦克马洪的一套 24 个四色正方形和 4×6 长方形的答案之一。

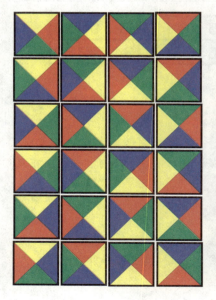

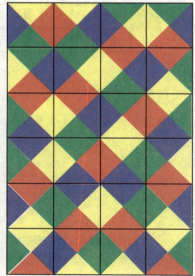

057.麦克马洪的彩色方块游戏

解法之一如下图所示。

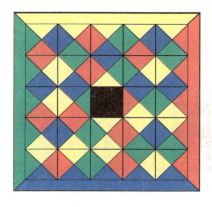

058.锯齿形彩路

如图所示，黄色能形成一条封闭的环形线路。

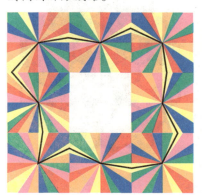

059.麦克马洪的彩色三角形

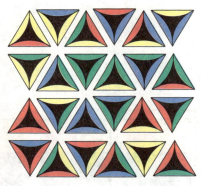

060 / 061 蝴蝶谜题 / 六边形谜题

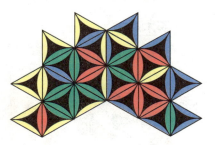

062. 楼号

在第 121 号大厦和编号开始处之间一共有 120 栋大厦。相应地就有 120 栋编号高于 294 的大厦。因此，街两旁建筑共有 294 + 120=414 栋。

063. 彩色方形图

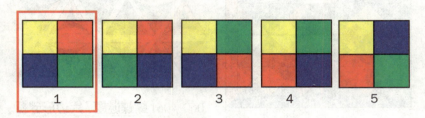

1　　2　　3　　4　　5

064. 积木冲击

答案之一如下图所示。

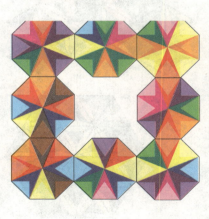

065. 拼接六边形

066. 掩盖游戏

解法之一如下页图所示。

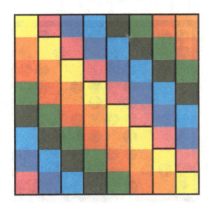

		17	20		
	13	7	15	9	
18	14	8	4	10	19
22	16	11	5	2	21
	12	6	3	1	
		24	23		

067. 火柴积木

解法之一如下图所示。

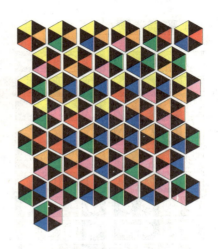

070. 六边形填色题 (2)

所有的这 40 个六边形都能放进去。

068. 七边形填色游戏

绿色的玩家获胜。

069. 六边形填色题 (1)

一共有 40 个三色六边形。

071.彩条谜题 (1)

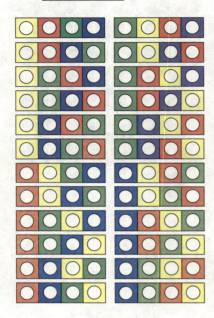

073.彩条谜题 (3)

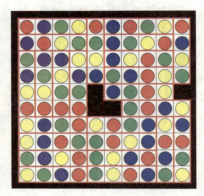

074.彩条谜题 (4)

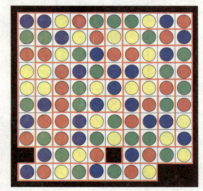

072.彩条谜题 (2)

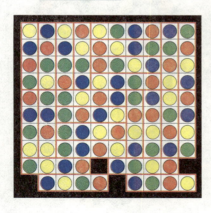

075.注水问题 (1)

　　倒 6 次即可解决问题，有 4 种不同方法，其中一种解法如下页图所示。

神奇的全脑思维游戏书

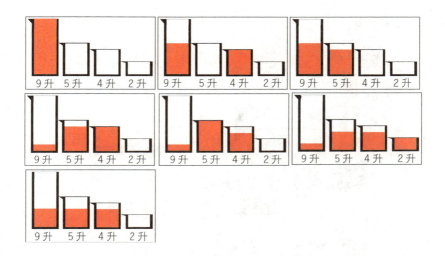

076. **注水问题** *(2)*

倒 8 次即可解决问题。有 3 种解决方法，其中一种如下图所示。

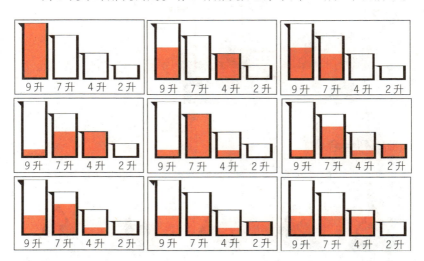

077. 激光束

解法之一如下图所示。

078. 排列组合 (1)

有 5 种分配方法将 3 个不同的物体放在 3 个没有标记的碟子上。

079. **排列组合 (2)**

对于 $n=4$, 有 15 种排序方法。

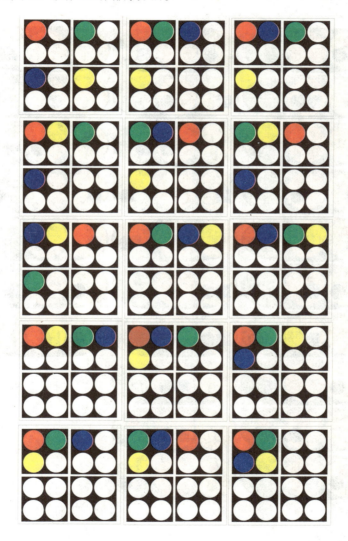

080. 排列组合 (3)

有 27 种分配方法将 3 个物体放在 3 个有标签的碟子上。

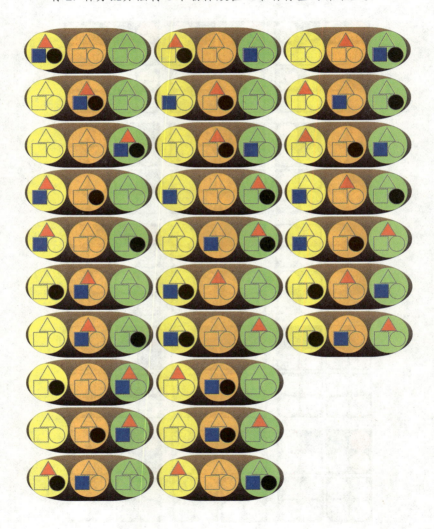

神奇的全脑思维游戏书

081. 花朵上的瓢虫

3 只瓢虫有 125 种方式降落在 5 朵不同的花朵上。将 3 个物体分配在 5 个碟子上的不同的分法是 K^n，即 $5^3=125$ 种。

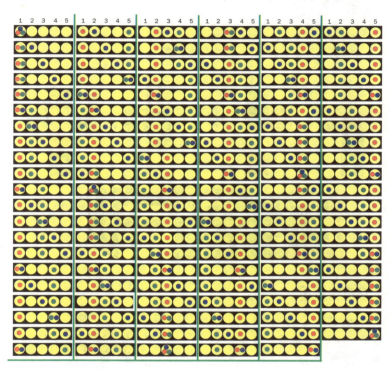

082. 各有所爱——蜜蜂也不例外

$$\sqrt{\frac{x}{2}} + \frac{8}{9}x + 2 = x$$

这里 x= 蜂群中的蜜蜂数

整理式子：

$$\sqrt{\frac{x}{2}} = \frac{x}{9} - 2$$

两边平方：

$$\frac{x}{2} = \frac{x^2}{81} - \frac{4x}{9} + 4$$

简化为：

$$2x^2 - 153x + 648 = 0$$

这可以分解为：

$$(x-72)(2x-9)=0$$

很明显 x 不等于 4.5（假设

2x-9=0 得出的结果），所以 x 一定是 72，那么整个蜂群一共有 72 只
蜜蜂。

083. 爱的立方问题

这道谜题的原型是由底特律的弗莱德里克·斯库索于 1900 年发明的。他的版本是以扑克牌上的人物形象做装饰。

084. 立方块哥哥

为任意 1 个立方块找出 8 个组成部分的完整的一套解法由约翰·康威找出。他将麦克马洪的 30 个彩色立方块放在一个 6×6 的表格中，从而给出麦克马洪难题的所有解法。

比如说你选择立方块 Bc，并希望找到 8 个用来制作与它相似但较大的 2×2×2 模型，你可以找它的镜像即立方块 Cb，选择

在 Cb 所在的行以及列上剩余的 8 个立方块，即为所求。

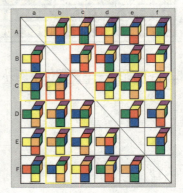

085. 立方块序列

086. 三角形片

有14种拼接方式，如下图所示。

由 n 个三角形组成的多方形块的数目形成如下数列：1，3，4，14，30，107，318，1116……

087. 等积异型魔方 (1)

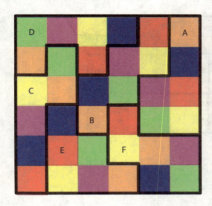

088. 等积异型魔方 (2)

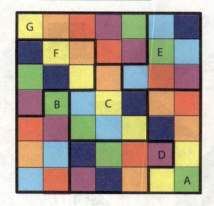

089. 箭轮

这 9 个轮中除了最底行中间的那个之外，其他都是同一箭轮经旋转或反射所得。

090. 比舞大赛

两个舞伴的每个人都分别换了一次姿势。

只有在两张照片中他们是变换了姿势的（也就是说，成镜像），其他照片中显示的都是他们在旋转。

神奇的全脑思维游戏书

增强
判断力

金 铁 / 主编

中国华侨出版社
北京

图书在版编目 (CIP) 数据

神奇的全脑思维游戏书 / 金铁主编 . -- 北京 : 中
国华侨出版社 , 2021.1

ISBN 978-7-5113-8427-0

Ⅰ . ①神… Ⅱ . ①金… Ⅲ . ①智力游戏—通俗读物
Ⅳ . ① G898.2

中国版本图书馆 CIP 数据核字 (2020) 第 226671 号

神奇的全脑思维游戏书

主　　编：金　铁
责任编辑：江　冰
封面设计：冬　凡
文字编辑：朱立春
美术编辑：吴秀侠
经　　销：新华书店
开　　本：880mm×1230mm　1/32　印张：32　字数：720 千字
印　　刷：三河市兴博印务有限公司
版　　次：2021 年 1 月第 1 版　 2021 年 1 月第 1 次印刷
书　　号：ISBN 978-7-5113-8427-0
定　　价：208.00 元（全 8 册）

中国华侨出版社　北京市朝阳区西坝河东里 77 号楼底商 5 号　邮编：100028
法律顾问：陈鹰律师事务所
发 行 部：（010）88893001　　传　　真：（010）62707370
网　　址：www.oveaschin.com　 E－m a i l：oveaschin@sina.com

如果发现印装质量问题，影响阅读，请与印刷厂联系调换。

思维游戏引人入胜，充满趣味，在活跃大脑的同时，带给游戏者一种全新的、前所未有的新奇和快感。比起那些纯粹为了娱乐的游戏，本套书更侧重于在游戏的同时，让游戏者的思维得到更好的锻炼，激发好奇心，更侧重于提高你的创造力、推理力、想象力、观察力、记忆力、分析力、逻辑力、判断力等各方面的能力。

　　判断力是成功人士必备的一种思维能力，是人最重要和最有价值的能力之一，是决定成败的关键因素。本书从提高判断力的角度出发，对每一类游戏都进行了精心的选择和设计，每个游戏都极具代表性和独创性，内容丰富，难易有度，形式活泼。其中包括色子问题、硬币问题、不可预测事件与可预测事件、帽子游戏、黑暗中的手套、非传递的转盘等。在游戏的过程中，你需要掌控全局，全面思考，认真分析，把握题目中的每一个线索和提示；需要准确判断不同的线索所具有的不同价值，从而迅速找出解决问题的关键点；需要突破固有的思维模式，果断快速地做出判断，得出正确的结论，从而最终解决问题。这种先统观全局再找出关键点的思维过程，正是提高判断力思维的基本方法。

　　书中的86个思维游戏可以激活你沉睡的判断力，帮助你学会直觉判断、推理判断、归纳判断、因果判断、类比判断、综合判断、复合式判断、选择性判断等，让你在游戏中不断提升自我，拥有非凡的判断力，迅速走向成功。

目录
CONTENTS

1

直觉有时可以帮助我们非常快速地解决问题。看看下面这两道题吧。

001 西瓜

一辆卡车将总重量为 1000 千克的西瓜运往一个超市，西瓜的含水量达到 99%。

由于天气炎热，路途遥远，当卡车到达超市时，西瓜的含水量已经下降到了 98%。

不用纸笔计算，仅凭直觉，你能说出到超市时西瓜的总重量是多少吗？

002 彩票

一种奖品为高级小轿车的彩票一共发行了 120 张。
有一对情侣非常渴望得到这辆车，因此购买了 90 张彩票。
请问他们不能赢得这辆车的概率是多少？

第 1 斜行上为自然数（左右最两边的斜行算第 0 斜行）；
第 2 斜行上为三角形数；
第 3 斜行上为四面体数。

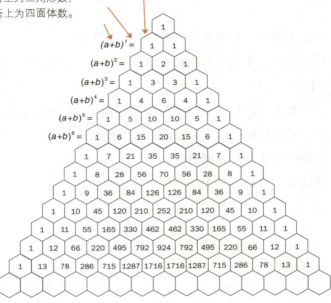

003 帕斯卡三角

　　数字与几何学相结合的最经典的例子之一就是著名的帕斯卡三角。

　　你能够发现帕斯卡三角的规律吗？请你将第 15 行补充完整。

　　帕斯卡三角一个显著的特点就是它第 n 行（顶行作为第 0 行）的数字分别为 $(a+b)^n$ 这个式子展开之后各项的系数。比如 $(a+b)^2 = a^2 + 2ab + 1b^2$（见上图）。

　　那么 $(a+b)^6$ 展开之后的式子是什么呢？

帽子与贴纸

有 5 个贴纸，其中 3 个为红色，2 个为蓝色。

任意拿出 3 个贴纸分别贴在 3 位数学家的帽子上，并将另外 2 个藏起来。

这些数学家的任务就是要说出自己帽子上贴纸的颜色（不许看镜子，不许把帽子拿下来，也不能做其他小动作）。

他们中的 2 个人分别说了一句话（如图所示）。

请问数学家 C 帽子上的贴纸是什么颜色的？

005 赌博者的色子问题

现在来解决我们在前面提到的色子问题：

1. 掷 1 个色子，掷 4 次，至少掷到一次"6"的概率是多少？

2. 掷 2 个色子，掷 24 次，至少掷到一个双"6"的概率是多少？

006 掷色子

你的朋友掷 1 次色子，然后你再掷 1 次。
你掷的点数比你的朋友高的概率是多少？

感觉——视觉的有限性

我们通过5种感官（视觉、听觉、触觉、味觉和嗅觉）来感知周围的世界。这些感官并不是完美的，它们有时候会误导我们。我们的大脑可以将接收到的信息传递到各个感官，然而有的时候这些信息具有误导性，从而使我们获得了一个对外部世界的错误的感知。

我们经常有意识地运用这种误导性，例如电影的动画效果。电影实际上是由一张张静止的图片组成的，然而当这些图像以非常快的速度放映时，我们的大脑就被欺骗了，认为这些图片本来就是运动的——这被称为视觉滞留。

很多人认为眼睛是视觉器官，外部的事物被动地进入我们的视线。但事实上，感觉是一个主动的与思考密切相关的过程。大脑在视觉过程中与眼睛同样重要。错觉就是利用了大脑认识事物的方式——根据以往的视觉经验，认为它就应该是那样的，而与实际并不相符。尽管我们感觉系统的这种特性已经被广泛地运用在科学、数学、艺术、设计以及建筑中，我们仍然需要警戒，因为我们的感官太容易被误导了（如果你必须要听证人的证词，请记住这点）。

我们的视觉可以从平面里看出图案的深度，可以在同一种颜色的图案中看出不同的颜色，或者在静止的图像中感觉到运动。

因此我们对于感官的依赖是有一定限度的，而且不论怎样训练也不可能让它们不受任何误导。一种解决办法就是要找到延伸我们感官的方法，来准确无误地接收和记录信息。

尽管还没有人创造出一个完美的系统，照相机和录音机已经被证明比人类的观察力更可信，而且不受任何人类偏见的影响。

人类的感官容易被欺骗这一特性早已成为了视幻艺术家（以及欧普艺术家）灵感的来源。

007 图形与背景

　　很多图案通常都由主体图形和背景这两部分组成。比如上面的这个图案，有一部分是主体图形，其余的则是背景。主体图形看上去会比较突出，甚至感觉从纸上凸现出来，而背景则相反。

　　你能找出上面这个图案的主体图形吗？是画有放射线条纹的部分，还是画有同心圆环的部分？或者都不是？

008 中空的立方体 (1)

　　想象你从 6 个不同的角度和方向
看进一个中空的立方体。这个立方体
内有一个图案，每次你从一个角度看
进这个立方体时，你只能够看到这个
图案的一部分。最后从 6 种不同的角
度，你会看出整个图案，请你将完整
的图案画到右边 7×7 的格子里。

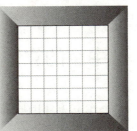

009 中空的立方体 (2)

一个立方体的底被分成了 6×6 格子，格子有黑白两种颜色。

通过从上面 4 种不同的角度看进这个立方体，你能够把完整的格子图案画进空白格子里吗？

有很多问题都与偶然性有关，其中最著名的要数"蒙特福特问题"。

假设有 n 个人参加一个聚会，他们分别在入场时将帽子交给了礼宾，但是这个礼宾却把客人的帽子全部弄混了，那么在这种情况下，有一个客人能拿到自己的帽子的概率是多少？你认为这个概率会大于50%吗？这类问题都可以称为蒙特福特问题。它有很多变体，如一个秘书将一堆信全部放进了错误的信封。

我们在这里不讨论问题的解法，只告诉你答案。出人意料的结果是：随着 n 增大，特定的某一个人正好拿到他的帽子的概率不断减小，而有一个客人（任意一个）拿到自己帽子的概率却随之增大。

有一个客人能拿到自己帽子的概率大约是63%。

你可以用一叠纸牌来检验这个结果的正确性。洗牌，将纸牌正面朝下放置，每翻一张纸牌，同时你从 A 一直数到 K。

你念的数正好是你翻开的那张扑克牌的概率是多少？

这事实上与弄混了的帽子这类题是同一个道理。你至少念正确一次的概率其实是很大的。说不定你还会念对更多次。不信就试试看！

010 弄混了的帽子（1）

3个人在进餐馆时将帽子存在了衣帽间，但是粗心的工作人员将他们的号牌弄混了。等他们出来时，至少有一个人拿到是自己的帽子的概率是多少？

011 弄混了的帽子（2）

条件同弄混了的帽子（1），如果是6个人呢？

神奇的全脑思维游戏书

012 顶点的正方形

多年以来，人们一直对幻觉十分感兴趣。本页这道题，从二维的平面可以看出三维的立体图形。

有些三维幻觉在平面上也会出现。

在所给出的这幅图中，你看到了什么？一个小正方形在一个大正方形的一角外面？一个小正方形在一个大正方形的一角里面？还是一个大正方形的一角被挖去了一个小正方形？

013 密码

你能看出如图所示的是哪几个英文字母吗？

014 滚动立方体

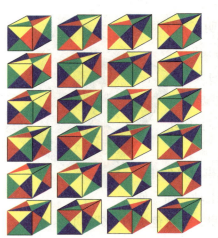

一个立方体有 24 种不同的摆放方式

一个立方体可以有 24 种不同的摆放方式。

下面是一个立方体的展开图，该立方体的每一面都被分成了 4 种不同的颜色。将这幅展开图复制，剪下来，然后折叠，你会得到一个立方体，它的 24 种不同的摆放方式如左图所示。

如果将这个立方体在一块板上从一个面滚到另一个面，并且使每一面的方向都不同，请问这个板最小多大？

彩色立方体的展开图
将它涂上颜色，剪下来，折叠，然后用胶水粘起来，白色三角形是粘有胶水的部分。

增强判断力

015 滚动色子 (1)

1963 年，马丁·加德纳发明了在不同规格的棋盘上滚动色子的思维游戏。

使色子的一面与棋盘格的大小相等，然后将色子滚动到邻近的棋盘格上，那么每移动一次，色子朝上那一面的数字就会变化。

如图所示，一个色子放在棋盘格的中央，要求滚动 6 次色子，每次滚动一面，使得它最后落在图中红色的格子里，并且色子的"6"朝上。

016 滚动色子 (2)

如图所示，你能否将 6 个色子分别滚动 6 次，滚动到指定的格子里，并且最后朝上的那一面分别是"1""2""3""4""5""6"？

爱因斯坦　　贝多芬　　斯大林　　牛顿　伊丽莎白一世　莎士比亚

肖像立方

017 滚动肖像立方 (1)

　　滚动立方体游戏首先出现在杜德尼于 1917 年出版的《数学中的娱乐》中，继而被马丁·加德纳和约翰·哈里斯推广。约翰·哈里斯还发明了与棋盘有关的新型滚动立方体游戏。

　　在本页和下页的两道题中，我们将让一个 6 面分别画有 6 个著名人物肖像的立方体在一个棋盘上滚动。

　　见下页的游戏棋盘，开始游戏时立方体上画有"爱因斯坦"的那面朝上。立方体从左下角的棋盘格开始，你的任务就是滚动立方体，使它分别进入每一个棋盘格正好一次，最终落在指定的终点，并且在终点处"爱因斯坦"那面仍然朝上（朝向不一定要相同）。这听上去可能很简单，但是还有一个条件，就是除了起点和终点以外，"爱因斯坦"在滚动的过程中都不能朝上。

		起点和终点 题2				
起点 题1						终点 题1

018 滚动肖像立方 (2)

现在请你从第2行第4格开始，让"爱因斯坦"那面朝上，滚动立方体使它分别进入每个棋盘格正好一次，然后再回到起点。整个滚动过程中都不能出现"斯大林"那面朝上的情况。你能做到吗？

019 数一数

我们常常会被第一印象所迷惑。在解决下面的题目时你就要提防让第一印象迷惑了你的眼睛。

请问图中有多少个正方形？

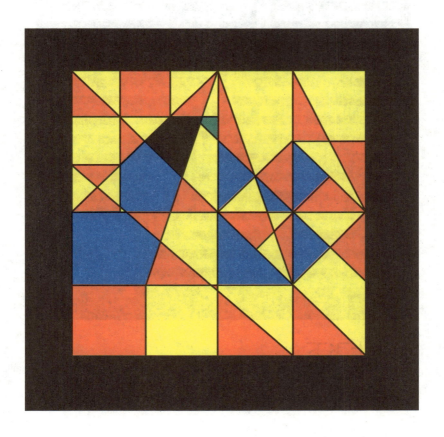

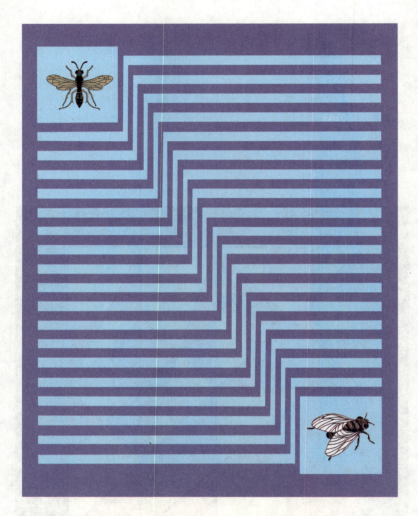

020 飞上飞下

图中哪只昆虫飞得更高，是左上角的那只还是右下角的那只？

神奇的全脑思维游戏书

021 红色圆圈

在这幅视错觉图中，红色的圆圈与黄色三角形的 3 个顶点的相交处似乎凹下去了，事实上是不是如此呢？还有，它是个标准的圆吗？

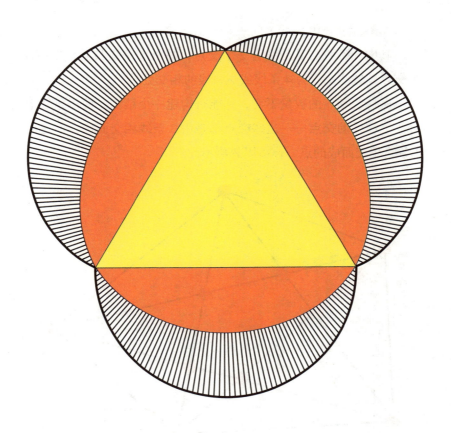

点与线 (1)

接下来的题是关于点与线的，但是题中关于点与线的连接方法与你平时所见的都不相同。根据下面的提示，看看你能不能掌握题中连接这些点的基本规则。

如图所示，10 条线之间一共有 10 个交点。

其中 5 条线与其他线有 2 个交点，另外 5 条线与其他线有 4 个交点，这些交点为 4 条线或 2 条线的相交处。

保持线和点的数量不变，你能否构建一个结构，使每条线上有 3 个这样的交点——这些交点都是由 3 条线相交而成，不是由 3 条线相交而成的点，你可以忽略不计。

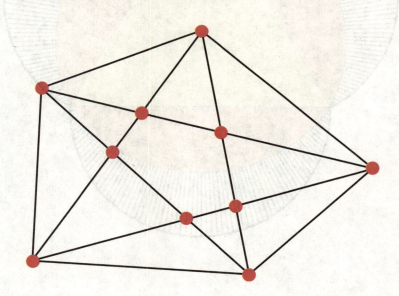

神奇的全脑思维游戏书

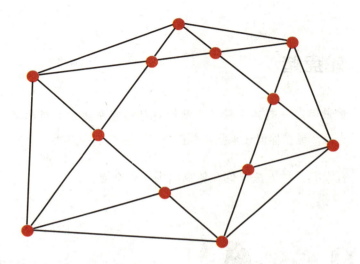

023 点与线 (2)

假设一共有 12 条线和 12 个点，条件同 022 题，你能否继续作图？

024 点与线 (3)

假设一共有 14 条线和 14 个点，条件同 022 题，你将如何作图？

025 点与线 (4)

条件同 022 题，假设一共有 16 条线和 16 个点呢？

026 轮盘赌

重量问题一般属于精英人物和奥林匹克举重运动员的考虑范围。然而，现在你们该承担一些压力了——我们来解决一些问题！

有没有一种方法让你在轮盘赌中一定会赢？

神奇的全脑思维游戏书

027 灌铅色子

怎样才能迅速地辨别灌铅色子呢？

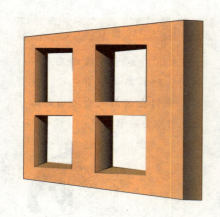

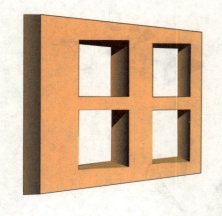

028 旋转的窗户

将给出的窗户和鸟复制或剪下来，用胶水粘成上图的样子。在粘之前用一个夹子将小鸟夹在窗户上，如图所示。

将粘好的窗户和小鸟挂在一根绳子上，让它慢慢旋转。然后站得远一点儿，闭上一只眼睛看这个结构。

几秒钟后你会看到什么呢？你一定会大吃一惊的。

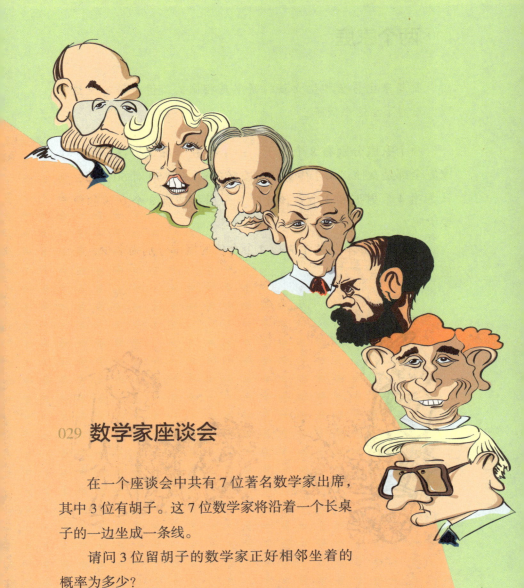

029 数学家座谈会

在一个座谈会中共有 7 位著名数学家出席，其中 3 位有胡子。这 7 位数学家将沿着一个长桌子的一边坐成一条线。

请问 3 位留胡子的数学家正好相邻坐着的概率为多少？

030 两个家庭

看起来生男孩和生女孩的概率是相同的,但是真的是这样吗?看看下面这个例子。

两个家庭分别有 8 个孩子,一个家庭全部是男孩,另一个家庭全部是女孩。由于生男孩和女孩的概率为 50 对 50,那么你认为生 4 个男孩和 4 个女孩比生 8 个男孩或者 8 个女孩的概率要大吗?

生 8 个女孩和生 4 个男孩 4 个女孩的概率分别为多少,哪个更大?

神奇的全脑思维游戏书

031 2 个孩子的家庭

一个女人和一个男人各自有 2 个孩子。

女人的孩子中至少有一个是男孩。

男人的孩子中那个年纪大一点的是男孩。

请问女人和男人各自有 2 个男孩的概率相等吗？

032 最好的候选人

你想从 100 名候选人中选出最好的那一个来担任一个重要职位。如果你随机选，那么你选到最好候选人的概率为 1/100，这是毫无疑问的。

因此你决定一个一个地面试他们。你每面试一个人，都必须要决定他是不是最好的那个，尽管你还没有面试其他人。让问题变得复杂的是——你每筛掉一个人，你就永远失去他了，不可能再回过头来去找他。

在这样的情况下，应该怎样做才能使你选到最好候选人的概率最大呢？

你可以随机抽取 10 个候选人来进行面试，然后从这 10 个人中选出最好的那一个。这样做你抽到 100 个人中最好候选人的概率为 1/4 ——比 1/100 要好，但还是有较大的风险。

在你选中比前面的人都要优秀的人之前，你需要面试多少个人？

033 掷到"6"

如果你连掷一个色子 6 次，其中至少有一次掷到"6"的概率为多少？

神奇的全脑思维游戏书

034 掷 6 次

如果你连掷一个色子 6 次，6 种点数每种分别掷到 1 次的概率为多少？

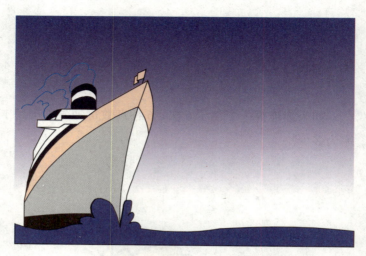

035 旋转的螺旋

在 19 世纪初，罗伯特·亚当斯有过这样的经历：当他盯着瀑布看了几秒钟之后，再看周围的物体，所有的物体看上去都在离他远去。

同样的效果可以通过盯着一个旋转的螺旋达到，如右图所示（不过你需要用手来旋转它）。

根据螺旋旋转方向的不同，螺旋会出现看上去在远离你或者是靠近你 2 种现象。盯着旋转的螺旋的中心 30 秒，再看上图的船。

你会看到什么现象？

036 凸形还是凹形

下面有 6 个凸形，3 个凹形。当你把这页倒过来时，会出现什么效果呢？

光幻觉是体现视觉和认识之间差别的一个很好的例子。我们的大脑受到混合的外部刺激，并由此创造了感觉，我们对事物的期望是建立在过去经验的基础之上的。

过去的经验告诉我们，光总是从上面投下来的，因此我们看到了凸形和凹形。

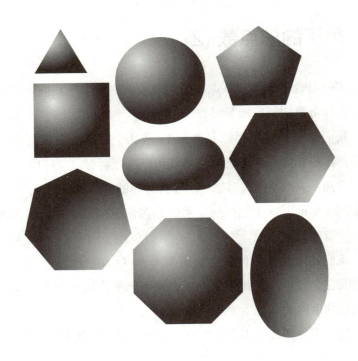

037 色子的总点数 (1)

当被问到应该怎样计算掷一对色子正好掷到一个规定的总点数的概率时，很多人根本不知道应该怎么做。如果想象这两个色子是不同颜色的，这道题可能会更容易一些。

伟大的数学家和哲学家莱布尼茨认为，掷一对色子总点数掷到 11 和掷到 12 的概率应该是相等的，因为他认为这 2 个数都只有一种组合方法（5 和 6 组成 11，一对 6 组成 12）。你能说出他错在哪里吗？

038 色子的总点数 (2)

掷一对色子。掷到总点数为偶数的概率为多少？掷到总点数为偶数和奇数的概率相等吗？

我们知道总点数可以是 2 到 12 这几个数字。根据所给出的图表，你能算出掷到总点数为偶数和奇数分别有多少种情况吗？

总点数从 2 到 12，这 2 个色子不同的组合可以全部表示在一张图表里面。这个结果所显示的分布情况接近于著名的正态分布，或者叫高斯曲线。

我们知道某种事件发生的概率为 50 对 50，也就是说，一半的情况它会发生。但是很少有人会意识到平均接近于 50%，这是在大量的事件的基础上才得到的。

这个事件要发生多少次，其结果才会接近概率学的预测呢？

你可以自己动手来做一个小小的实验（这需要耐心）。

将一对色子掷 108 次（3×36），然后将你得到的结果与图表中的概率预测进行比较：其中内侧的图（色子所在的部分）是掷 36 次得到的结果，外侧的图是掷 108 次得到的结果。

每掷完一次就将相应柱形图里的格子涂色。你会发现即使是这样一个相对小的次数，其结果还是接近于概率论的预测。图表中红色实线部分是作者自己实验后的结果。

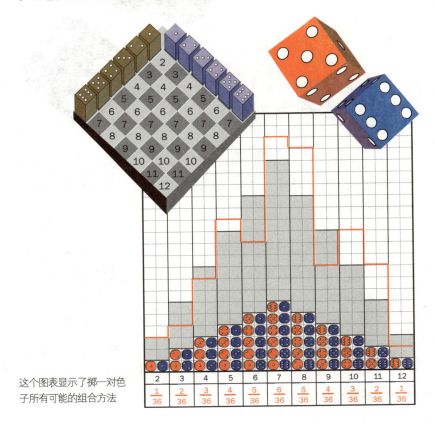

这个图表显示了掷一对色子所有可能的组合方法

2	3	4	5	6	7	8	9	10	11	12
$\frac{1}{36}$	$\frac{2}{36}$	$\frac{3}{36}$	$\frac{4}{36}$	$\frac{5}{36}$	$\frac{6}{36}$	$\frac{5}{36}$	$\frac{4}{36}$	$\frac{3}{36}$	$\frac{2}{36}$	$\frac{1}{36}$

039 3 个色子

直到 1250 年，人们都还认为掷 3 个色子只有 56 种不同的组合方法。里夏尔·德·富尼瓦尔是第一个精确地描述掷 3 个色子的组合方法的人。

掷 3 个色子可以有多少种方式？

3 个色子的总点数可以从 3 到 18。那么你能算出总点数为 7 和 10 的概率吗？

许多个世纪以来，人们都认为掷 3 个色子只有 56 种方法。人们没有意识到组合与排列之间的区别，他们只数了这 3 个色子的组合方法，却没有意识到要计算精确的概率必须要考虑到 3 个色子的不同排列。

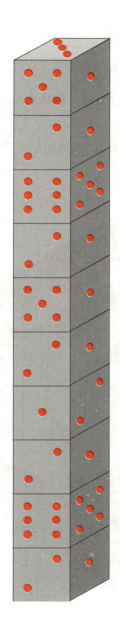

040 堆色子

　　你能计算出这 10 个色子没有画出来的那些面的总点数吗？

　　这些色子所有的接触面的点数都相同。

有洞的色子立方

20 个规则的色子组成了一个大立方体，如图所示。在大立方体每一面的中间都有一个洞。

你能否分别写出这 3 个我们看得见的洞四面的色子点数？

我们看不见的那 3 个洞呢？

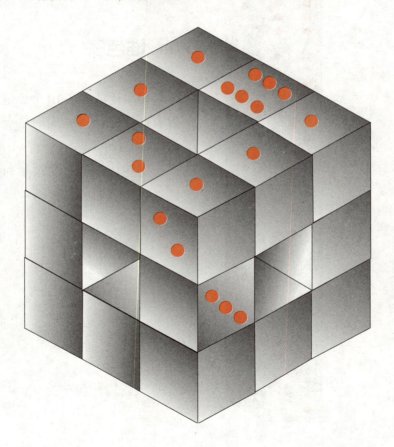

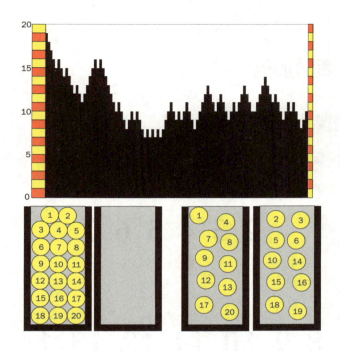

042 20 面的色子

　　上面有两个容器，游戏开始时左边的容器装有 20 个号码球，右边的容器是空的。两个游戏者分别选择一个容器，他们轮流掷一个有 20 面的色子来进行游戏，与色子点数相同的球将被转移到另外一个容器。上表显示了掷色子 100 次之后左边容器的号码球数量。每掷 10 次后检查一下两个容器里的球的数量，谁的容器里号码球多，谁就是这一轮的赢家。

　　这个游戏的结果怎样，长期来看，谁会赢得更多？

质数加倍

质数是很多数学问题和思维游戏的灵感来源。

在任意一个数字和它的 2 倍之间是否总是可以找到一个质数？

2 3 4 5 6 7

8 9 10 11 12 13 14

15 16 17 18 19 20 21...

044 宝石

下面是一个为世界级宝石展览特制的架子。展品包括 7 块宝石，如图所示。但是架子上只能放下 6 块宝石，怎样才能使这个架子放得下 7 块宝石，并且每块宝石都在一个重要的位置呢？

045 掷硬币

图中的这位女士将一个硬币连掷 5 次，一共会出现多少种可能的结果？

神奇的全脑思维游戏书

046 掷3枚硬币

掷3枚硬币，它们全部为正面或者全部为反面的概率是多少呢？下面的分析对吗？

掷3枚硬币，至少有2枚的结果一定会相同，因此也就取决于第3枚的结果，第3枚不是正面就是反面，因此这道题的答案应该是1/2，对吗？

掷到 100 次正面

正面和反面交替出现

前 50 次连续出现反面，后 50 次连续出现正面

10 次反面，然后 10 次正面，交替出现

20 次反面，然后 20 次正面，交替出现

正面和反面随机出现

正面

反面

047 掷 100 次硬币

掷 1 枚硬币 100 次，全部都为正面的概率是多少？正面和反面交替出现的概率呢？

前 50 次连续出现正面、后 50 次连续出现反面的概率是多少？

以及上面任意一种情况的概率是多少？

神奇的全脑思维游戏书

048 麦比乌斯圈上色问题

　　如图所示，在一个麦比乌斯圈上有一个包含 10 个交点的图形。

　　现在要求给交于这些点的所有边都上色，条件是交于一点的各边颜色都不能相同。问至少需要几种颜色？（图中有一个交点处没有用圆圈标出来，经过它的两条边的颜色可以相同也可以不同）

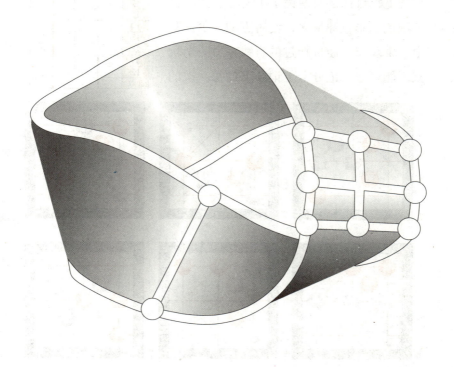

想象力

这是一个双人游戏。玩家想象有一个竖着的镜子，这个镜子可以垂直放在下面18张卡片上标有数字的彩色直线上。一个玩家选择红色，另一个玩家选择蓝色。

玩家轮流将这个想象中的镜子放在每张卡片上一次，放在他们自己选择的彩色直线上，目标是要使镜子中所能看到的自己颜色的彩色球最多，使对方的最少。其中一个玩家已经选择过的直线，另一个玩家不能再选。记分卡上记录下的每一次的

卡片序号	蓝色直线		红色直线	
	序号	得分	序号	得分
1				
2				
3				
4				
5				
6				
7				
8				
9				
10				
11				
12				
13				
14				
15				
16				
17				
18				
总数				

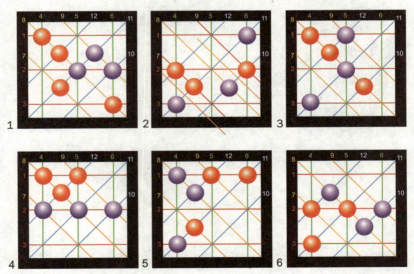

得分等于己方彩色球与对方彩色球之差。如果需要更多的记分卡见本书答案。

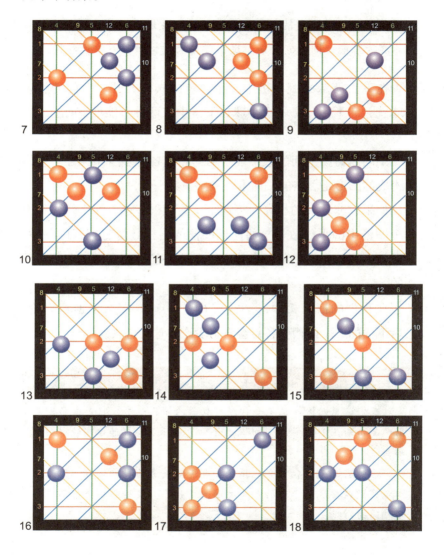

050 概率机

概率论是最有用的数学工具之一，它使通过一部分样本来预测整体成为可能，同时它还能帮助科学家有效地计算可靠性和误差。

在下页所示的概率机中，将黄色的阀门打开，上面的红色小球就会向下落。每一个小球在下落中有两种可能性：向左或者向右。

中间障碍物上面的数字表示通向它们各有多少条路径。它们所构成的图形是著名的帕斯卡三角形。

如果放非常多的小球，将这个实验做很多遍，那么落到下面每个凹槽中的小球数量与通向该凹槽的路径数量有直接的关系。而另一方面，它们中某一个特定小球的路径是完全随机和不可预测的。

在我们的概率机中，一共有 64 个小球。那么根据概率论，最后下面的 7 个凹槽中各自会有多少个小球落进去？

概率机

我们这里的概率机是一种经典机器的简化版本，它是由弗朗西斯·高尔顿在 19 世纪发明的。这个装置展示了怎样通过实验得到概率曲线。

这确实是一个非常有效并且具有视觉美感的科学实验，因为可以观察到这些跳跃小球的无序运动，并且每次实验最终会得到差不多相同的曲线。

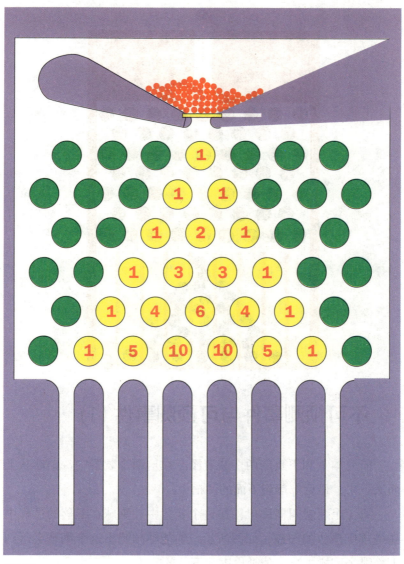

概率机

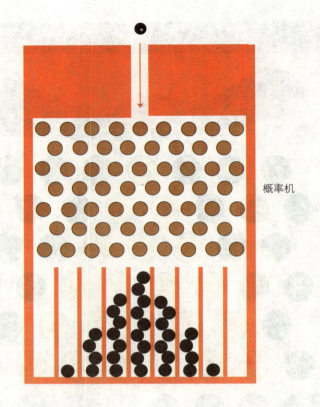

概率机

051 不可预测事件与可预测事件 (1)

研究本页和下页的两个装置图。在这两个装置中，钢球从上面滚下来，最后都落到下面的凹槽中。

第 1 个装置叫概率机，在这个装置中，钢球在下落的过程中碰撞规则摆放的圆盘，如图所示。你能够预测出这个钢球会落到下面哪个凹槽中吗？请画出钢球下落的轨迹。

神奇的全脑思维游戏书

指定球机

052 不可预测事件与可预测事件 (2)

　　这个装置我们称之为指定球机，下落的球先落在一个钢板上（这个钢板可以任意调整角度），然后再被弹到下面的凹槽中。

　　同样，你能够预测这个钢球会落到下面哪个凹槽中吗？请画出它的下落轨迹。

053 4 个帽子游戏

在计算两三个单独的小组组合之后的总和和百分比的时候，我们非常容易犯错误，因此尤其要注意。

人们总是认为数据越大，结果也就更可信。辛普森悖论所研究的就是与这种假设完全不符的结果。有的时候数据越大结果反而越不好。

4 个帽子游戏就向你介绍一下这种悖论。

将 41 个小球放进如图所示的 4 个帽子中，其中 23 个小球为红色，18 个小球为蓝色。每个帽子中的小球数量如图所示。

从每组中（A 和 B 为一组，C 和 D 为一组）抽出个小球。在这 2 次中如果你抽到红色小球就算你赢。请问在哪个帽子中抽到红色小球的可能性最大？

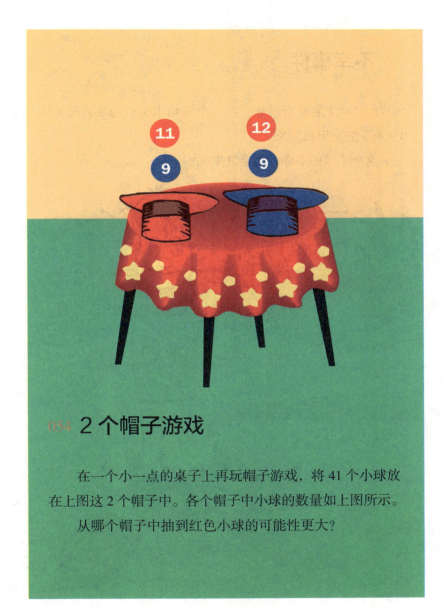

054 2个帽子游戏

在一个小一点的桌子上再玩帽子游戏，将41个小球放在上图这2个帽子中。各个帽子中小球的数量如上图所示。从哪个帽子中抽到红色小球的可能性更大？

055 不幸事件

5 岁的艾尼不会游泳，在一个平均水深仅为 3 英尺（约 0.9 米）的湖里被淹死了。

这个不幸的事件怎么会发生呢？

神奇的全脑思维游戏书

056 X 问题

　　x 在 9 与 11 之间，如果你不知道 x 的值，让你猜一个值，使得错误率最小（即你猜的数与 x 的真实值之间的差距与其真实值的比），你应该猜什么数？

057 预测地震

X 女士正确地预测了去年加利福尼亚的每一次地震，她是怎样做到的？

058 看进管子里

这个人是在管子的左边还是右边？

059 3个人决斗

汤姆、比尔和迈克3个人准备决斗。他们抽签来决定从谁开始，每个人选一个对手，向他射击，直到最后只剩下一个人。

汤姆和比尔的命中率都是100%，而迈克的命中率只有50%。谁活下来的可能性最大？

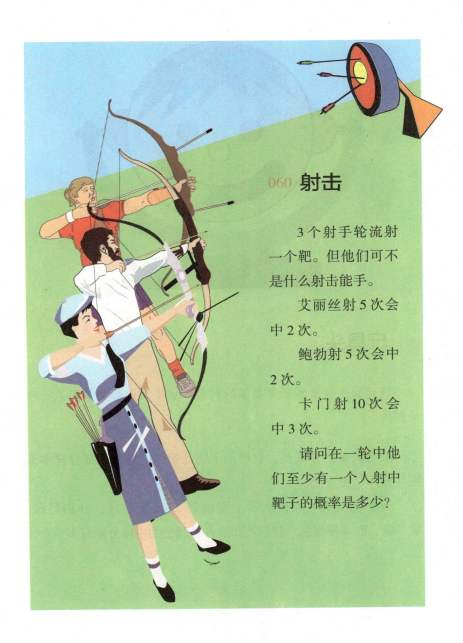

060 射击

3个射手轮流射一个靶。但他们可不是什么射击能手。

艾丽丝射5次会中2次。

鲍勃射5次会中2次。

卡门射10次会中3次。

请问在一轮中他们至少有一个人射中靶子的概率是多少？

061 玩具头

统计学是收集和研究数据的科学，很多问题都能够用统计学来解决。

玩具头是一种玩具，它展示了统计学的"通过一部分样本来推导整体"的方法。

一个玩具头（如图所示）里面装了 60 个小球，分别是绿、黄、蓝、红 4 种颜色。我们不知道各种颜色的小球分别有多少个。

转动一下玩具头，它就会旋转，里面的小球也会重新混合。每次转动停下来时，它的眼睛、鼻子和嘴巴所显示的都是不同的10个小球的组合。

下面是6次转动玩具头后所得到的结果。

你能够由此推导出里面各种颜色的小球分别有多少个吗？

062 兔子魔术

魔术师将6只白色兔子和6只红色兔子放在4顶帽子里，每顶帽子上面都贴有标签，如图所示。但是这些标签全部都贴错了。

4个选手每个人拿到一顶帽子和帽子上的标签（弄错了的标签）。每个选手可以从他的帽子中拿出2只兔子。要求他们说出自己帽子里的3只兔子的颜色。

第1个选手拿出了2只红色兔子，他说："我知道剩下的1只兔子是什么颜色的了。"

第2个选手拿出了1只红色和1只白色的兔子，他说："我也知道剩下的1只兔子是什么颜色的了。"

第3个选手拿出了两只白色兔子，他说："我不知道我帽子里的第3只兔子的颜色。"

第4个选手说："我不需要拿兔子。我已经知道我帽子里所有兔子的颜色，而且我也知道了第3个选手的另外1只兔子的颜色。"

他是怎么知道的呢？

RRR
RRW
RWW
WWW

4 个弄混了的标签

R 代表红色，
W 代表白色

1

2

3

4

063 生日问题 (1)

随机选择几个人组成一组，问至少要多少人，才可以使这个组里面至少有 2 个人生日相同的概率大于 50%？

064 生日问题 (2)

选择一些人与你组成一组，问至少需要多少人，才可以使他们中至少有 1 个人跟你的生日相同的概率大于 50%？

2 双

065 黑暗中的手套

3 双

抽屉里面一共放了 2 双黄色手套、3 双红色手套、4 双绿色手套以及 5 双蓝色手套。这些手套都杂乱地摆放着。

4 双

现在要在黑暗中从抽屉里拿出手套，要求至少拿到一双相同颜色的手套，并且左右手配套。请问至少需要从抽屉里拿出多少只手套才能完成任务？

5 双

066 黑暗中的袜子 (1)

与前面的题目一样，假设抽屉里的袜子都是随意放置的。试试下面的题目，看看你能不能找到配对的袜子。

7 只红色

7 只黄色

7 只绿色

在抽屉里放了 7 只红色、7 只黄色以及 7 只绿色的袜子。

在黑暗中，必须要拿多少只袜子才能拿到一双左右脚配套的袜子（任意颜色的都可以）？

067 黑暗中的袜子 (2)

条件同 066 题，问要拿多少只袜子才能每种颜色的袜子各拿到一双？

068 丢掉的袜子

假设你有 10 双花色不同的袜子，丢掉了其中 2 只。请问下面这 2 种情况哪个可能性更高：

1. 最好的情况：你丢掉的 2 只正好是 1 双，因此你还有 9 双完整的袜子。

2. 最差的情况：你丢掉的 2 只都是单只，因此你只剩下了 8 双完整的袜子和 2 只单独的袜子。

这两种情况哪个更可能发生呢？

069 旋转的圆圈

大脑有时候会欺骗眼睛，让我们看到本来不存在的现象，产生幻觉。

这张视错觉图是巴黎一位著名艺术家受到视幻艺术的启发所创作的。

如果你盯着这些同心圆看，你会看到什么？

神奇的全脑思维游戏书

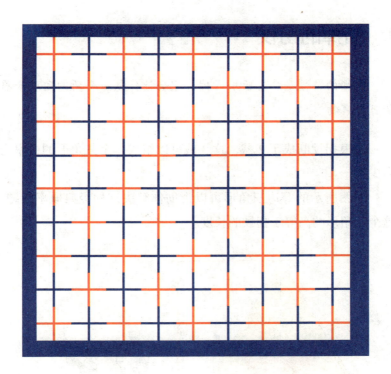

070 发散幻觉

在如图所示的矩阵中，红色的十字覆盖了格子的一部分，蓝色的十字覆盖了剩下的部分。红色和蓝色看上去像是向对角线方向发散的。

这个视错觉是由克里斯托弗·雷迪斯、罗塔·斯皮尔曼和普里斯皮安·库伍茨于 1984 年发明的。如果把这页纸旋转 45° 会出现什么现象？

071 断掉的拐杖

图形的特性是非常吸引人的，它会让你从一个新的角度来看待日常事物。

一根拐杖断成了 3 截，这 3 截可以组成一个三角形的概率为多少？

如图所示的等边三角形可以帮助你解决这种经典概率问题。这个三角形的高等于拐杖的长度。

神奇的全脑思维游戏书

072 私家侦探

私家侦探能看到这个小偷吗？

073 随机走步

有些人在思考的时候喜欢走来走去，希望下面的这几个题目不要让你团团转哦。

反复掷一枚硬币。

如果出现的是正面，上图中的人就向右走一格；如果是反面，则向左走一格。

掷硬币很多次以后，比如 36 次之后，你能够猜到这个人离起点多远吗？

你能说出这个人最后会回到起点的概率（假设他一直走）吗？

074 醉汉走步

　　如图所示，以下面这个矩形方阵的中心作为起点，掷 2 枚硬币（1 枚红色 1 枚黄色）来决定醉汉的走步。每掷一次，醉汉向上或向下走一步，然后向左或向右走一步。

　　这是最简单的无规则运动，与布朗运动（液体或气体分子受到其他方向分子的撞击而不停地做无规则运动）的解释非常类似。

　　请问掷这两枚硬币 100 次以后，这个醉汉的位置在哪里呢？

　　你能否同时猜一下醉汉回到起点的概率？

　　醉汉只能在这个矩形方阵里面走步，不能走到外面去。如果走到了边缘，忽视所有使他向外走的投币，重新掷硬币，直到他可以重新向里走为止。

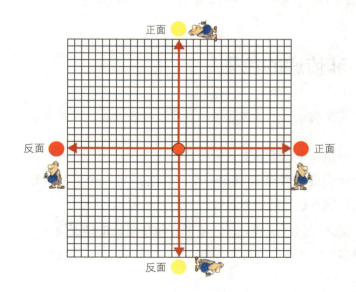

非传递的游戏

很多种关系都是可传递的，例如，如果 A 比 B 大，B 比 C 大，那么 A 一定比 C 大。但是有些关系却是非传递的，例如，如果 A 是 B 的父亲，B 是 C 的父亲，我们肯定不能因此说 A 是 C 的父亲。

"剪刀，石头，布"这个游戏就是非传递的。在这个游戏中，石头胜剪刀，剪刀胜布，但是布却可以胜石头。

中国古代的哲学家将万物分成了 5 种元素，这 5 种元素之间也是非传递的：木生火，火生土，土生金，金生水，水生木。

在概率论中，很多关系看上去可递，但实际上却是非传递的。这些关系被称为非传递悖论或非传递游戏。

关于这种悖论的游戏有很多，它们都是非常好的思维游戏。

这些游戏中非常具有代表性的就是非传递的色子游戏，也就是我们这里所介绍的。这些色子游戏是斯坦福大学的布拉德利·埃弗朗发明的，后来马丁·加德纳在他的专栏中向大众推广。

075 非传递的色子

有没有试过非传递的色子游戏？赶快看看下面的题目吧。

一组 4 个色子如下页所示。

让你的同伴选择其中一个，你选择另一个。两人轮流掷色子，掷到点数高的一方获胜。

那么要怎样选择色子，才能在玩很多轮的情况下保证赢的次数最多呢？

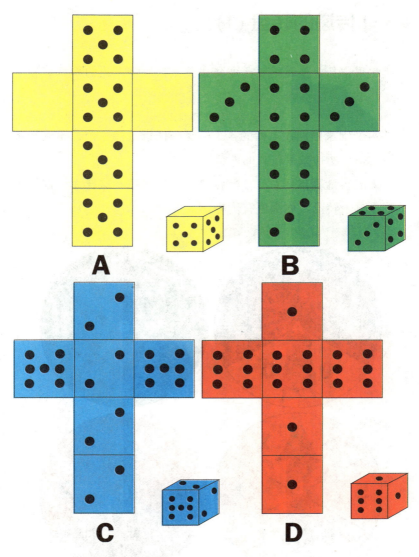

A

B

C

D

4 个非传递的色子的平面展开图

076 非传递的转盘 (1)

运用你已经学过的关于非传递关系以及概率论的知识解答下面这几道题。

两个玩家分别在下面的 4 个转盘中任意选择一个，轮流旋转指针，指针所指数字较大的人获胜。

你能否计算出任意 2 个转盘之间赢的概率？这样无论你的对手选择哪个转盘，你都更有优势。

077 非传递的转盘 (2)

每人各有一个转盘，如图所示。

假设这个游戏每 1 轮有 3 场：

第 1 场是迈克对汤姆；

第 2 场是迈克对艾丽丝；

第 3 场是汤姆对艾丽丝。

游戏规则非常简单：转到数字较大的人获胜。

如果这个游戏进行很多轮，哪个人赢的概率更大？

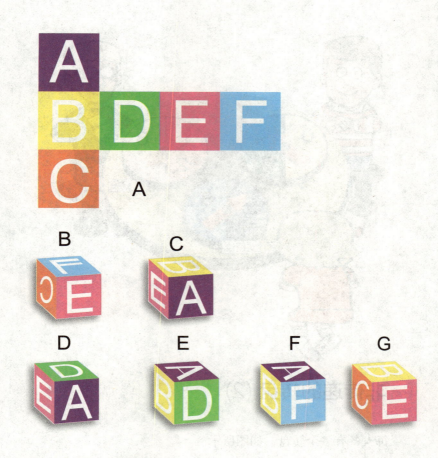

078 折叠图形

A 可以折叠出 6 个选项中的哪一个？

想象图形

图中缺少的那块地板应该是哪种样子？

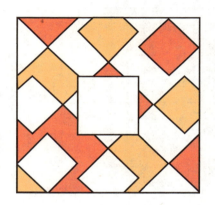

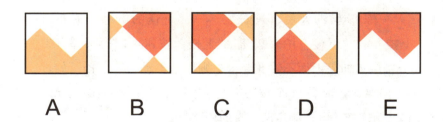

A   B   C   D   E

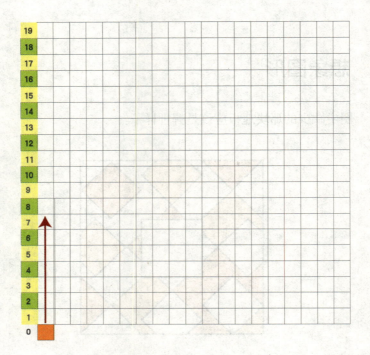

080 奇怪的电梯

　　一栋 19 层的大厦，只安装了一部奇怪的电梯，上面只有"上楼"和"下楼"两个按钮。"上楼"按钮可以把乘梯者带上 8 个楼层（如果上面不够 8 个楼层则原地不动），"下楼"的按钮可以把乘梯者带下 11 个楼层（如果下面不够 11 个楼层则原地不动）。用这样的电梯能走遍所有的楼层吗？

　　从一楼开始，你需要按多少次按钮才能走完所有的楼层呢？走完这些楼层的顺序又是什么呢？

081 隐藏的图形

在每一行或列的旁边有一些数字，这些数字会告诉你在这一行或列中将有几个黑色的方格。

举一个例子，2，3，5 这几个数字就是告诉你，从左到右（或从上到下）将依次出现一组 2 格的黑色方格，然后有一组 3 格的黑色方格，最后还有一组 5 格的。

虽然在每一组黑色方格的前后可能（或不可能）出现白格，但在同一行（或同一列）内，每一组黑格与其他组之间最少夹有一个白格。你能看出这道题里所隐藏着的东西吗？

082 滑动链接

在滑动链接谜题中，你需要从纵向或者横向连接相邻的圆点，形成一个独立的没有交叉或分支的环。每个数字代表围绕它的线段的数量，没有标数字的点可以被任意几条线段围绕。

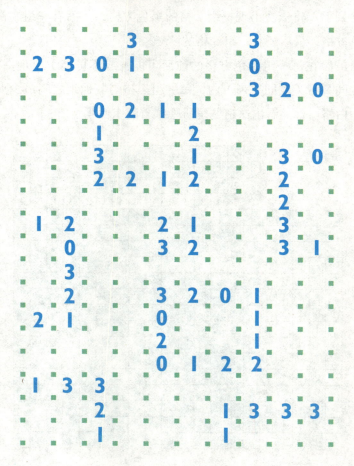

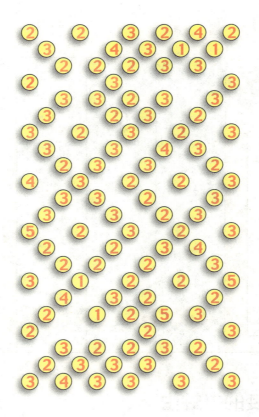

083 建造桥梁

　　这是风靡日本的游戏之一——建造桥梁。在这个游戏中，每个含有数字的圆圈代表一个小岛。你需要用纵向或横向的桥梁连接每个小岛，形成一条连接所有小岛的通道。桥的数量必须和岛内的数字相等。在两座小岛之间，可能会有两座桥梁连接，但这些桥梁不能横穿小岛或者与其他的桥相交。

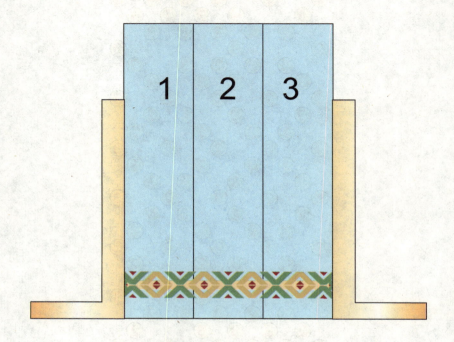

084 贪婪的书蛀虫

书架上有一套思维游戏书，共 3 册。每册书的封面和封底各厚 1/8 厘米，不算封面和封底，每册书厚 2 厘米。现在，假如书虫从第 1 册的第 1 页开始沿直线吃，那么，到第 3 册的最后一页需要走多远？

085 数字不见了

哪个数字不见了？

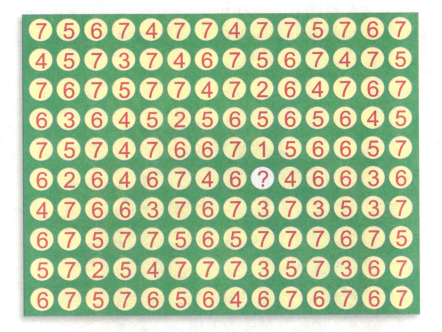

086 炸弹拆除专家

　　时钟在滴答作响，你必须在它爆炸之前拆除炸弹的引信，可以把它的线剪成两部分，即从底部的蓝线到顶部的绿线，穿过中间错综复杂的红色线网，剪尽可能少的次数。你可以剪断这些线，但是不要剪到中间的连接结点（黄色的圆点）。快点儿，在炸弹爆炸之前！

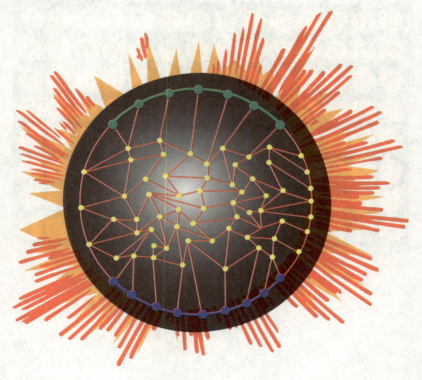

神奇的全脑思维游戏书

答案

001.西瓜

　　大部分人的直觉答案是"大约800千克"，但这与结果相差甚远。

　　正确答案应该是500千克，这个结果出人意料。但是如果你拿起纸笔计算一下，就会马上得出这个结果。右边的图示可以帮助你更好地理解。

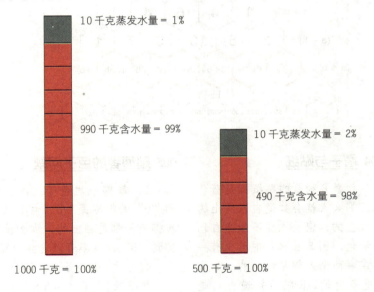

10千克蒸发水量 = 1%

990千克含水量 = 99%

1000千克 = 100%

10千克蒸发水量 = 2%

490千克含水量 = 98%

500千克 = 100%

002.彩票

　　这对情侣有90种途径会赢，有30种途径会输，因此他们不能赢到这辆汽车的概率是30/120，即1/4(25%)。

003. 帕斯卡三角

帕斯卡三角形里的每一个数字都等于它左上角和右上角的数字之和。

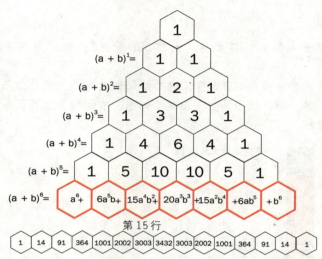

第15行

| 1 | 14 | 91 | 364 | 1001 | 2002 | 3003 | 3432 | 3003 | 2002 | 1001 | 364 | 91 | 14 | 1 |

004. 帽子与贴纸

如果B和C的贴纸都是蓝色的，那么A就会知道自己头上的是红色的，但是A并不知道自己的颜色，因此B和C中至少有一个或者两个人都是红色的。如果C是蓝色的，B应该知道自己是红色的，但是B不知道，因此C的贴纸一定是红色的。

005. 赌博者的色子问题

1. 每掷一次色子，没有掷到"6"的概率是5/6。由于每一次掷色子都是独立的，那么没有掷到"6"的概率可以这样计算：

掷2次：5/6×5/6 ≈ 0.69

掷3次：5/6×5/6×5/6 ≈ 0.57

掷4次：5/6×5/6×5/6×5/6 ≈ 0.48

也就是说你掷4次能够掷到

一次"6"的概率是 52%。

2. 掷 24 次至少掷到一次双"6"的概率也就等于 1 减去掷 24 次没有掷到双"6"的概率。这个计算通过计算器可以很容易得到：35/36 的 24 次方约等于 0.51，因此赌博者赢这盘游戏的概率约为（1-0.51）×100% =49%。

006. 掷色子

你们两个人掷到同一点数的概率是 1/6，因此你们俩其中一个掷的点数比另外一个人高的概率为 5/6。

因此你比你朋友点数高的概率为 5/6 的一半，即 15/36=5/12。

下图为详解。

1	*	+	+	+	+	+
2	-	*	+	+	+	+
3	-	-	*	+	+	+
4	-	-	-	*	+	+
5	-	-	-	-	*	+
6	-	-	-	-	-	+

007. 图形与背景

在这个图案中你看到了什么？

如果你盯着这个图案看，你会交替地看到放射线条纹部分和同心圆环部分凸出来。拿绿色的同心圆来说，你既可以把它看成是主体图形，而过一会儿之后它看上去又像是背景。

我们的眼睛不能从这个部分之中选择主体图形，当眼睛在纸面上来回扫动时，我们看到其中一个部分为主体，而过了一段时间，又看到另外一个部分为主体。这两种印象交替出现。

008. 中空的立方体（1）

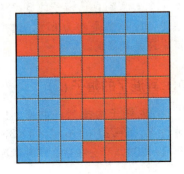

009. 中空的立方体 (2)

如果你观察得足够仔细的话，还可以将立方体的 4 个面画出来。

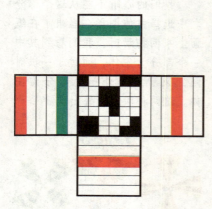

010. 弄混了的帽子 (1)

如右图所示，3 个帽子弄混一共有 6 种情况。

而其中的 4 种情况都有一个人拿到他自己的帽子。因此至少有一个人拿到自己帽子的概率应该是 4/6，也就是约为 67%，这个概率还是很高的。

011. 弄混了的帽子 (2)

n 顶帽子的排列一共有 $n!$ 种情况，6!=720 （6!=6×5×4×3×2×1=720）。那么在这么多种情况

中有多少种是所有的人拿到的都不是自己的帽子呢？

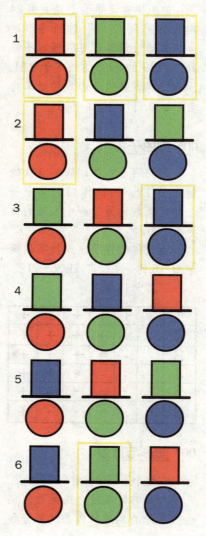

要得到这个结果，可以采用一个简单的方法，就是引入一个超越数 e=2.718……

n 个物体全部排列错误的总数等于 720 除以 e。

在这道题中也就是 720÷2.718=265; 因此所有人拿到的都不是自己帽子的概率为 265/720=0.368055。

1 减去这个数就是至少有一个人拿到自己帽子的概率，也就是 0.6321。

012. 顶点的正方形

这是一个经典的变换视觉主体图形的问题。有些二维的图形在解读它的三维效果时有多种方法。这个顶点处的正方形可以有 3 种方法来解读它，但是其中每一种印象都不会持续很久。

013. 密码

MASTERMIND

你可以从书页的下面向上看。

014. 滚动立方体

最小的板应该是 4×6 的板，如图所示，箭头所示为立方体滚动的路线。

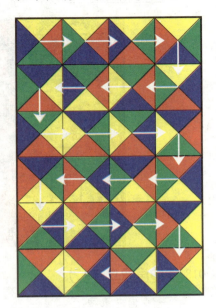

015. 滚动色子 (1)

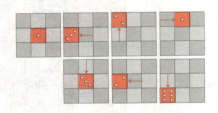

016. 滚动色子 (2)

从起点开始滚动色子，你可以使它最后在任何格子里以任何数字朝上。

017. **滚动肖像立方 (1)**

018. **滚动肖像立方 (2)**

第一步向左滚动。

019. **数一数**

　　23 个正方形。

020. **飞上飞下**

　　这是一个深度交替变换的视错觉图。一会儿你看到其中一只在这个图像的上方飞，一会儿你又看到另一只在上方飞，如此重复交替。

021. **红色圆圈**

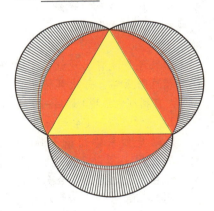

　　这个类似红色圆圈的图形根本就不是一个标准的圆，左下图中红色细线标出来的才是一个标准的圆。

022. **点与线（1）**

　　下图是德扎格结构，在这个结构中共有10个交点（10条线中每3条线相交）。

　　另外有3个交点可以忽略不计，因为经过它们的只有2条线（耶利米·法雷尔原则）。

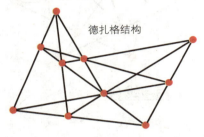

德扎格结构

023. **点与线（2）**

　　12 条线，12个点。

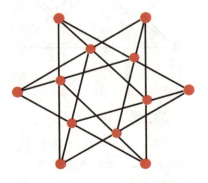

024.点与线 (3)

14 条线，14 个点。

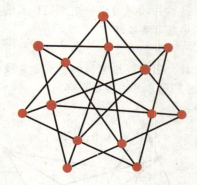

025.点与线 (4)

16 条线，16 个点。

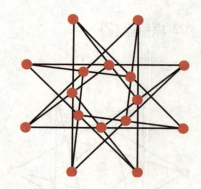

026.轮盘赌

有一个答案是："如果赌场是你的，那么你在轮盘赌中就一定会赢。"除此以外还有另一种

可以让你必胜的方法，不过必须要准备很多钱。这种方法从赌注为 1 美元开始，它保证你无论如何都会赢 1 美元。

它是这样操作的：你押 1 美元的赌注押红色。如果出现的是红色，那么你赢 2 美元，也就是净赢 1 美元，你就可以退出了。

如果出现的不是红色，那么你再押 2 美元押红色，出现的是红色，你就赢 4 美元，也就是净赢 1 美元。如果出现的不是红色，你再押 4 美元押红色。如果出现红色，那么你赢 8 美元，即净赢 1 美元。

如果还是没有出现红色，你就继续这个策略，每次都将赌金加倍，直到红色出现（最后一定会出现），这种方法一定会起作用。

问题是如果你想赢 1000 美元，那么你必须以 1000 美元开始，而且几轮之后，赌金会变得相当大（即使你最开始押的是 1美元，但如果连输 15 次之后，你就必须押 16000 美元才能赢 1美元）。而且即使你有足够多的钱，还有一个问题就是赌场规定有注码上限，因此你的策略可能不能一直使用，也就是说你可能会输掉所有在达到这个上限之前押的赌金。

如果一个人最开始押注为 2^n-1 美元，那么当黑色出现 n 次后，他所押的赌金就输光了。

027. 灌铅色子

将色子慢慢地放进一杯水中。

灌了铅的色子在下沉的过程中会不断打转，而普通色子则会直接沉下去，不会打转。

028. 旋转的窗户

如果窗户慢速旋转，你看到的将是一个摆动的长方形！

如果你在窗户的一个洞里面插上一支铅笔，甚至会出现更奇特的现象。有些人会看到铅笔改变了方向——它看上去像是从中间弯折或者扭曲了，并且随着旋转，它的速度和形状看上去都发生了改变。

窗户边的阴影会引起更多复杂的错觉。

在旋转的窗户上附上任何小东西（如小鸟），这个小东西看上去都在与窗户做反方向运动。

029. 数学家座谈会

7 个人一共有 7！即 5040

种排列方法。

而这 3 位有胡子的数学家坐在一起的情况一共有 5 种（如下图所示，B 表示有胡子的数学家）。

BBBXXXX
XBBBXXX
XXBBBXX
XXXBBBX
XXXXBBB

对于这 5 种情况中的每一种，这 3 位数学家之间的排列方法为 $3 \times 2 \times 1 = 6$ 种。而没有胡子的数学家之间的排列方法为 $4 \times 3 \times 2 \times 1 = 24$ 种。因此，这 3 位数学家坐在一起一共有 $5 \times 6 \times 24 = 720$ 种方法。

其概率为 $1/7(720/5040)$。

030. 两个家庭

这个问题可以从帕斯卡三角形中找到答案。从帕斯卡三角形的第 8 行可以看出，生 4 男 4 女的概率为 70/256，约 27%。

生 8 个孩子性别都相同的概率为 1/256，比 1% 还要小。当一个家庭所生的孩子 6 个以上都为同一性别时，我们就不能仅仅考虑概率的因素了，还必须考虑基因这个因素。

我们说生4男4女比生8个同一性别的孩子的可能性更大，这是因为我们并没有将孩子的出生顺序考虑进来。某一个特定出生顺序的4男4女，比如GBBGGBGB（G代表女孩，B代表男孩），与GGGGGGGG或者BBBBBBBB的概率是完全相同的。

031.2个孩子的家庭

这个问题曾经出现在畅销杂志《Parade》上玛丽莲·莎凡的专栏中。她给出的答案是女人的2个孩子都是男孩的概率约为33%，而男人的2个孩子都是男孩的概率约为50%。

对这个至少有一个孩子为男孩的女人来说，她的孩子有3种可能性：

大一点的孩子	B	G	B
小一点的孩子	G	B	B

这3种情况的概率都相等，因此她有2个男孩的概率为33%。

而对于这个男人来说只有2种可能性：

大一点的孩子	B	B
小一点的孩子	G	B

这2种情况概率相等，因此他有2个男孩的概率为50%。

032.最好的候选人

面试36个人。这样会将你选到最优秀的人的概率提高到1/3，这是你所能做到的最好的结果。

如果你愿意妥协，认为选择这100名中的第2名也可以，那么这样你只要面试30个人，你选到第1名或者第2名的概率就会高于50%。而如果你认为选择这100名中的前5名都可以，那么你只需要面试20个人，你选到前5名之一的概率就会达到70%。

033.掷到"6"

显然，概率肯定不是100%。

事实上，你可以先计算6次全部都没有掷到"6"的概率。

每一次没有掷到"6"的概率为5/6，那么6次全部没有掷到"6"的概率为：$5/6 \times 5/6 \times 5/6 \times 5/6 \times 5/6 \times 5/6 \approx 0.33$。

因此 6 次中至少有一次掷到"6"的概率为 1−0.33＝0.67，即 67％。

034. 掷 6 次

$6/6 \times 5/6 \times 4/6 \times 3/6 \times 2/6 \times 1/6 \approx 0.015$。

即概率小于 2％。

035. 旋转的螺旋

当你看运动的物体时，你的眼睛和大脑都已经习惯了，而当你再看静止的物体时，你的眼睛看到的是相反方向的运动。

这个错觉通常被称为瀑布错觉。

如果你盯着旋转的螺旋看一段时间，再看静止的船时，它看上去像是在朝靠近你或者远离你的方向移动，这取决于你旋转螺旋的方向。

036. 凸形还是凹形

如果你将书倒过来，原来的凸形变成了凹形，凹形则变成了凸形。

但是如果你盯着这些图形看，想象光是从下面投过来的，那么你不用将这一页倒过来，也能看到相同的效果。

037. 色子的总点数 (1)

莱布尼茨是错误的。 总点数为 12 的时候只有一种组合情况，即红色色子和蓝色色子都掷到"6"；而总点数为 11 的时候有两种组合情况，即红色色子为"5"，蓝色色子为"6"，和红色色子为"6"，蓝色色子为"5"。

因此它们的概率是不相等的，其概率分别是 1/36 和 2/36。

038. 色子的总点数 (2)

掷一对色子的总和不可能是 1，总点数可能为这 6 个偶数：2、4、6、8、10 和 12；可能为 5 个奇数：3、5、7、9、11。

一共有 18 种方法掷到偶数，18 种方法掷到奇数。因此掷到偶数和奇数的概率相等。

039. 3 个色子

总点数从 3 到 18 共有 $6 \times 6 \times 6 = 216$ 种结果。

出现总点数为 7 共有 15 种方法（7％），出现总点数 10 一共有 27 种方法（12.5％）。

040. 堆色子

看不见的那些面的总点数为155。这个结果可以用这10个色子的总点数(21×10=210)减去看得见的点数得到。

041. 有洞的色子立方

看得见的洞（逆时针方向）如下。

上面的洞：4 — 2 — 3 — 6
左边的洞：5 — 4 — 1 — 3
右边的洞：6 — 2 — 1 — 2
看不见的洞如下。
底部的洞：3 — 5 — 3 — 2
左边的洞：5 — 6 — 1 — 2
右边的洞：3 — 1 — 3 — 6
要记住现在的色子都是沿逆时针方向增加点数的。

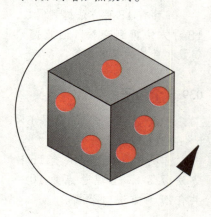

042. *20 面的色子*

号码球更倾向于从左边的容器移动到右边的容器，直到两边达到一个平衡（即两边容器的号码球相等），这之后变动不是特别大。

因此刚开始几轮左边容器的游戏者更容易赢，他的这种优势甚至一直保持到左边容器变空为止。

但是计算显示出，如果这个游戏持续的时间足够长，所有的号码球最终会全部回到左边的容器中，尽管这需要相当长的时间。

043. 质数加倍

任意一个整数和它的2倍之间总有一个质数。

044. 宝石

把这个架子倒过来就可以
了，如图所示。

045. 掷硬币

每次掷一个硬币会有2种
可能的结果。根据下面的基本
计算规律，掷5次硬币一共有
$2×2×2×2×2=2^5=32$种结果。

基本计算规律：

2个独立的任务，如果第1
个任务有M种可能的完成方法，
第2个任务有N种可能的完成方
法，那么2个任务就会有M×N
种不同的完成方法。

046. 掷3枚硬币

这个分析是不对的。尽管
我们已经知道第3枚硬币只有2
种结果，但是我们同时也应该把
另外2枚硬币的4种不同结果考
虑进去。我们可以将所有可能的
结果列出来（H表示正面，T表示
反面）：

HHH

HHT

HTH

HTT

THH

THT

TTH

TTT

我们可以看到，其中只有2
种结果3个硬币是相同的，因此
其概率应该是2/8=1/4。

047. 掷100次硬币

掷100次全部为正面的概率：

掷到1个正面的概率为：
1/2=0.5

掷到2个正面的概率为：
$1/2×1/2=1/4=0.25$

掷到3个正面的概率为：
$1/2×1/2×1/2=1/8=1.125$

掷到100个正面的概率为：
$(1/2)^{100}$

约等于1/1 000000000000000
000000000000000。在理论上是有
可能掷到100个正面的，但是在
实际操作中基本上不可能，因为
正反都掷到的可能性有太多种。

同样，在实际操作中，出现
所给出的任意一种情况的可能性
都很小。这些情况出现的可能性
都是相同的。

048. 麦比乌斯圈上色问题

如图所示，至少要用4种颜

色上色才能满足题目要求。

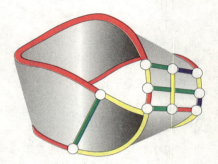

049. 想象力

下边的记分表显示的是红色和蓝色双方的最好成绩。

卡片序号	蓝色直线		红色直线	
	序号	得分	序号	得分
1	2	3	8	3
2	12	1	1	1
3	7	2	7	2
4	12	2	3	3
5	5	3	5	3
6	7	3	7	3
7	5	3	5	3
8	5	4	5	4
9	10	2	10	2
10	2	3	2	3
11	2	6	2	6
12	11	2	4	2
13	8	3	8	3
14	5	3	5	3
15	10	3	10	3
16	9	2	9	2
17	5	4	5	4
18	2	4	2	4

卡片序号	蓝色直线		红色直线	
	序号	得分	序号	得分
1				
2				
3				
4				
5				
6				
7				
8				
9				
10				
11				
12				
13				
14				
15				
16				
17				
18				
总数				

卡片序号	蓝色直线		红色直线	
	序号	得分	序号	得分
1				
2				
3				
4				
5				
6				
7				
8				
9				
10				
11				
12				
13				
14				
15				
16				
17				
18				
总数				

050. **概率机**

这 7 个凹槽中，小球的分布与帕斯卡三角形的第 6 行的分布是相同的：1，6，15，20，15，6，1，其总和为 64，等于我们这题中小球的总数。

最后形成的这个结构（如图所示）接近于著名的高斯曲线，或者叫 IQ 曲线、标准曲线、钟形曲线、概率曲线，它在现代科学中有着巨大的作用。

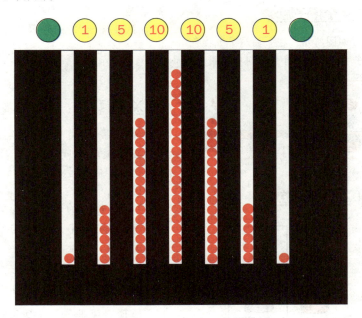

051. **不可预测事件与可预测事件 (1)**

这 2 个装置分别展示的是不可预测事件和可预测事件。

在概率机中你无法预测单独一个球的轨迹，因为它的下落完全是随机的——不过如果是大量的这种小球下落，你还是可以预测它们的平均结果，它遵循概率论。其结果图示为高斯曲线。

052. 不可预测事件与可预测事件 (2)

在指定球机中，一旦中间的钢板的角度已经固定，那么这个钢球下落的路径就是可以预知的，它会沿着同一条抛物线落到同一个凹槽中。

053. 4 个帽子游戏

如图所示，在下面这2个红色帽子中抽到红色小球的可能性最大。

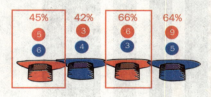

054. 2 个帽子游戏

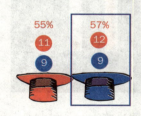

出人意料的结果是，这次从蓝色帽子中抽到红色小球的可能性最大。这个悖论也可能出现在实践中。它通常是由变动的组合和大小不等的组结合成一个组所引起的，但是在精确的设计实验中可以避免。

055. 不幸事件

平均水深并不代表着每一个地方的水深都一样。我们必须要考虑到这个湖不同地方的水深会有差别。

如果这个湖 3/4 部分的水深都是 1 英尺（0.3048 米），而剩下的 1/4 水深 9 英尺（约 2.7 米），那么它的平均水深仍然是 3 英尺（约 0.9 米）。

056. X 问题

你的第一反应肯定是 10，但是在这道题中如果 x=9，那么你的错误率将高于 10%。

因此，在这道题中，猜 x=9.9 将是最好的答案，猜它的错误率最高只有 10，它与 9 相差 0.9，与 11 相差 1.1。

057. 预测地震

她预测那里 365 天每天都有地震。

058. 看进管子里

盯着图看，这个人一会儿在管子左边，一会儿在管子右边。

059. 3个人决斗

这个问题是博弈论的一个例子。博弈论诞生于1927年，当时约翰·冯·诺依曼认识到在经济、政治、军事以及其他领域的决策与很多数学游戏的策略是相似的。他认为游戏上的这些策略可以应用到现实生活中。他与经济学家奥斯卡·摩根斯坦一起出版了《博弈论与经济行为》。

博弈论的很多结果都与我们的直觉相悖。比如说，在这道题中，迈克活下来的可能性最大，是汤姆和比尔的2倍。为什么呢？

汤姆和比尔最开始肯定会选择向对方射击（因为对方是自己最大的威胁），而接下来迈克则将射击活下来的那个人。他射中的概率为50%（从而成为最后的赢家），射不中的概率也为50%（最后被别人射中身亡）。

现在我们来分析一下这个有趣的结果：

如果迈克最先射击，他一定会故意射不中。因为如果他射死了其中一个人，那么另一个人就会把他射死。

因此事实上需要考虑的只有2种情况：

汤姆先射杀掉比尔，或者反过来比尔先射死汤姆。

这两种情况下迈克有50%的可能性能够射死幸存下来的那个人，因此他活下来的概率为50%。

汤姆如果先开枪，他活下来的概率为50%；如果比尔先开枪，那么他活下来的可能性为0。由于有50%的可能性是比尔先开枪，因此汤姆活下来的可能性为 $1/2 \times 1/2 = 1/4 = 25\%$；比尔活下来的可能性也是如此。

060. 射击

先算出3个人全都没有射中的概率为：

$$3/5 \times 3/5 \times 7/10 \approx 0.252$$

因此，3人中至少有1人射中的概率为 $1 - 0.252 = 0.748$。

061. 玩具头

通过统计这6个玩具头所显示的小球，我们得到了下面的结果：

红色小球：31个

绿色小球：6个

黄色小球：7个

蓝色小球：16个

这个数据非常接近我们的正

确答案，也就是这 60 个小球的分布（30 个红色，6 个绿色，9 个黄色，15 个蓝色）。

统计学是研究统计理论和方法的学科。很多问题都可以通过统计学的方法来解决。尤其是建立在不确定和不完全的信息基础上的问题。统计学运用样本——也就是从总体中所选取出来的一部分来推导总体。

样本是随机抽取的。因此，概率在统计学中起着非常重要的作用。统计学通过样本来决定总体的构成。

如果我们想通过样本对总体的估计精确到 98% 以上，那这个样本含量需要多少才可以呢？

如果总体是 200 个人，那么这个样本至少要包含 105 个人。如果总体是 10000 个人，那么样本必须包含 213 个人。这个玩具头的游戏就是遵循统计学原理的。

如果你对统计学有了一定的了解，你就再也不会相信那种基于错误数据所得出的错误结论了。

图表经常用于统计学和概率论中，它可以让数据变得形象化，从而更好地展现各种数据之间的关系。

062. 兔子魔术

第 1 个选手帽子上的标签可能是 RRR 或者 RRW。我们假定是 RRR，那么由于标签是错的，他马上就可以推断出他帽子里的另外一只兔子是白色的。

那么第 2 个选手的标签肯定是 RRW（因此他也可以推测第 3 只兔子的颜色）。那么第 3 个选手的标签不是 RWW，就是 WWW，他应该可以推断他帽子里另外一只兔子的颜色（如果是 WWW，就是红色，如果是 RWW，就是白色）。但是题目中已经告诉我们了，他说不出第 3 只兔子的颜色，因此第 1 个选手的标签应该不是 RRR，而是 RRW，也就是他的帽子里 3 只兔子都是红色的。

由此第 2 个选手的标签只可能是 RWW，他的帽子里有 2 只红色兔子，1 只白色兔子。如果第 3 个选手的标签是 WWW，他应该知道另一只兔子的颜色，因此他的标签是 RRR。第 4 个选手的标签是 WWW。由上面已经知道了 8 只兔子的颜色（5 红 3 白），那么第 4 个选手的兔子只有可能是 3 白或者 1 红 2 白。由于他的标签是错的，那么他的兔子只有可能是1红2白。因此第3个人剩下的那只兔子是白色的。

063. 生日问题 (1)

很多人都猜至少需要150人或者更多，但计算的结果可能会让你大吃一惊。

只需要随机抽取23个人，其中有2个人生日相同的概率就已经大于50%了。分析如下：2个人生日不相同的概率为364/365，第1个人可以是任何一天过生日，而第2个人可以是剩下的364天里的任何一天过生日，第3个人可以在剩下的363天内的任何一天过生日，因此3个人的生日都不同的概率为(364/365)×(363/365)。

随着生日不同的概率减小，生日相同的概率增加。如果你能够想到：23个人的不同组合可以组成253对，那么23人就能够满足题目的要求了。

(364/365)×(363/365)×……×[(365-n+1)/365]，其中n指总人数。

n个人的不同组合可以组成的对数等于：

$n \times (n-1)/2$也就等于$1+2+3+\cdots+(n-1)$

064. 生日问题 (2)

答案为253。

概率为$1-(364/365)^n$，其中n指除你自己以外的人数。

065. 黑暗中的手套

要解答这道题，首先要考虑到拿到的全部都是左手手套或者全部都是右手手套的情况。它们分别都有14只。

在这种情况下，如果拿15只一定会拿到一双手套。

但是可以做得更好。尽管是在黑暗中，还是能够通过触觉分清左右手套。考虑到最差的情况，可以拿13只左手手套或者13只右手手套，然后再拿一只另一只手的手套。这样至少会有一对手套。也就是说，一共只需要拿14只手套就可以完成任务。

两种情况分别如图所示。

066. 黑暗中的袜子 (1)

要保证至少拿到一双左右脚

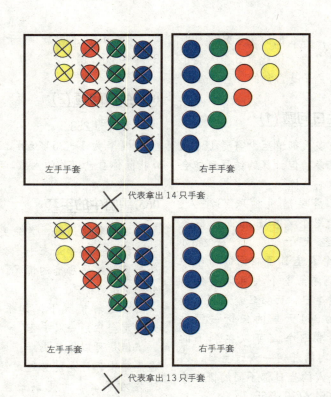

左手手套　　　　　　　右手手套

✕ 代表拿出 14 只手套

左手手套　　　　　　　右手手套

✕ 代表拿出 13 只手套

配套的袜子，至少要拿 4 只袜子。

067. 黑暗中的袜子 (2)

要保证每种颜色的袜子各拿一双，至少要将 2 种颜色的袜子全部拿出来，即 14 只，然后再拿 2 只袜子，也就是一共 16 只袜子。

068. 丢掉的袜子

20 只袜子配对一共有 190 种情况。你可以自己来检验：将 1 ~ 20 写在一张纸上。与 1 可以配对的有剩下的 19 个数。然后跳过 1（因为我们已经考虑了所有含有 1 的配对情况）看 2，有 18 种配对情况，因此现在已经有 19+18=37 种配对情况了。然后再跳过 2 看 3，依此类推，直到数到最后的一对。你会得到下面这个等式：

19+18+17+16+15+14+13+12+11+10+9+8+7+6+5+4+3+2+1=190。

20只袜子配成一双的只有10种情况。也就是说，在190种可能中，最好的情况只有10种，而最差的情况则有180种，即最差的情况发生的可能性是最好的情况的18倍，这意味着你很可能只剩下8双袜子。

069.旋转的圆圈

你会看到这些圆圈都在高速旋转。

070.发散幻觉

旋转45°之后，错觉就消失了。

071.断掉的拐杖

所给出的等边三角形是解决这道题目的几何类似物。如下图所示，这个三角形中3条垂线（P）的总和是一定的，等于该三角形的高，即等于题中拐杖的长度（L）。

只有当拐杖折断的点落在中间橘色的小三角形中时，这3条垂线才能组成一个三角形。只有在这种情况下，3条垂线中任意两条的和才能大于第3条，这是组成一个三角形的必要条件。

另一方面，如果折断的点落在橘色小三角形的外面，那么必然有一条垂线比其他2条垂线的和还要长。

因为这个橘色小三角形的面积是整个等边三角形的1/4，所以这根断掉的拐杖可以组成一个三角形的概率也是1/4，即25%。

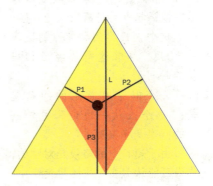

072. 私家侦探

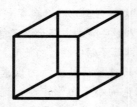

内克尔立方体

这道题是著名的内克尔立方体的变体。

如果你盯着原图看一段时间，中间那堵带锁孔的墙的维度就会改变。

073. 随机走步

根据概率论，在 n 次以后，这个人与中间起点的距离平均为 $\sqrt{n}$。也就是说，掷 36 次硬币以后，他离起点的距离应该是 6 格。

这个人最终回到起点的概率是 100%，尽管这需要经历相当长的时间。

一个非常有意思的问题就是："这个人从一边走到另外一边的概率是多高呢？"

由于题目中的路线是对称的，你很可能认为在一段随机走步中，这个人应该是一半时间在起点的一边，一半的时间在另一边，答案却恰恰相反，这个人从起点的一边走到另一边的概率几乎为 0。

074. 醉汉走步

我们无法说出这个醉汉最终会走到哪里去，不过我们可以知道某一个特定次数之后这个人与起点的距离大概为多少。

在很多次的无规则走动之后，醉汉与起点的距离 D 等于每移动一步的直线距离 L 乘以总次数 n 的平方根：

$$D=L \times \sqrt{n}$$

例如，如果每次移动 1 格，每 1 格的长度为 1，那么掷 100 次硬币以后，这个醉汉与起点的距离应该是 10。

在这种平面内、有界限的题目中，这个醉汉最终会回到起点。

而如果这个方阵没有界限，醉汉可以一直往外走，那么情况就非常复杂了，由此也产生了很多迄今尚未解决的难题和理论。

而如果这个方阵是立体的，要求沿着这个立体图形上有限的方格走步，那情况就更复杂了。

但是出人意料的是，在这种情况下，有限的时间内，一个随机走步的人一定会走到任意一个交叉点。

举一个现实生活中的例子，在一栋大楼或者一座迷宫里，无论走廊以及回廊多么复杂，你最终一定会在一段有限的时间内走到一个出口。

但是如果格子的数量是无限的，那就不可能了。

075. 非传递的色子

A胜B，B胜C，C胜D，而D胜A。

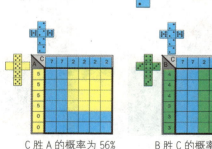

我们可以把这个游戏中各种可能性都列举出来分析：

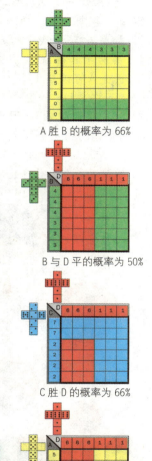

A胜B的概率为66%

B与D平的概率为50%

C胜D的概率为66%

C胜A的概率为56%   B胜C的概率为66%   D胜A的概率为66%

非传递的转盘（1）

选择任意2个转盘，都有36种可能的结果。举个例子，如果选择转盘A和转盘B，那么A在36次中的24次都会指向数字4，而转盘B在36次中全部都会指向数字3，因此A可以赢B。

而在B和C这2个转盘中，C在36次中有24次都指向2，因此B可以赢C。

最终的结果如图所示，你会发现在36次中C可以赢D24次，D则以同样的概率赢A。这又是一组非传递的关系。

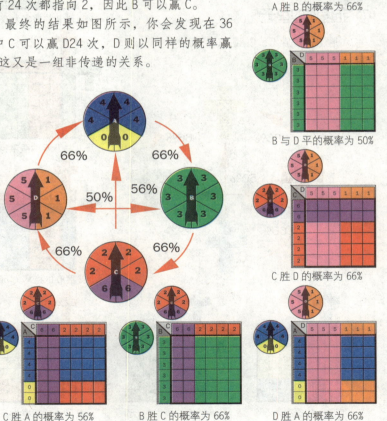

A胜B的概率为66%

B与D平的概率为50%

C胜D的概率为66%

C胜A的概率为56%　　B胜C的概率为66%　　D胜A的概率为66%

077. 非传递的转盘 (2)

迈克和汤姆赢的概率相等，迈克和艾丽丝赢的概率也相等，你可能会认为汤姆和艾丽丝之间也是这样，但结论并不如此，艾丽丝赢的概率比汤姆要大，你可以参考下边的表格。因此如果玩很多轮游戏的话，艾丽丝赢的次数最多。

迈克	汤姆
10	6
10	2
0	6
0	2

迈克	艾丽丝
10	8
10	4
0	8
0	4

汤姆	艾丽丝
6	8
6	4
2	8
2	4

078. 折叠图形

E

079. 想象图形

B

在每一行中，交叉点向下移动。在每一列中，交叉点向右移动。

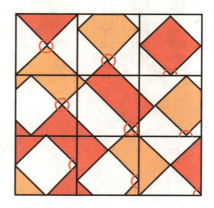

080. 奇怪的电梯

可以走遍所有的楼层。最少的步骤是 19 步，顺序如下：

0 — 8 — 16 — 5 — 13 — 2 — 10 — 18 — 7 — 15 — 4 — 12 — 1 — 9 — 17 — 6 — 14 — 3 — 11 — 19（12 "上"，7 "下"）

神奇的全脑思维游戏书

081. 隐藏的图形

图中显示的是一台电视机。

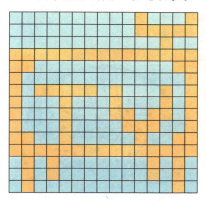

082. 滑动链接

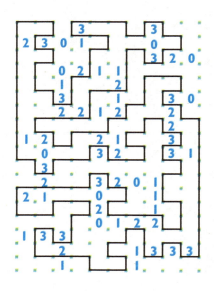

083. 建造桥梁

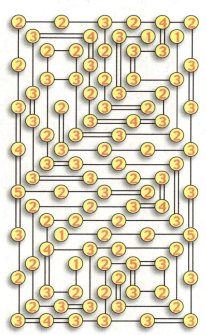

084. 贪婪的书蛀虫

书蛀虫一共走了 2.5 厘米。书蛀虫如果要从第 1 册第 1 页开始向右侧的第 3 册推进的话，第 1 件事情就是先从第 1 册的封面开始破坏，之后是第 2 册的封底，接着是 2 厘米的书，然后是第 2 册的封面，最后是第 3 册的封底。期间，一共经过 2 个封面、2 个封底以及 1 册书的厚度，即享用了 2.5 厘米的美味。

085.数字不见了

5，这个方框包括：

1 个 1　　1（1×1）
4 个 2　　2 的平方（2×2）
9 个 3　　3 的平方（3×3）
16 个 4　　4 的平方（4×4）
25 个 5　　5 的平方（5×5）
36 个 6　　6 的平方（6×6）
49 个 7　　7 的平方（7×7）

086.炸弹拆除专家

祝贺你！你既然还活着来核对答案，说明你一定是按照图示那样剪了 8 次。

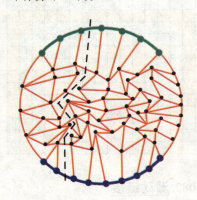

神奇的全脑思维游戏书

神奇的全脑思维游戏书

开发
创造力

金 铁 / 主编

中国华侨出版社
北 京

图书在版编目 (CIP) 数据

　　神奇的全脑思维游戏书 / 金铁主编 . -- 北京：中
国华侨出版社 , 2021.1
　　ISBN 978-7-5113-8427-0

　　Ⅰ . ①神… Ⅱ . ①金… Ⅲ . ①智力游戏—通俗读物
Ⅳ . ① G898.2

　　中国版本图书馆 CIP 数据核字 (2020) 第 226671 号

神奇的全脑思维游戏书

主　　编：金　铁
责任编辑：江　冰
封面设计：冬　凡
文字编辑：朱立春
美术编辑：吴秀侠
经　　销：新华书店
开　　本：880mm×1230mm　1/32　印张：32　字数：720 千字
印　　刷：三河市兴博印务有限公司
版　　次：2021 年 1 月第 1 版　　2021 年 1 月第 1 次印刷
书　　号：ISBN 978-7-5113-8427-0
定　　价：208.00 元（全 8 册）

中国华侨出版社　北京市朝阳区西坝河东里 77 号楼底商 5 号　邮编：100028
法律顾问：陈鹰律师事务所
发 行 部：（010）88893001　　传　真：（010）62707370
网　　址：www.oveaschin.com　　E-mail：oveaschin@sina.com

如果发现印装质量问题，影响阅读，请与印刷厂联系调换。

思维游戏引人入胜，充满趣味，在活跃大脑的同时，带给游戏者一种全新的、前所未有的新奇和快感。比起那些纯粹为了娱乐的游戏，本套书更侧重于在游戏的同时，让游戏者的思维得到更好的锻炼，激发好奇心，提高创造力、推理力、想象力、观察力、记忆力、分析力、逻辑力、判断力等各方面的能力。

　　创造力是社会繁荣与进步的根本动力，是人最重要和最有价值的一种能力，是决定成败的关键因素。本书从提高创造力的角度出发，对每一类游戏都进行了精心的选择和设计，每个游戏都极具代表性和独创性，内容丰富，难易有度，形式活泼。其中包括四色问题、平衡问题、麦比乌斯圈和著名的国际象棋中的"八皇后问题"、各种结的问题等。在游戏的过程中，你需要大胆地设想，突破固有的思维模式，探求多种答案，使问题得到圆满的解决；需要对各种可能性进行分析、综合和概括，以获得解决问题的最佳答案；还需要从不同角度、不同途径入手，从对立的、相反的方面去思考，以期得到不同的灵感和发现。这种多方面、多角度、多层次的思维过程，正是创造性思维的基本形式。

　　书中的80个思维游戏可以激活你沉睡的创造力，帮助你学会联想式创造、直觉式创造、启发式创造、变通式创造、推理式创造、怀疑式创造、组合式创造、趣味性创造和多元化创造等，让你在游戏中历练智慧，使你的创造性思维能力和思维习惯得到潜移默化的提升，从而令你拥有非凡的创造力，在学习、工作和生活中获得更多与众不同的新想法、新发现，迅速走向成功。

目录
CONTENTS

001 蒙德里安美术馆

世界的美丽有它的总体构架吗？图案和色彩的存在能不能用数学方法来解释？往下读，你会发现现代数学有着让人如此着迷的地方。

下页分别有黑白和彩色2组图案，每组有4幅图，这4幅图中有一幅是蒙德里安（荷兰著名风格派画家）的原画，其他3幅都是用计算机制作的仿制品。

请你分别找出这两组图案中的蒙德里安的原画。

这种有趣的实验是由贝尔实验室的迈克尔·诺尔最先发明的，他分析了蒙德里安创作的特点，然后采用一些元素，利用计算机随机制图。

他的实验结果显示：59%的人在看过蒙德里安的原画和计算机随机制出的图后认为后者比前者更加美观；只有28%的人能够准确地分辨出计算机所制的图和蒙德里安的原画；而另外72%的人则认为蒙德里安的原画是用计算机制作出来的。

这个实验说明一幅用计算机制作的佳作一点也不比传统艺术家的作品逊色。

神奇的全脑思维游戏书

002 最小的图形

　　最复杂的图案往往是由最简单的图形所组成的。下次你看到一个看起来很复杂的图案时数数里面所用到的图形的个数，你肯定会对结果感到无比的惊奇。

　　马蒂是一个艺术家，他的作品因能给人的视觉带来多样性而备受推崇。

　　如下图，请问马蒂在这 6 幅图中使用了多少种基本图形？

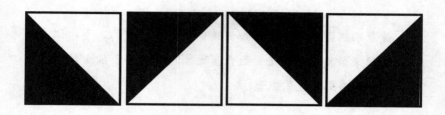

003 最小的排列

　　已知图形是一个被对角线分成 2 个三角形的正方形,这 2 个三角形分别为黑色和白色,而且这个正方形可以通过旋转得到 4 种不同的图案,如上图所示。

　　现在把 3 个这样的正方形排成一行,请问一共有多少种排列方法?

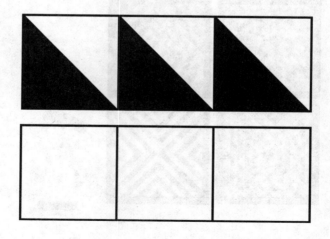

004 第一感觉

第一眼看上去很简单的题目实际上往往并不那么容易。看看下面这道题目。

仅凭你的第一感觉，迅速找出外环的射线中跟图中 4 个正方形内的颜色顺序相同之处。

005 猫和老鼠 (1)

下边的游戏界面上放了 3 只猫和 2 只老鼠，每只猫都看不见老鼠，同样老鼠也都看不见猫。（猫和老鼠都只能看见横向、纵向和斜向直线上的物体。）

现在要求再放 1 只猫和 2 只老鼠在该游戏界面上，使上面的条件仍然成立，你可以做到吗？不能改变游戏界面上原有的猫和老鼠的位置。

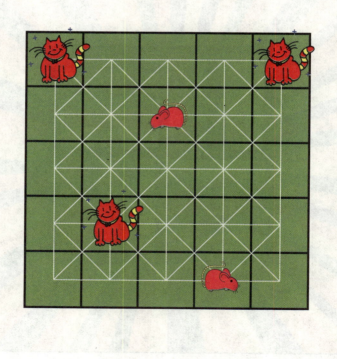

神奇的全脑思维游戏书

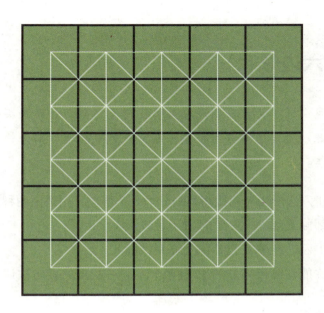

006 猫和老鼠 (2)

请你在上面的游戏界面上放 4 只猫和 4 只老鼠,使猫和老鼠
互相看不见对方(条件跟上一题相同)。

每个绿色的格子里只能放 1 只猫或者 1 只老鼠。

007 六边形 (1)

我们通常认为分割会使整体变得不完整，然而事实并不总是如此。不同的部分组合在一起，有时也会使各部分的总和大于整体。

正六边形的对角线将其划分为 6 个部分，用黑白两种颜色给这些部分上色，一共有 64 种上色方法。

上面已经画出了其中的 32 种情况。

你能够画出另外的 32 种吗？（同一图形的旋转被认为是不同的情况。）

当你把这 64 种情况全都找出来之后，你就可以玩第 10 页的游戏了。

我们这里的六边形问题的原型来源于《易经》，它成书于公元前 8 世纪，是历史上最早的研究排列和分割问题的书，现在全世界仍然有很多人致力于对这本书的研究。

008 六边形 (2)

　　用"六边形（1）"题目中的 61 个六边形来填充上面的图形，使每两个相邻的三角形的颜色都相同。

009 落水的铅球

　　如下图所示，水池的边上有一个铅球，这个铅球有可能直接掉到池里，也有可能掉到池中的汽船里。

　　问掉到池里和掉到汽船里哪一种情况下水池排出的水更多？

010 精确的底片

照片的底片非常有趣，受光的物体在底片上变得很暗，而背光的物体则变得明亮。这跟我们平时看到的完全相反，也许这也可以成为一种全新的看世界的方法。

如下页图所示，左边红色方框里有 3 对图案，其中的每对图案中，右边的图案是左边图案的底片，也就是说每一对的 2 个图案应该是相互反色的。

现在把蓝色方框里 A、B、C 图案中的 1 个覆盖在红色方框里每对图案中右边的图案上，都能够使红色方框里的图案满足上面的条件，即每一对的 2 个图案相互反色。

问应该是 A、B、C 中的哪一个？

神奇的全脑思维游戏书

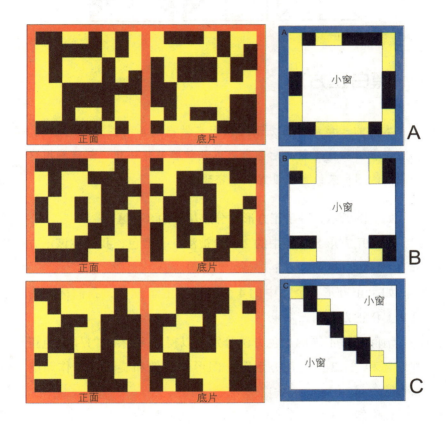

正面　　　　底片

A　小窗

正面　　　　底片

B　小窗

正面　　　　底片

C　小窗　小窗

011 黑白正方形

本页的三角形和正方形可以用来做出简单的图形密码系统。在做完下面的这道题之后你也可以开动脑筋想一想，怎样利用这些简单的图形来给自己设置一个密码。

如上图所示，一个正方形被分成相等的 8 个区。

如果正方形 8 个区中的 2 个区被涂上了颜色，我们称该正方形为"1/4 上色正方形"；

如果正方形 8 个区中的 4 个区被涂上了颜色，我们称之为"1/2 上色正方形"。

请问通过不同的涂色方法分别可以得到多少个"1/4 上色正方形"和"1/2 上色正方形"？图形的映像和旋转不算作新的图形。

1. 你能够画出 6 个不同的"1/4 上色正方形"吗？

2. 你能够画出 13 个不同的"1/2 上色正方形"吗？

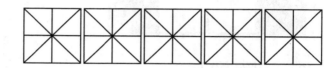

 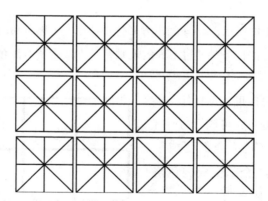

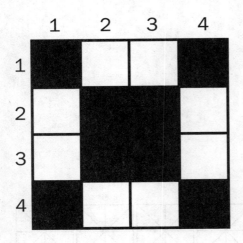

012 二进制图形

如上图所示，4×4 的正方形分别被涂上了黑色和白色。

现在的任务是通过下面的规则将正方形中所有黑色的格子都变成白色：

你每次可以选择任一横行或者竖行，将该行的所有格子都变色（全部变成黑色格子或全部变成白色格子），不限次数。

请问用这种方法将所有黑色格子全部变成白色格子最少需要变多少次？

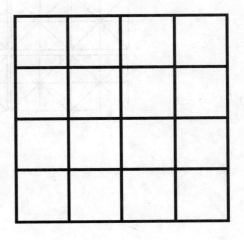

013 珠子和项链

　　珠宝设计师总是尝试为自己的顾客设计出最完美的项链。而各种珠子的组合方法有成千上万种，因此他们必须了解图案本身的规则才能够制作出最漂亮的项链。

　　现在你手上有 3 种颜色的珠子——红、绿、黄。将这些珠子穿成一条项链，每条项链由 5 颗珠子组成，这 5 颗珠子中有 2 颗是同一种颜色，2 颗是另一种颜色，剩下 1 颗是第 3 种颜色。

　　问按照这一规则一共可以穿出多少条符合条件的项链？

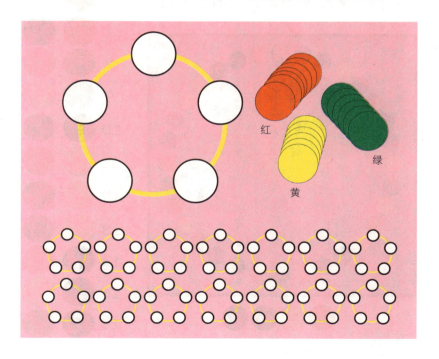

014 成对的珠子

现在你有 4 种颜色的珠子，要求你将这些珠子穿成一条项链，使你无论沿着顺时针方向还是逆时针方向，右图所示的 16 种珠子组合都会在项链上出现一次。

下图的项链是由 32 颗珠子组成的，但是你会发现在这条项链上 16 对珠子组合中的好几对都出现了不止一次。现在的问题是，满足条件的项链最少应该由多少颗珠子组成？

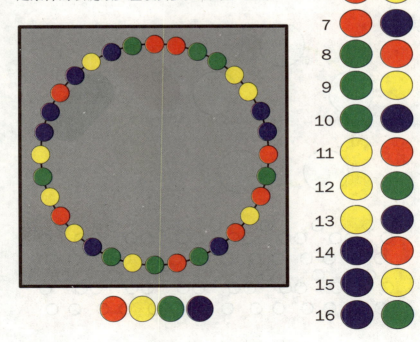

神奇的全脑思维游戏书

015 六边形游戏

在解决有关图案的难题时，逻辑思维显得尤其重要，它引导我们看清不同符号之间的关联，并把它们放入恰当的位置。这种思考本身是一件特别有趣的事情。

如上图所示，请你把游戏板外面的 16 个六边形放入游戏板中，使游戏板内的黑色粗线连成一个封闭的图形。各个六边形都不能旋转；更具有挑战性的是，16 个六边形中每两个相邻的六边形颜色都不能相同。

016 正方形游戏

在如图所示的各个正方形上分别标注了一个起点和一个终点，同时在左上方一共给出了 13 条不同长度和方向的线段。我们这个游戏的目标就是选择左下方的这些线段把正方形里的起点和终点连接起来，要求用上尽可能多的线段，而且各线段之间不能相交。

对于边长为 2、3、4 的正方形，答案已经给出了。现在请你找出边长为 5 和 6 的正方形的最佳答案（也就是用上最多的线段）。

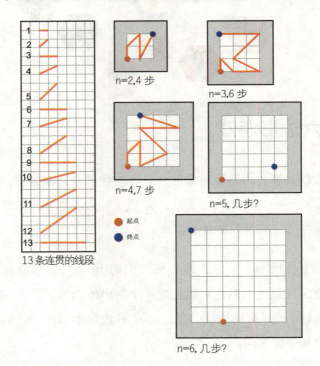

n=2,4 步

n=3,6 步

n=4,7 步

13 条连贯的线段

● 起点

● 终点

n=5, 几步?

n=6, 几步?

017 **虹吸管**

在解决一个问题时，如果一开始没有成功，大多数人会选择再试一次。可是很多人宁可流汗，也不愿意靠灵感。事实上很多时候突如其来的灵感会给你很多帮助，不信看看下面的题目。

在上图所示的一个密封的模型中，液体被储存在最下面的空厢里。

请问如果把整个模型倒过来会出现什么样的情况？

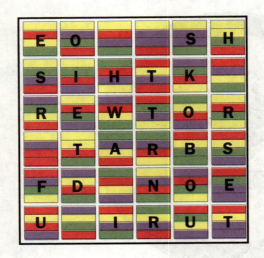

018 颜色密码

你能解出右图中的颜色密码吗?

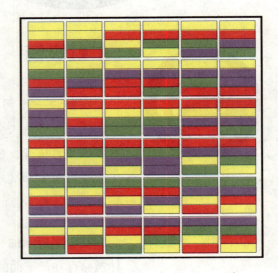

神奇的全脑思维游戏书

019 链条平衡

无论是世界上的大事件或是日常生活中的小事，很多事情都需要在某个特定的情况下才会发生。带着这种思考来做做下面的几道题吧。

如图所示，天平一端的盘里装了一条链子，这条链子绕过一个滑轮被固定在天平另一端的盘子上。

如果现在把天平翘起的空盘的这端往下压，会出现什么情况？

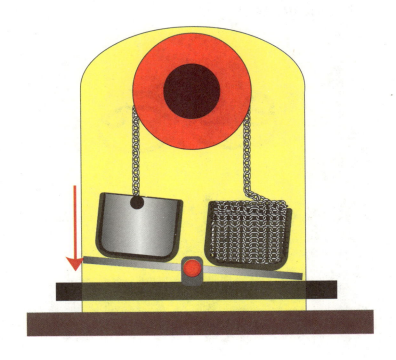

020 拓扑变形

物体的变形并不是只出现在科幻小说中，拓扑学中的变形告诉我们：两个看上去完全不一样的物体也会有很多相同的特性。

如下图所示，这两个图形是拓扑等价的吗？

也就是说，假想这两个图形是用橡皮做成的，你可以任意地弯曲或拉伸，但是不能够将曲面撕裂或割破，那么可以将左边的图形变成右边的图形吗？这个问题看起来似乎不可能，但是事实上却是可以做到的。

那么应该怎样变呢？

拓扑学

尽管我们通常认为平坦的表面就一定是平面，但事实上并不一定如此。一个表面有它的厚度，也有一定的形状。研究物体表面性质的数学叫作拓扑学。拓扑学字面上的意思是"地理的逻辑"。这是因为它刚开始是在地理学中用来描述地形的。折叠就是一种典型的改变物体表面形状的情况。

拓扑学是研究几何图形连续性的学科。它已经成为现代数学的重要支柱之一。拓扑学研究几何图形在经过连续的变形之后仍然保持不变的性质，这些性质被称为拓扑不变量。油炸圈的空心部分就是一个拓扑不变量。这里连续的变形指图形的弯折、扭曲、拉伸或者压缩。拓扑学通常也被称为橡皮几何学。这是因为传统的几何学所研究的都是"硬"的图形，即角度、长度以及曲率；而拓扑学所研究的几何图形是完全灵活的，它研究的是图形在经过拓扑变形之后仍然保持不变的各种性质。

比如三角形的角就不属于拓扑性质，因为三角形经过变形之后角度也就跟着变了。同样，三角形的边长也不属于拓扑性质。事实上，三角形本身也不属于拓扑性质，经过弯折三角形可以变成四边形等。而且在拓扑学中，三角形跟正方形、平行四边形甚至圆形是没有区别的。

显然，拓扑学完全颠覆了传统几何学。

那么究竟什么是拓扑性质？几何图形的哪些性质在经过拓扑变形后仍然是不变的呢？

比如，一个三角形有内侧和外侧两个表面，如果不经过三角形的边就不能从其中一个表面通到另一个表面，这就是一个拓扑性质。在平面中一个三角形不管怎样变形，它还是有两个表面。同样，自行车内胎橡胶管是中空的，这也是一个拓扑性质，因为即使是一个扭曲的管子它的空心部分还是存在。有些图形不论有没有闭合都具有拓扑性质：比如一个圆环或者一条绳子无论是否闭合都具有拓扑性质。

021 柜子里的秘密

　　我的计算机桌旁边的一面墙上有一些小的木柜子，平时可以放一些小东西，我就把自己的收藏分别放在这些柜子里。放的时候我按照英文字母的排列顺序，如上图所示，这个顺序能够提示我记住密码。

　　你能猜出我的密码是什么吗？

神奇的全脑思维游戏书

字母的逻辑

把这 7 个蓝色的字母分别放入下面的 3 个圆圈中，使每个圆圈内的字母都满足一个拓扑学的规则。

另外，每个圆圈内均有 1 个不符合规则的字母，请把它找出来。

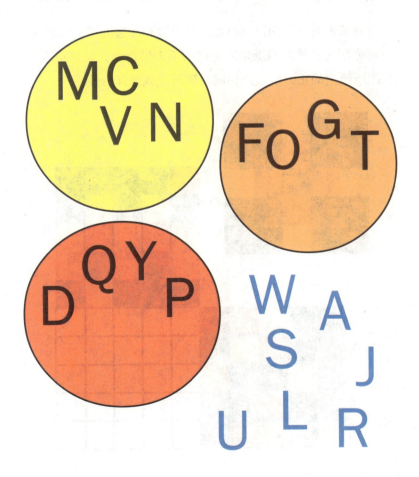

023 折叠问题

在日常生活中分辨不同图案的组合是非常重要的，这样我们才能够在十字路口正确地遵守红绿灯，另外我们在整理自己的衣橱时也能够更好地按颜色把不同的衣服分类放好。

沿着蓝色的线分别把空白正方形上边和左边的正方形剪开。

请你把这些剪开的纸条向空白的正方形折叠，使该正方形的颜色跟所给出的正方形颜色相同。请问应该怎样折叠？

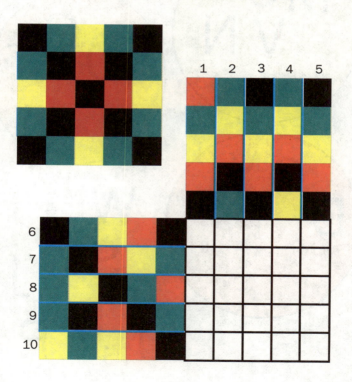

第 5 种颜色

1975 年 4 月，《美国科学报》发表了该报数学版记者马丁·加德纳的一篇文章，文章中称威廉·MC. 格雷格——纽约的图论学家发明了一张地图，这张地图至少要用 5 种不同的颜色上色才能使地图上每两个相邻地区的颜色不同。

下面就是这张用上了 5 种颜色的地图。请问你能用更少的颜色上色，并使之满足条件吗？

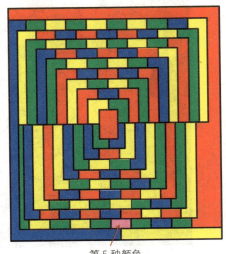

第 5 种颜色

025 四色问题

地图上不同的颜色通常是用来表示不同的国家或地区，用这种方式来明确地划清国家或地区之间的界线。

用所给的 4 种颜色给下面的这幅地图上色，从而使任意两个相邻的区域颜色都不同。

然后在这个已经上好色的地图上玩一个二人游戏。游戏双方分别从地图上相对的两边出发，按照"黄—红—绿—紫—黄—红—绿—紫……"的顺序移动，谁先到达对面谁就获胜。你能率先到达对面吗？

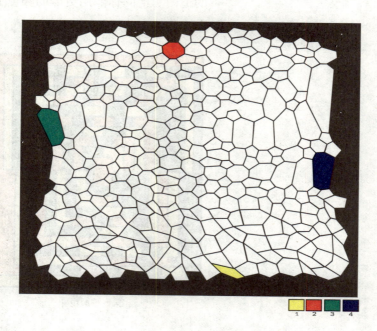

神奇的全脑思维游戏书

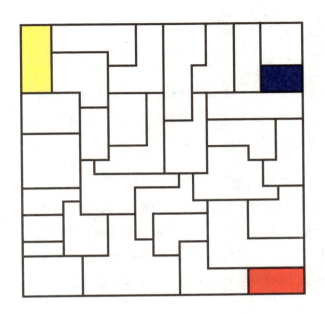

026 图案上色

现在要给本页的 2 幅图分别上色，问至少需要几种颜色才能使每幅图中相邻的 2 个图形颜色不同？

这里的相邻图形指 2 个图形必须有 1 条公共边，而不能只有 1 个公共点。

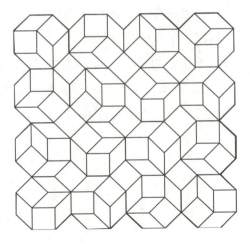

027 帝国地图

地图把三维空间用一种简单和直观的方法展现出来。如果你客观地看它，你会惊叹，因为我们能够完全理解地图，更可以通过地图来轻而易举地找到我们想去的路。

著名的四色定理在 20 世纪 70 年代由计算机证明。

南加州大学的泰勒找到一种把四色问题推广的方法：假想一张特殊的帝国地图，图上每个国家都包含 m 个分离的区域。那么涂色时，属于同一国家的所有区域都用同一种颜色上色。如果规定任何 2 个相邻的区域的颜色必须不同，那么最少要用多少种颜色上色？

利用这种方法四色问题就得到了推广。当 $m=1$ 时，就是四色问题，最少要用 4 种颜色；$m=2$（试想象每个国家都有一块不与本土相连的属地）时，这个问题的解就应该是 12，即至少需要用 12 种颜色上色。此外，他还证明了：一般说来，m 个属地的地图所需颜色不超过 $6m$。

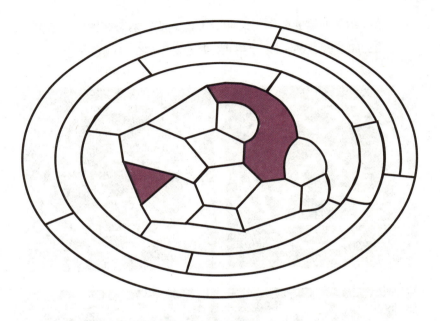

上面的图就是 $m=2$ 时的帝国地图。

你能够用 12 种颜色来给这张地图上色吗?

028 蛇鲨

请你给下面这4幅图里的曲线上色，使每两条在图中灰色节点
处相接的曲线颜色都不同。请问最少需要用多少种颜色来上色？

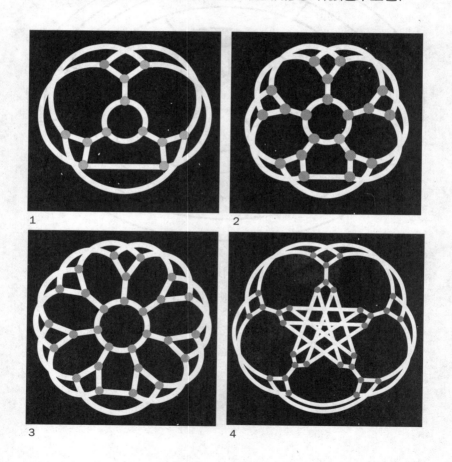

1

2

3

4

神奇的全脑思维游戏书

029 中心点

有的时候，如果你看问题的方法不同，那么结果很可能就会因此变得完全不同。平面几何的图形很有可能也会混淆你的感觉。

如下图，这 6 个红色的圆点中哪一个是这个大圆的圆心？

030 蜈蚣

右图中这条"蜈蚣"中间所有的横线都等长吗？

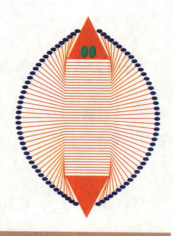

视错觉

在所有的感知现象中，视错觉是最有趣的现象之一。所谓错觉，就是我们凭自己的经验和感觉去感知事物，而事实上该事物却并不是我们所认为的那样。

产生错觉时，我们眼里看到的物体可能会大于物体实际的大小，可能看到一个平面的厚度，混淆物体的色彩，或者看到根本不存在的运动。

很多种感觉就跟语言一样需要学习才能掌握。我们与世界的接触90%都是通过眼睛这个视觉器官来进行的，视觉系统不仅仅只是一台摄像机，或者一台信息接收器和存储器。眼睛和大脑一起将外部传来的信息加以分析和加工。视觉器官会除去不相关的信息，识别陌生的信息，另外我们也应该看到，它还会对有限的信息进行处理，它会自动填满这些信息之间的空白。这可以被称为"附加原则"，也就是说当我们所看到的只是物体的一部分或者是一些成分的时候，大脑认为这些部分就是物体的全部。

艺术以及我们普通的视觉很大程度上就是建立在视觉系统的这种填充、补充以及组织的基础之上。

神奇的全脑思维游戏书

031 **垂直的剑**

你怎样看才会觉得这幅图里的剑是三维的，且是垂直向外指出来的？

032 中断的圆圈

　　即使是用眼睛也不能把世界上的所有信息都捕捉进来，因此我们的眼睛有时候会被图画所迷惑也就没有什么值得大惊小怪的了。我们的大脑可能会出现空白（比如我们眨眼睛的时候），而且很有可能会欺骗我们。

　　一个完整的圆圈被一张黑色的卡片遮住了一部分，只用眼睛看，你能不能告诉我下面的 7 条弧线中哪 1 条是这个圆圈上的弧线？

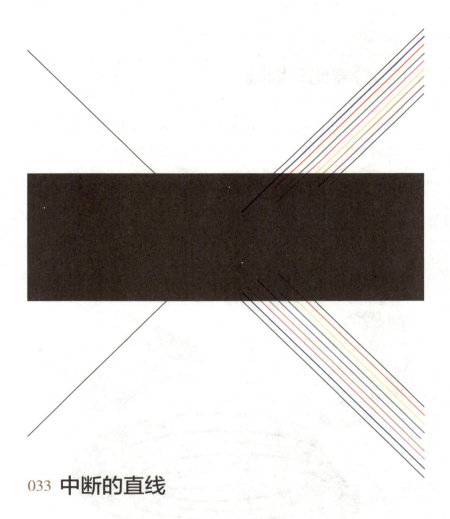

033 中断的直线

　　2条相交的直线被一张黑色的卡片遮住了一部分，只用眼睛看，不用直尺，请问图中这9条彩色的线中哪一条是原相交直线上的部分？

二分麦比乌斯圈

内侧和外侧是一组我们最常见的反义词，但是如何让这对反义词之间的界限变得模糊呢，比如说在麦比乌斯圈中？

如下图，红色的线是平分麦比乌斯圈的线，沿着这条线剪开，会得到什么结果？

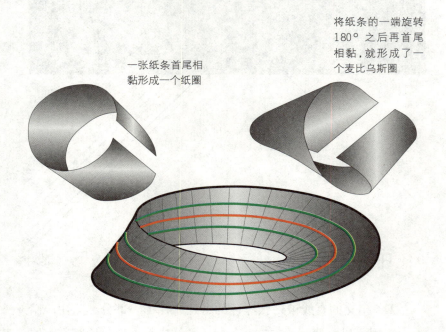

一张纸条首尾相黏形成一个纸圈

将纸条的一端旋转180°之后再首尾相黏，就形成了一个麦比乌斯圈

035 三分麦比乌斯圈

下图中的 2 条绿色的线将麦比乌斯圈分成 3 等份，沿着这 2 条线剪开，会得到什么结果？

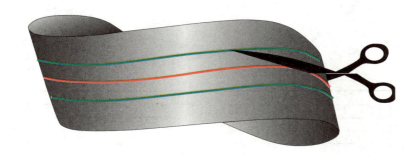

A. F. 麦比乌斯（1790—1868）

19 世纪的德国数学家 A.F. 麦比乌斯发现了只有一个面、一条边界线、不分内侧和外侧的表面。尽管这听上去似乎难以想象，实际上制作一个麦比乌斯圈非常简单：取一张纸条，将纸条的一端旋转 180°，然后将纸条的首尾黏合，这样一个麦比乌斯圈就做好了。麦比乌斯圈成为数学上很多有趣的结构和难题的基础，并且使拓扑学得到了进一步的有意义的发展。

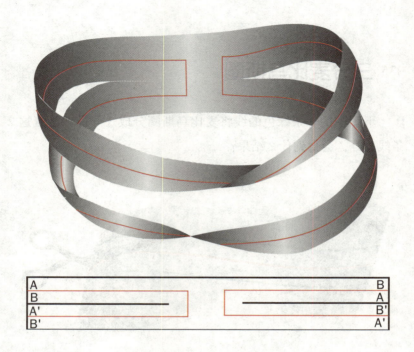

A		B
B		A
A'		B'
B'		A'

036 暹罗的麦比乌斯圈

上图是一张纸条，沿着纸条两端黑色的粗线把纸条剪开，把上面的部分黏合成一个麦比乌斯圈，使 A 与 A 相连，B 与 B 相连。

下面的部分也用相同的方法相连，使 A' 与 A' 相连，B' 与 B' 相连，但是下面部分纸条的旋转方向与上面的部分相反。

所得到的图形就是最上面的图形。

现在请问你，如果沿着图形中红色的线剪开，会得到一个什么样的图形？

神奇的全脑思维游戏书

037 相黏合的麦比乌斯圈

下面这 3 组图形分别都是由 2 个纸环黏合而成的，其中一个是水平的，另一个是垂直的，2 个圆环成 90° 黏合，3 组图形分别有以下特点：

第 1 组：2 个简单纸环黏合；

第 2 组：1 个简单纸环和 1 个麦比乌斯圈黏合；

第 3 组：2 个麦比乌斯圈黏合。

请问如果沿着图中红色的线将这 3 组图形分别剪开，会得到什么样的图形？

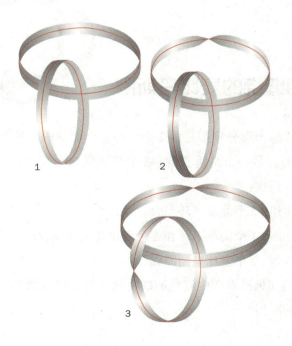

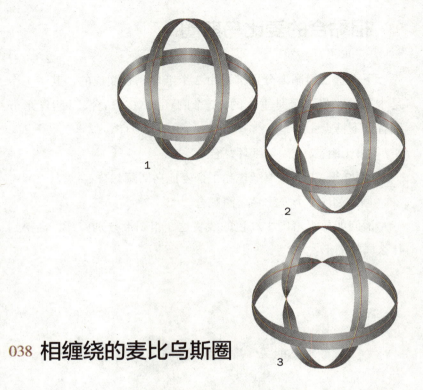

038 相缠绕的麦比乌斯圈

这 3 组图形分别都是由 2 个纸环黏合而成的，其中一个纸环是水平的，另一个是垂直的，2 个圆环成 90° 黏合，3 组图形分别有以下特点：

第 1 组：2 个简单纸环黏合；

第 2 组：1 个简单纸环和 1 个麦比乌斯圈黏合；

第 3 组：2 个麦比乌斯圈黏合。

请问如果沿着图中红色的线将这 3 组图形分别剪开，会得到什么样的图形？

神奇的全脑思维游戏书

039 黏合纸环

拿出一张纸条，把它剪成如下图所示的样子，那么纸条的每一段就分别有 3 个接口处。

把接口 1 和接口 4 黏合；

把接口 2 从接口 1 的下面绕过去，把接口 5 从接口 4 的上面绕过去，然后把接口 2 与接口 5 黏合；

把接口 6 从接口 5 的上面绕过去，然后从接口 4 的下面绕过去，最后把接口 6 和接口 3 黏合。

请问现在沿着图中红色的线把图形剪开，会得到一个什么样的图形？

040 皮带传送

在皮带传送作业机上皮带被安在 3 个圆柱形的滚轴上，工作时由最顶上的滚轴带动工作，如图所示。

请问这个皮带是什么形状的？是一个简单的圆环，还是麦比乌斯圈，或者其他什么形状？

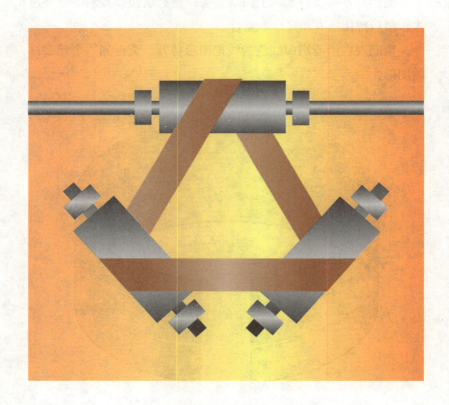

神奇的全脑思维游戏书

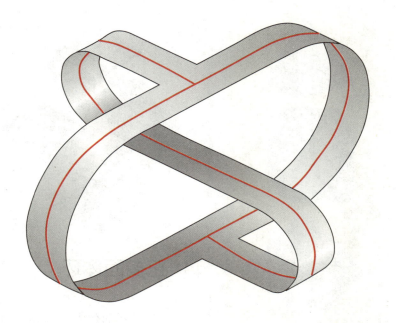

041 等价还是不等价

拓扑学所研究的是立体的图形，不论它是"硬"的几何图形还是看上去更柔软的图形。

约西亚·曼宁把上面的这个图形寄给马丁·加德纳，然后加德纳拿着这个图形问他的读者：该图形是否与一个麦比乌斯圈拓扑等价？

现在请你沿着图中红色的线将这个图形剪开，并告诉我们它与一个麦比乌斯圈是否等价。

正四面体

正六面体
（立方体）

正八面体

正二十面体

正十二面体

042 **正多面体环**

8个正八面体可以组成一个多面体的环，如上图所示。

请问其他的几种正多面体用同样的方法能否组成这样的多面体环？

043 六边形游戏

无论是孩子还是大人，很多东西都是在游戏中学到的。通过下面这些有关连通性的游戏，你会发现，事实上你已经掌握了很多有关这方面的知识。

六边形游戏是最有趣的拓扑学游戏之一。它是由丹麦著名的发明家皮埃特·海因于1942年首先发明的。皮埃特·海因在研究拓扑学中著名的四色问题时发明了这个六边形游戏。1948年，麻省理工学院的诺贝尔奖获得者约翰·F.纳什也独立地发明了这个游戏。这个游戏最初是一个用来介绍连通性的模型，游戏所用到的穿过棋盘的原则成为后来很多著名游戏的理论基础，如Twixt 和 Bridge-It 等游戏。

尽管这个游戏玩起来非常简单，但是它却蕴含着很丰富的数学原理。

一般来说，这个游戏的棋盘是由 11×11 的六边形所组成的（其他规格的棋盘也可以）。

一个玩家用红色的棋子，另一个玩家用绿色的棋子——如果是在一张纸上玩这个游戏，玩家可以用铅笔在格子上分别标注 O 或 X。

玩家轮流在空白的格子处放上棋子（或者标注 O 或 X）。

最终玩家必须用自己颜色的棋子把棋盘两边的颜色连起来，先做到者胜出。4 个顶点的棋盘格子既可以属于红方也可以属于绿方。

这个游戏不可能出现平局，每一盘都一定会出现胜负。

在 2×2 的棋盘上，
先下的玩家很容易赢

在 3×3 的棋盘上，先下
的玩家如果第一步走在
棋盘的中心就很容易赢

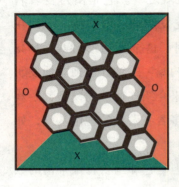

问：在 4×4 的棋盘上，先
下的玩家至少需要几步才
能赢？

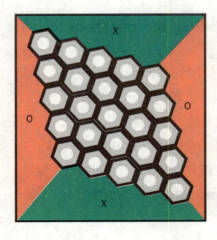

问：在 5×5 的棋
盘上，先下的玩家
怎样才能赢？

神奇的全脑思维游戏书

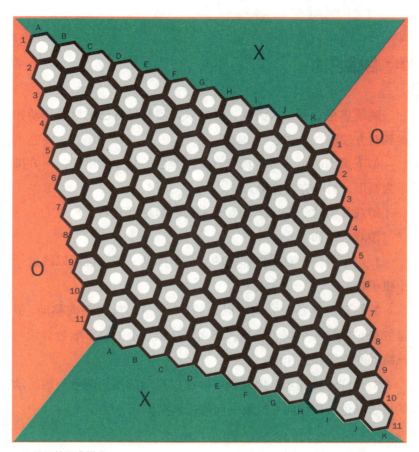

二人游戏的标准棋盘

044 跳跳棋

跳跳棋是一种二人游戏，游戏双方需要将自己的棋子移动和跳到对方领地，先到者胜出。

如下页图所示，每个玩家有 3 种颜色的共 6 个棋子，一方棋子为圆形，另一方为方形。

游戏开始时，棋子的位置分别是在棋盘的两端。

游戏规则如下：

1. 走子规则：直接向邻近的空位上挪动一步；也可以跳过一个棋子走一步。

2. 移动或跳动时方向可以是前后、左右，或者斜向移动；但是如果是跳过一个棋子走步，那么落在棋盘上的格子颜色必须与该跳动的棋子颜色相同。

3. 允许连跳几步，但是最终落在棋盘上的格子颜色与该跳动的棋子颜色必须相同（连跳中间落的棋盘不算）。

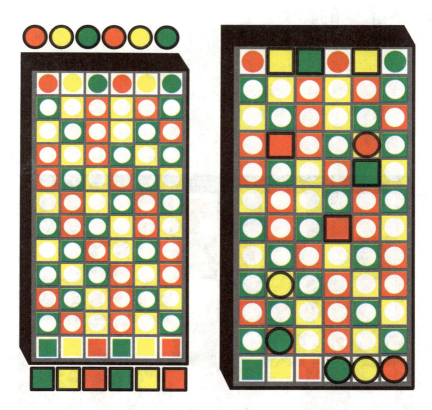

　　右图是 2 个玩家的棋盘格局，下一步该圆形棋子的这一方
走，谁会赢？

045 最少的骑士

下面的棋盘中一共放了 10 个骑士，这样 32 个黑格中的每个都至少能够被一个骑士进入。

如果减少棋盘上的骑士数，还能达到同样的效果吗？最少需要几个骑士？

神奇的全脑思维游戏书

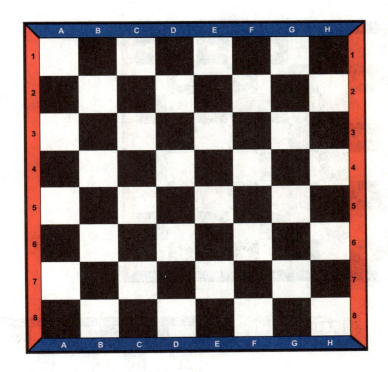

046 最多的骑士

上边的棋盘上最多可以放多少个骑士，才能使每两个骑士之间都不能互吃？

047 骑士通吃 (1)

如上图，棋盘上的 12 个骑士有的会被其他骑士吃掉，有的不会。

通过仔细观察你能看出，其中只有 4 个骑士会被吃掉。

现在请问你的棋盘上至少需要多少个骑士，才能使每个骑士都会被其他骑士吃掉?

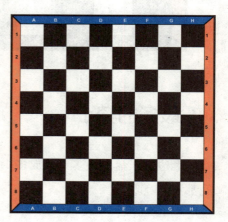

神奇的全脑思维游戏书

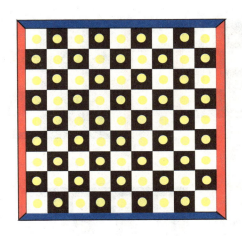

048 骑士通吃 (2)

在 9×9 的棋盘上，至少需要摆多少个骑士，才能使每一个棋盘格都至少能够被一个骑士进入？

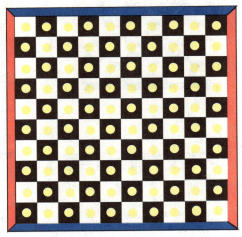

049 骑士通吃 (3)

在 10×10 的棋盘上，至少需要摆多少个骑士，才能使每一个棋盘格都至少能够被一个骑士进入？

题 1
3×3 棋盘

题 2
4×4 棋盘

题 3
5×5 棋盘

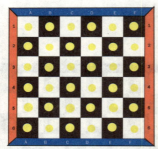

题 4
6×6 棋盘

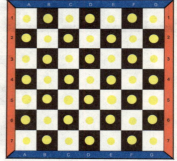

题 5
7×7 棋盘

050 不相交的骑士巡游路线

在这些棋盘上一个骑士最多能够移动几步？其中移动的路线相互之间不能相交。

题 6
8×8 棋盘

题 1
3×3 棋盘

题 2
4×4 棋盘

题 3
5×5 棋盘

题 4
6×6 棋盘

题 5
7×7 棋盘

题 6
8×8 棋盘

051 相交的骑士巡游路线

在这些棋盘上你能够找到多少个完整的骑士巡游路线？其中移动的路线相互之间可以相交。

052 透镜

如果你曾经试过用放大镜来聚集太阳光，那么你可能对透镜的工作原理已经有了一定的认识。但是你有没有想过，不同形状和规格的多个透镜同时工作会产生什么结果呢？

凸透镜和会聚透镜都被称为正透镜，因为它们都能把平行的光线会聚于焦点。那么如果让平行的光线通过2个厚度不同的正透镜，如下图所示，那么结果与只通过一个正透镜是相同的吗？如果不同，结果又应该是怎样的呢？

神奇的全脑思维游戏书

053 聚集太阳光

　　如下图所示，平行的太阳光分别通过 4 个不同的透镜射到一张白纸上。

　　请问哪一个透镜下的白纸会着火？如果引起着火的不只有一个透镜，那么哪个透镜下面的火着得更厉害？

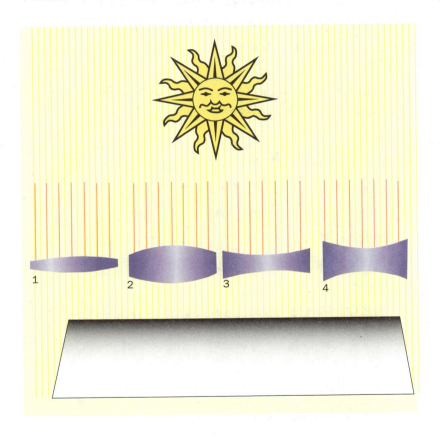

054 光的反射

有一个短语叫"光的幻影"，它常常是用来形容一种无法解释的转瞬即逝的现象。然而我们这里所说的光没有什么匪夷所思的，一切都可以用科学来解释。

我们来研究光的反射现象。如果把2种不同的透镜正面相贴地放在一起，那么可能反射光线的表面一共有4个，如下页图所示。

如果光线没有经过反射，它会直接穿过去。

如果光线经过1次反射，可能有2种不同的情况。

如果光线经过2次反射，可能有3种不同的情况。

根据不同的反射次数所出现的情况的种数分别为：1，2，3，5，8，13，21，……这是一个斐波那契数列，即数列中后一个数字等于前两个数字之和。

那么你能够画出光线经过5次反射的13种情况吗？

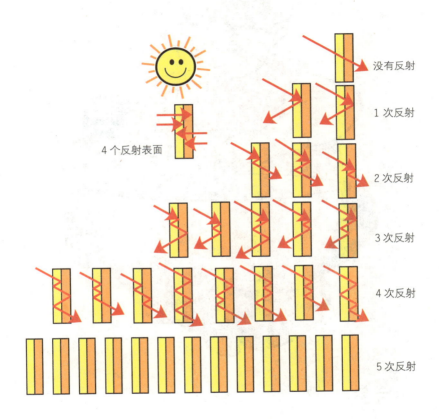

4 个反射表面

没有反射

1 次反射

2 次反射

3 次反射

4 次反射

5 次反射

055 金鱼

　　你从鱼缸的上面向下看，所看到的金鱼位置和金鱼在鱼缸里的实际位置是一致的吗？

神奇的全脑思维游戏书

056 八皇后问题

与国际象棋的摆放有关的问题多年以来一直是喜欢研究难题的人的最爱。八皇后问题就是这类问题中的一个经典。

在棋盘上摆放 8 个皇后，而且这些皇后不能相互攻击（即这 8 个皇后中的任意两个不能在同一行、同一列或同一对角线上），请问应该如何摆放？

这个问题是由马克思·贝茨尔于 1848 年首次提出的，长期以来它都被认为是数学娱乐的经典。

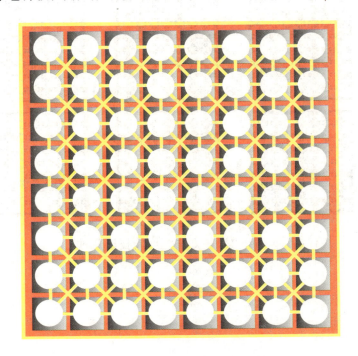

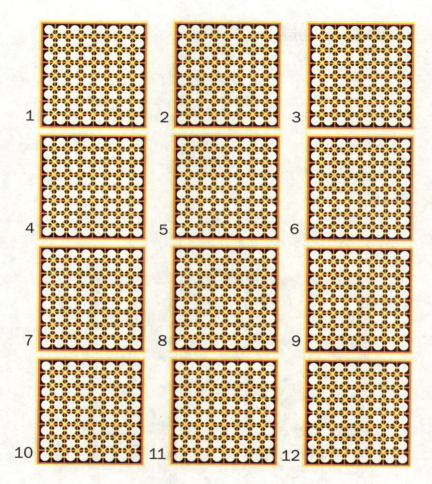

一共有 12 种不同的摆放方法。你能找出几种？

057 皇后的小型对抗

如图所示，在这 4 种规格的棋盘上，分别最多可以摆放多少个皇后，使皇后之间不能互吃？

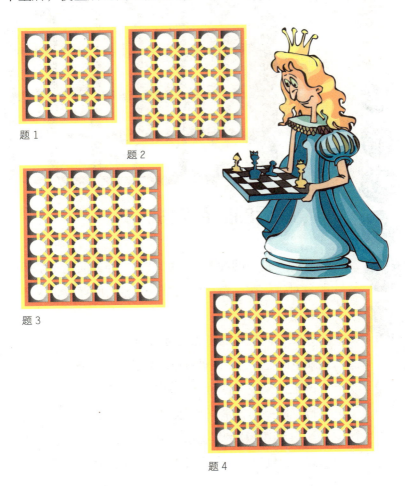

题 1

题 2

题 3

题 4

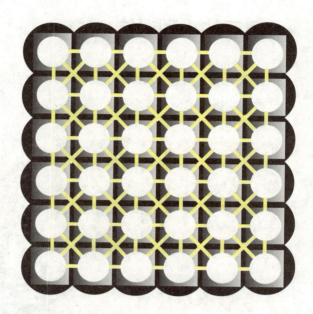

058 皇后的颜色对抗 (1)

从八皇后问题演变来的另一个经典问题是皇后的
颜色对抗问题，包括不同颜色的皇后的摆放，这个问
题是这样的：

在不同规格的棋盘上分别最多可以摆放多少个不
同颜色的皇后，使两种颜色的皇后之间不能互吃？

也就是说，两种颜色的皇后中任意两个不能在同
一行、同一列或是同一对角线上。

在上图规格的棋盘中，你能否摆放 4 个红色的皇后
和 6 个蓝色的皇后，使两种颜色的皇后之间不能互吃？

059 皇后的颜色对抗 (2)

你能否在下边的棋盘上摆放 3 个红色的皇后、3 个蓝色的皇后和 4 个绿色的皇后，使 3 种颜色的皇后之间不能互吃？

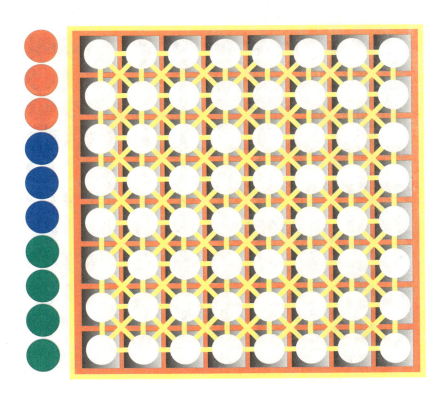

060 皇后的颜色对抗 (3)

你能否在下边的棋盘上摆放 9 个红色的皇后和 10 个蓝色的皇后，使两种颜色的皇后之间不能互吃？

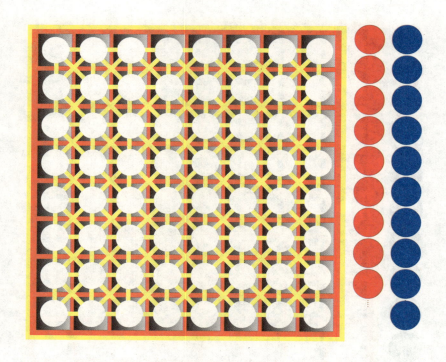

神奇的全脑思维游戏书

061 皇后的颜色对抗 (4)

你能否在下边的棋盘上摆放 4 个红色的皇后、5 个蓝色的皇后和 6 个绿色的皇后，使 3 种颜色的皇后之间不能互吃？

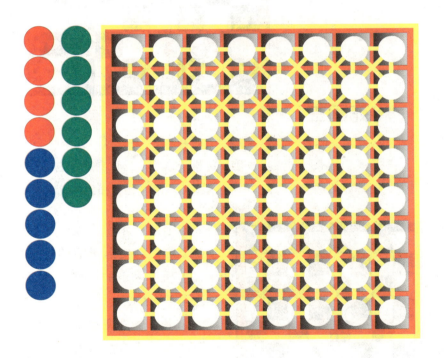

062 将死国王

　　国王是国际象棋棋盘上最重要的棋子，首先应该要确保它不受攻击。但是如果棋盘上有好几个国王，又会出现什么样的情况呢？

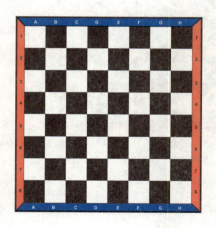

　　如上图所示，棋盘上摆放了9个国王，使国王能够进入棋盘上所有剩下的空格，且国王之间不能互吃。

　　如果把条件变动一下，使国王能够进入棋盘上的所有格子，并且每个国王都会被另外某个国王吃掉，那么最少需要在棋盘上摆放多少个国王？

063 皇后巡游 (1)

如果要让皇后走遍棋盘上的所有格子，且每个格子只能进入一次，那么皇后最少要走几步？起点和终点如右图，分别为 A1 和 H1。

064 皇后巡游 (2)

如果要让皇后进行一次回到起点的巡游，且每个格子可以被进入多次，那么皇后最少需要走多少步？起点如上图所示。

065 象的巡游

在国际象棋中象的走法似乎比国王和皇后更受限制，它只能斜走，而且一方的象只能走一种颜色的棋盘格，但是不能因为这样就忽视象的重要作用。

象只能斜走，而且只能走一种颜色的格子。

因此如果象的起点是在黑格上，那么它就只能走黑格，只能斜走，格数不限。但即使格数不限，它也不可能不重复进入就走遍所有的黑格。

题 1: 如果棋盘上任一黑格只能进入一次，那么象进行一次巡游最多能进入多少个格子？

75 页上图中的路线有 6 个黑格没有进入，你能做得更好吗？

题 2: 如果棋盘上的格子允许多次进入，那么象最少需要几步才能进入所有的黑格？

题1　　　　　　　　　　　　　　　　　　　题2

066 象的互吃

如果要求棋盘上的每个格子都被进入一次，且每两个象之间不能互吃，一共需要8个象，如上图所示。

其他条件不变，如果要求每个象都会被另外某一个象吃掉，那么棋盘上需要摆放多少个象?

神奇的全脑思维游戏书

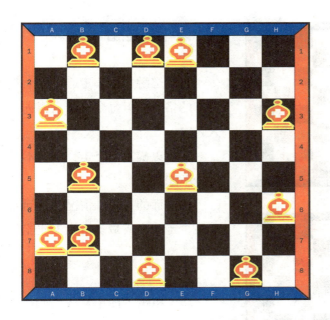

067 象的共存

在右图的棋盘上最多可以摆放多少个象，使任意两个象之间都不能互吃？

上面的棋盘上摆放了12个象，请问你还能摆放更多的象吗？

题 1 和题 2

题 3 和题 4

题 5 和题 6

068 车的巡游

车的巡游是指车走遍棋盘上所有的格子，但每个格子只能进入一次。

车可以横走和竖走，格数不限，不能斜走。

在下面的这几种情况下请问车最少走几步或最多走几步才能完成巡游？

题 1 和题 2：图中从 A1 到 H7 车走了 30 步。请问最少走几步和最多走几步才能完成这次巡游？

题 3 和题 4：图中从 A1 到 A8 车走了 31 步。请问最少走几步和最多走几步才能完成这次巡游？

题 5 和题 6：图中车用 20 步完成了一次回到起点的巡游。请问最少走几步和最多走几步才能完成这次巡游？

069 莱昂纳多的结

什么时候一个结不是真正的结？看上去一片混乱就一定是真正的结吗？希望你不用绳子，仅仅通过想象也能解决有关结的各种问题。

莱昂纳多关于结的众多猜想为现代拓扑学和其他学科里的打结问题奠定了基础。上图是莱昂纳多创造的一个复杂的拓扑学结构，请问这个结构里面一共用了多少根绳子？

070 有几个结

如下图，如果这 2 只狗向着相反的方向拉这根绳子，绳子将会被拉直。

问拉直后的绳子上面有没有结，如果有的话，有几个？

扭结理论

拓扑学中的扭结理论不仅仅是娱乐数学或专业数学的研究对象，它在其他学科上也有着非常重要的作用，特别是在分子生物学领域。

DNA 分子结构和蛋白质结构的揭示，就是借助了一个数学问题的答案：怎样解开一系列很长的绳子缠绕而成的三维的结？

人的一个 DNA 分子的长度长达 1 米，但是经过了螺旋、缠绕，它能够容纳于直径只有百万分之五米的细胞核中。而且，当 DNA 分裂成相同的两部分时，这两部分的分裂完全不费任何力气。是一种什么样的螺旋方式使得这种分裂如此自然和顺利？这是生物学家为了探索生命的奥秘所需要解决的众多问题之一，而在这个问题中，扭结理论起到了非常重要的作用。

神奇的全脑思维游戏书

071 结的上色

要解开那些复杂的结可不是一件容易的事情，它需要仔细的观察和足够的耐心。看看下面的这些题目，你能否应付得了？

图 1 所示的结已经被上色了，现在要求你根据下面的条件，将剩下的 5 个结也分别上色。

如图所示，每个节中每条线与线的交叉点处都有 3 个部分需要上色：

1. 穿过这个交叉点的上面的线；

2. 穿过这个交叉点的下面的线的一边；

3. 穿过这个交叉点的下面的线的另一边。

每个交叉点处的线需要分别涂上 3 种不同的颜色，也就是说，给一个结上色至少需要 3 种不同的颜色。

图 1 用了 4 种颜色上色，问给其余的 5 个结上色分别最少需要多少种颜色？

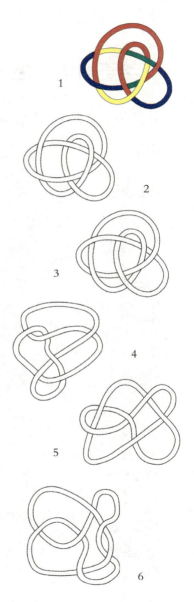

1

2

3

4

5

6

给更多结上色

根据上页的规则，给下面的这些结上色分别最少需要多少种颜色？

神奇的全脑思维游戏书

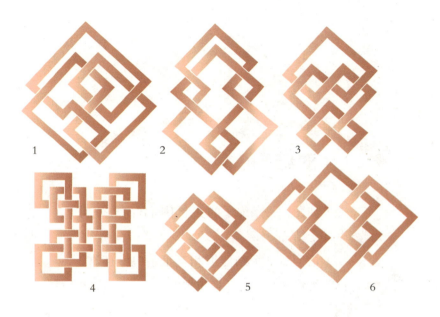

073 纸条的结

如果你对绳子的打结问题已经驾轻就熟了，那么就试试鸠尾接合的问题吧——可不要犯晕哦。

上面 6 幅图分别由 6 张纸条绕成。

请问，哪一幅图与其他 5 幅都不同？

074 对结

如图，一条绳子的 2 个不同方向上分别有 2 个结。

请问这 2 个结能够相互抵消吗？还有，你能否将这 2 个结互换位置？

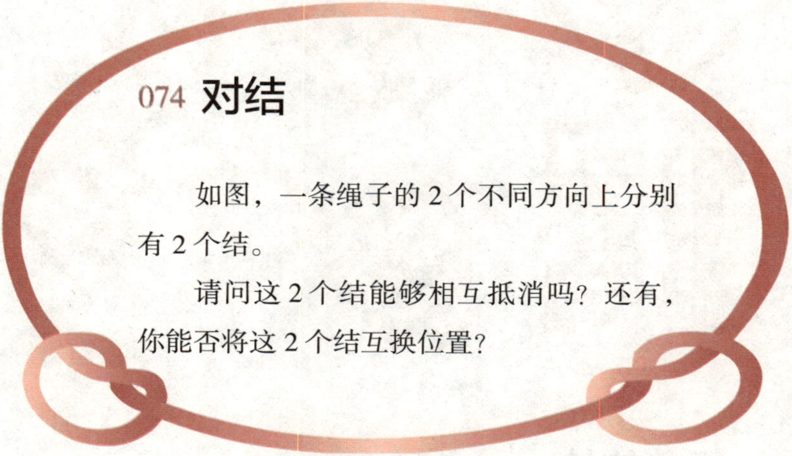

神奇的全脑思维游戏书

075 不可思议的鸠尾接合

请问你能将左图这个看上去不可能得到的鸠尾接合分开吗?

与普通的鸠尾接合不同,这个模型四面都是一样的。

这个鸠尾接合的四面

鸠尾接合

鸠尾接合是古代连接 2 块木头的一种方法,不用螺丝、钉子或是胶水,直接通过滑动将 2 块木头接合在一起,如图所示。

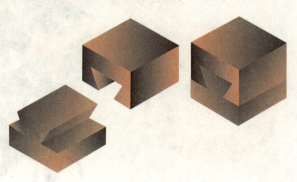

076 吉他弦

如图所示，一根吉他弦两端分别固定在 1 和 7 两处，从 1 到 7 每两点之间的距离相等。

在 4，5，6 处分别放上 3 个折叠的小纸片。

用手捏住琴弦的 3 处，然后拨动 2 处。

纸片会有什么反应？

神奇的全脑思维游戏书

077 颜色不同的六边形

我们无论在给浴室贴瓷砖或是贴墙纸时，都常常会选择对称的图案。当然，你也可以直接粉刷墙面，但是，谁愿意对着一面颜色单一、毫无生气的墙呢？

将上面的 7 块瓷砖按照如下要求拼接起来：

1. 每 2 个图形任意相邻的两部分颜色不同。

2. 最后拼成的图形必须是轴对称图形。

078 颜色相同的六边形

　　上图是一个蜂巢式的结构，蜂巢中的每一个六边形都用如图所示的 6 种颜色上色，六边形的 6 个顶点颜色互不相同。

　　现在要求将整个图形上色，使每 2 个相接的六边形的顶点的颜色都相同。请问有多少种不同的上色方法？

　　同一图形的旋转和镜像只算作一种上色方法。

　　　　神奇的全脑思维游戏书

8个金币

我们在做题的时候常常会用一个一个去试的方法来把题解出来，而事实上运用逻辑思维将会有效率得多。仔细思考下面的这道题，看你怎么样才能很快地把假金币找出来。

一共有8个金币，其中1个是假币。其余的7个重量都相等，只有假币比其他的都要轻。

请问用天平最少几步能够把假币找出来？称重量的时候只能使用这8个金币，不能使用其他砝码。

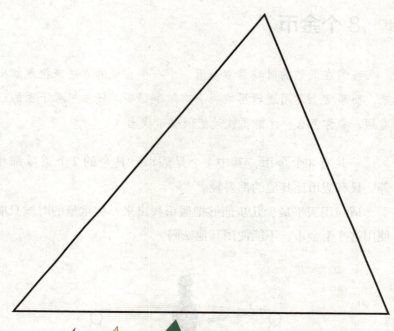

080 三角形与三角形

把左边这 4 个图形每种各复制 3 份，共可得到 12 个三角形。问：怎么摆放才能使这 12 个三角形能够正好填满上图的空白三角形？

神奇的全脑思维游戏书

答案

001. 蒙德里安美术馆

黑白蒙德里安：蒙德里安的原画是左下方的那幅，这幅画是蒙德里安于1917年创作的，该画原名为《线段的合成》。

而在这个实验中很多人认为这4幅中最好看的是右上角的那幅。

彩色蒙德里安：蒙德里安的原画是第一幅。

002. 最小的图形

这6幅图中只用了一种基本图形，如右图所示。

每一种图案都是由这一种基本图形合成的，该图形通过旋转可以有4种方向。

100年前，皮尔·多米尼克·多纳特引入了这个概念：由一个最基本的图形单元通过不同的排列以及对称可以形成各种不同的图案。

1922年，安德烈亚斯·施派泽出版了《有限组合的理论》，在书中他分析了古代的装饰物，他说，这些装饰物的图案完全不能用某个数学公式来计算它们的复杂性。在这种意义上甚至可以说不是数学产生了艺术，而是艺术产生了数学。施派泽通过单个图形单元的对称、变形、旋转和镜像得到了这些复杂的图案（通过各种方法组合得到最终的图案：他一共用了17组，用这17组基本图形可以组成所有人们想得到的图案）。

003. 最小的排列

一共有64种排列方法，如下图所示。

004.第一感觉

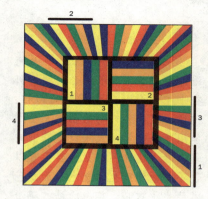

007.六边形 (1)

005.猫和老鼠 (1)

不可能做到。

006.猫和老鼠 (2)

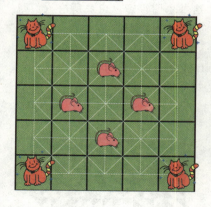

008.六边形 (2)

下面提供了一种解法，如下图。还有其他多种可能性。

009. 落水的铅球

如果球直接掉进池里，它排出的池里的水量等于它本身的体积。

如果球落到船上，那么它排出的水量等于它自身的重量（阿基米德定律）。由于铅球的密度比水的密度大，因此落到船上所排出的水的体积要更大。

010. 精确的底片

应该选择B，将B覆盖在红色方框中每对图案右边的图案上，都能够使这3对图案都正好相互反色。

011. 黑白正方形

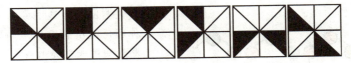

1/4 上色正方形

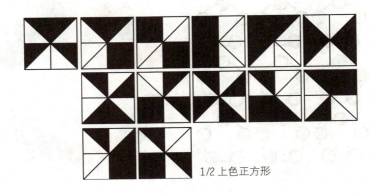

1/2 上色正方形

012.二进制图形

如图所示，至少要变4步，分别是第1行、第4行、第2列和第3列。

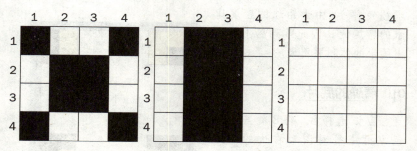

013.珠子和项链

基本的图案只有3种，然而通过不同颜色之间不同的排列一共可以串出12种不同的项链，如下图所示。

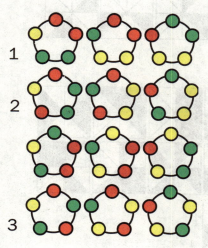

014.成对的珠子

最少应由16颗珠子组成，如图所示。

要用n种颜色组成一个圆圈，使该圆圈包含这些颜色中任意2种颜色的所有组合，那么这个圆圈最短的长度是n^2。

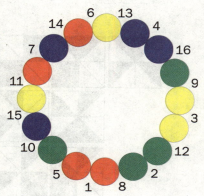

015. 六边形游戏

016. 正方形游戏

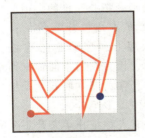

n=5,10 步

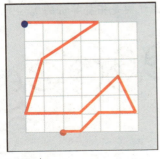

n=6,9 步

017. 虹吸管

这个模型展示的是间歇虹吸原理。

将这个模型倒过来，水首先会慢慢地流到中间的空厢，直到水位到达弯管的顶部，这时马上就会出现虹吸现象，迅速将中间空厢里的水抽干。这个过程将会不断重复，直到上面空厢里的水被完全抽干。

为什么会出现这样的现象呢？

虹吸管长的一端的水的重量要大，引起水从上面的空厢流出，直到上面的空厢被抽空。

虹吸现象之所以发生，最根本的一点是出水口要比入水口低。

很多世纪以前虹吸现象就被工程师所熟知，它被广泛运用在多个领域。最典型的一个例子是文艺复兴时期建造的自动喷泉。它是一个包含多个管子和虹吸管的复杂装置，这个自动喷泉上有机器鸟，每隔一段时间就会自动唱歌，还会扇动翅膀，这些靠的都是水的动力。之后一个更有名的运用就是厕所的冲水马桶。

对于虹吸管的研究是属于流体动力学领域的，流体动力学是流体力学的一个分支。

如果把这个模型再次倒过来，虹吸现象就会再次出现。

018. **颜色密码**

"There is no substitute for hard work."

没有任何东西可以代替刻苦工作。

——托马斯·爱迪生

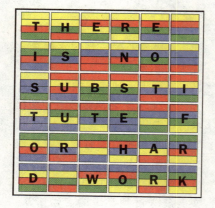

019. **链条平衡**

链条会开始向空盘的这一端滑动，直到这端的"臂"要比另外一端更长，从而使这端更重。

链条虹吸管也是类似于虹吸管原理。

当然，这种装置不会有真空，或是气压等条件。这个模型只是展示了滑轮臂的不同长度。

020. **拓扑变形**

拓扑学的基本观点包括很多我们在儿童时代就非常熟悉的概念：内侧和外侧、右边和左边、连接、打结、相连和不相连。

很多拓扑学问题都是建立在拓扑变形的基础上的，也就是说改变图形的表面，但是不能使表面断开。如果两个图形能够通过拓扑变形得到对方，我们就说这两个图形是拓扑等价的。因此球体和立方体是拓扑等价的；同样，数字8和字母B也是拓扑等价的，因为它们中间都有两个圈。拓扑学的基本问题就是把拓扑等价的图形归在一起。

也有人称拓扑学家是不分咖啡杯和油炸圈的数学家（咖啡杯和油炸圈是拓扑等价的）。

021. 柜子里的秘密

密码是 CREATIVITY。

022. 字母的逻辑

字母应该如下图分别放入这3个圆圈中，其中与众不同的字母用红色标了出来。

该圆圈内的字母都不含曲线，且可以一笔写成

该圆圈内的字母都不是闭合的

该圆圈内的字母都是闭合的

023. 折叠问题

这些纸条的折叠顺序应该是3-8-1-10-5-7-4-6-2-9。

024. 第 5 种颜色

格雷格的地图只是愚人节的一个玩笑罢了。

四色定理在 1976 年被证明，也就是说平面中的任何地图只需要 4 种颜色上色。

在马丁·加德纳这篇文章发表后，马上就收到了成百上千的读者来信，信中是他们用 4 种颜色上色的格雷格的地图，下图就是其中的一种。

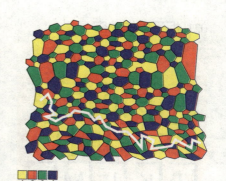

026. 图案上色

这两个图形都只需要用 3 种颜色上色，如下图所示。

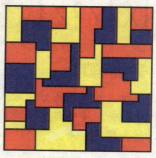

025. 四色问题

答案如右上图，其中白色的线是一个赢家走的路线。

神奇的全脑思维游戏书

027.帝国地图

至少需要用 12 种颜色来给该地图上色。

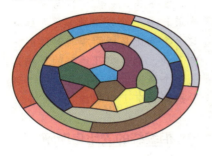

028.蛇鲨

至少需要 4 种颜色，如下图所示。

马丁·加德纳把这样一系列用 3 种颜色上色满足不了条件的边染色图命名为"蛇鲨"。而事实上，这些图应该被称为"非三色上色图"。

这一类图是由约翰霍普金斯大学的鲁弗斯·艾萨克斯首先开始研究的。

029.中心点

从左数第 4 个点是该大圆的圆心。

030.蜈蚣

所有这些横线都是等长的。

031.垂直的剑

眼睛贴近纸面，从图右下方的一点往上看。

032.中断的圆圈

红色的圆弧。

033.中断的直线

绿色的线。

034.二分麦比乌斯圈

得到的环的长度是原来麦比乌斯圈的 2 倍，且包含 2 个螺旋。

这个图形有 2 条边界线，这 2 条边界线相互缠绕，但是并不相连。

035.三分麦比乌斯圈

得到了2个绕在一起的环：其中一个是跟原来的麦比乌斯圈等长的另一个麦比乌斯圈；另外一个是长度为原来的2倍，且包含2个螺旋的环。

036.暹罗的麦比乌斯圈

得到的这个图形有2个面，3条边界线，2个中空部分，没有螺旋。

从拓扑学的意义上来说，上面部分的螺旋和下面部分的螺旋相抵消了。

037.相黏合的麦比乌斯圈

第1组和第2组剪开之后得到的都是1个正方形的环，这个环有2条边界线，2个面，没有螺旋。

第3组分为2种情况，如果

2个麦比乌斯圈旋转时候的方向相同，那么剪开是相连的2个扁圆形的环，2个环都有2个面，2条边界线，其中一个包含1个螺旋，另一个没有螺旋；而如果这2个麦比乌斯圈旋转时候的方向不同，那么剪开得到的是相连的2个扁圆形的环，且这2个环分别都含有1个螺旋。

038.相缠绕的麦比乌斯圈

第1组剪开后得到4个独立的扁圆形的环，这4个环分别都有2个面，2条边界线，没有螺旋。

第2组剪开后得到2个大小相同的独立的扁圆形的环，这2个环分别都有2个面，2条边界线，没有螺旋；此外还得到1个大纸环，这个纸环有1个螺旋，2个面，2条边界线。

第3组分为2种情况，如果2个麦比乌斯圈旋转时的方向相同，剪开后得到的就是2个独立的扁圆形纸环，其中一个是小环，另一个是大环，小环没有螺旋，大环有1个螺旋，这2个环都有2个面，2条边界线；如果2个麦比乌斯圈旋转时的方向相反，剪开后得到的是1个没有螺旋的扁圆形纸环和1个六边形的没有螺旋的纸环。

039. **黏合纸环**

最后得到的是3个两两相连的纸环，其中2个是简单纸环，1个是麦比乌斯圈。

040. **皮带传送**

普通的纸环只能套在2个圆柱形的滚轴中间，而麦比乌斯圈能够套在3个滚轴中间，就如我们在该题中所看到的。

麦比乌斯圈只有1个面的这一特性被B.F.古德瑞奇公司利用，并因此在传送带上取得专利，这种传送带能够将力量均衡地分散到传送带的两面，因此这种传送带的使用寿命是普通带子的2倍。

041. **等价还是不等价**

曼宁的这个图形对分剪开之后得到的是1个正方形的环，这个环有2个面，2条边界线，没有螺旋。也就是说这个图形与麦比乌斯圈不是拓扑等价的，因为麦比乌斯环对分剪开后得到的是

其他的图形。

042. **正多面体环**

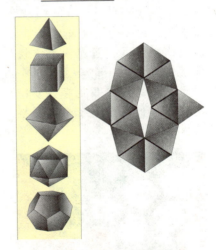

库尔特·舒克尔发现所有相同大小的正多面体都可以组成一个多面体环，除了正四面体。

无论用多少个正四面体组合，都不可能组成一个多面体环。

这一理论在 1972 年被 J.H. 梅森所证明。

043. 六边形游戏

　　如图所示，如果先下的一方按照 1D、2C、3B、4A 的顺序走步，那么只需 7 步他就赢了。

　　在 5×5 的棋盘上先下的人如果想赢，第一步应该把棋子下在棋盘的中心。

　　在大一些的棋盘上，情况变得越来越复杂，在 11×11 的棋盘上，棋子的走法就更多了。但是有趣的是，虽然没有方法能够保证一方一定会赢，但是对于先下的人要赢是存在着一定的规律的，无论在哪种规格的棋盘上。

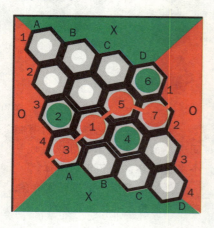

044. 跳跳棋

　　如图所示，持圆形棋子的一方这一步可以连跳，因此这一步圆形棋子胜。

045. 最少的骑士

　　如下图所示，最少需要 7 个骑士。

046. 最多的骑士

　　骑士每移动一步所到的格

子颜色都会相反，因此你可以把32个骑士分别全部放在白格或全部放在黑格上，他们就不能互吃了。因此最多可以放 32 个骑士。

047.骑士通吃 (1)

如下图所示，至少需要 14 个骑士。

048.骑士通吃 (2)

如下图所示，至少需要 14 个骑士。

049.骑士通吃 (3)

如下图所示，至少需要 16 个骑士。

050.不相交的骑士巡游路线

题1　3×3 棋盘,2步

题2　4×4 棋盘,5步

题3　5×5棋盘,10步

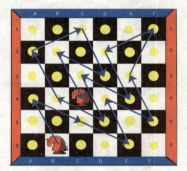

题4　6×6棋盘,17步

题5　7×7棋盘,24步（回到起点的骑士巡游）

题6　8×8棋盘,35步

051. 相交的骑士巡游路线

完整的骑士巡游（即骑士进入每一个棋盘格一次并且只有一次）在3×3和4×4的棋盘上都不可能实现。在5×5和6×6的棋盘上分别有128种和320种骑士巡游路线，其中有些是能够回到起点的巡游。在7×7的棋盘上路线总数已经超过7000种，而在8×8的棋盘上多达上百万种。

题1　3×3棋盘

神奇的全脑思维游戏书

题2　4×4棋盘

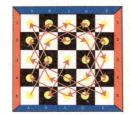

题3　5×5棋盘

题4　6×6棋盘

题5　7×7棋盘

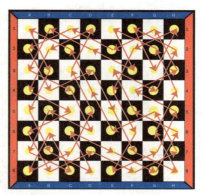

题6　8×8棋盘

052.透镜

如下图所示，通过2个正透镜的光线的弯曲度更大，因此2个正透镜会聚光线的能力要比一个正透镜强。

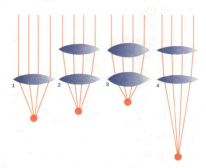

053.聚集太阳光

透镜2和透镜1都是凸透镜，透镜2比透镜1更厚，因此经过透镜 2 的光线弯曲度更大，会聚太阳光的能力也更强。如右图所示。

透镜 3 和透镜 4 都是凹透镜，它们根本不会会聚太阳光，因此它们下面的纸不可能燃起来。

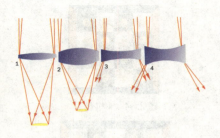

054. 光的反射

亚历山大时期的希罗发现了光的反射定律：光线射到任意表面上，入射角和出射角相等，即入射光线与法线的夹角等于出射光线与法线的夹角。

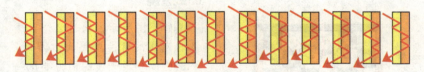

055. 金鱼

从鱼身反射出的光线，由水进入空气时，在水面发生了折射，而折射角大于入射角，折射光线进入人眼，人眼逆着折射光线的方向看去，觉得这些光线好像是从它们的反向延长线的交点鱼像发出来，鱼像是鱼的虚像，鱼像的位置比实际的鱼的位置要高。

光线在不同介质中的传播速度是不同的。光在水里的传播速度比在空气中要慢，同时光线由水里进入空气中时，在交界面上产生了折射。

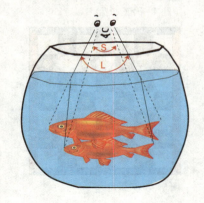

056. 八皇后问题

12 种摆放方法如下图所示。

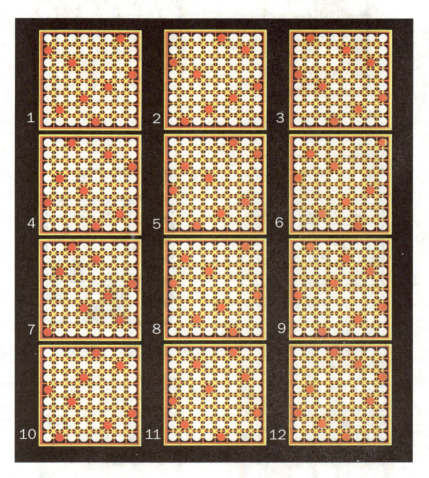

057.皇后的小型对抗

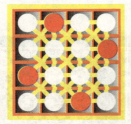

题1 一共有2种解法，这里是其中一种。

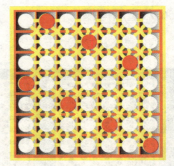

题4 一共有7种解法，这里是其中一种。

058.皇后的颜色对抗 (1)

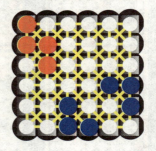

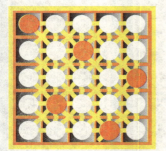

题2 一共有10种解法，这里是其中一种。

059.皇后的颜色对抗 (2)

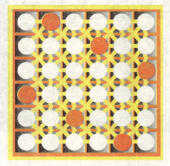

题3 一共有4种解法，这里是其中一种。

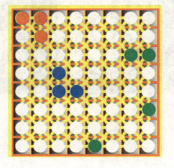

060. 皇后的颜色对抗 (3)

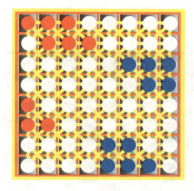

061. 皇后的颜色对抗 (4)

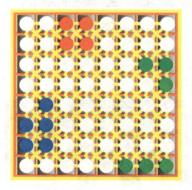

062. 将死国王

如右上图所示，至少需要12个国王，这样国王能够进入棋盘上的每一个格子，并且包括所有上面已经摆放了棋子的格子。

063. 皇后巡游 (1)

如下图所示，15步。

064. 皇后巡游 (2)

如下图所示，14步。

065. 象的巡游

题 1.

最多可以进入 29 个黑格，如图所示。无论你怎么走，最终还是会剩下 3 个格子无法进入。

题 2.

如果棋盘上的格子允许多次进入，那么象是可以进入所有的黑格的。从棋盘上的一个顶点开始，在相对的另一个顶点结束，这样最少只需要 17 步，如图所示。

题 1

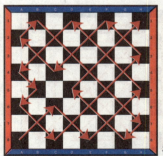

题 2

066. 象的互吃

需要摆放 10 个象，如下图所示。

067. 象的共存

最多可以摆放 14 个象，如下图所示。

068. 车的巡游

题 1　最少 21 步

题 4　最多 57 步

题 2　最多 55 步

题 5　最少 16 步

题 3　最少 15 步

题 6　最多 56 步

069. 莱昂纳多的结

只用了 1 条绳子。

3   5 种颜色

070. 有几个结

如图所示，绳子拉开之后有 2 个结。

结

结

4   5 种颜色

071. 结的上色

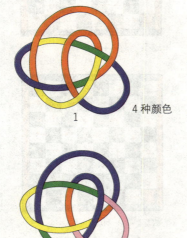

1   4 种颜色

2   5 种颜色

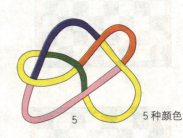

5   5 种颜色

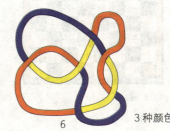

6   3 种颜色

神奇的全脑思维游戏书

072.给更多结上色

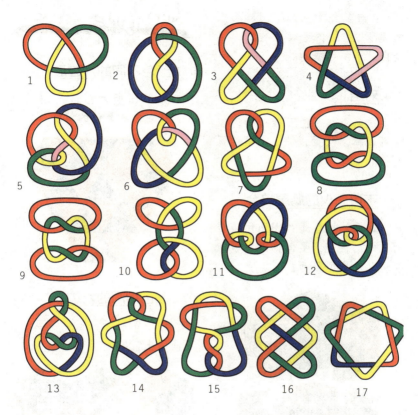

1. 3 种颜色   8. 3 种颜色   15. 4 种颜色

2. 4 种颜色   9. 3 种颜色   16. 4 种颜色

3. 5 种颜色   10. 4 种颜色   17. 4 种颜色

4. 5 种颜色   11. 4 种颜色

5. 5 种颜色   12. 4 种颜色

6. 5 种颜色   13. 4 种颜色

7. 3 种颜色   14. 4 种颜色

073.纸条的结

4与其他5个都不同,其他的都只有1个连续的结,而4是由2个结组成的。

074.对结

这2个结不能互相抵消,但是可以挪动位置,使2个结位置互换。

075.不可思议的鸠尾接合

这2块模型是如图所示接合而成的,因此只要斜向滑动就能将这2块模型分开。

076.吉他弦

如本页右上图所示,琴弦开始振动,4和6处的纸片会掉下来。

077.颜色不同的六边形

如下图所示,这是解法之一,还可能有其他的解法。

078.颜色相同的六边形

如下图所示,至少需要5种不同的上色方法。

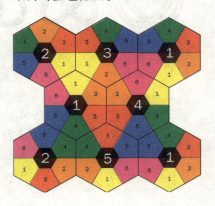

079.8 个金币

把 8 个金币分成 2 部分，一部分 6 个金币，一部分 2 个。不管假币在哪一部分，我们只用 2 步就可以把它找出来：

先将第一部分的金币一边 3 个分别放在天平的左右两边。如果天平是平衡的，那么假币一定在剩下的 2 个中。

再将剩下的 2 个金币分别放在天平的两端，翘起的那一端的金币较轻，这个就是假币。

如果第一步分别将 3 个金币放在天平的两端，天平是不平衡的，如左图所示，天平右端翘起了，说明右边较轻。那么假币是天平右边所放的 3 个金币中的 1 个。

再取这 3 个金币中的任意 2 个分别放在天平的两端，如果天平不平衡，那么轻的那一端放的就是假币。

如果天平仍然是平衡的，那么剩下的那个就是假币。

080.三角形与三角形

我们可以利用反向思维。如右下图所示，将三角形的底边3等分，将2个等分点分别用记号笔标注。然后从每个等分点出发分别画4条线段：2条线段分别与三角形的两腰平行，一条线段为等分点与三角形上面的顶点的连线，另一条是与另一等分点与三角形顶点连线相平行的线段。然后沿着这些线段把三角形剪开，这样就得到了12个三角形。

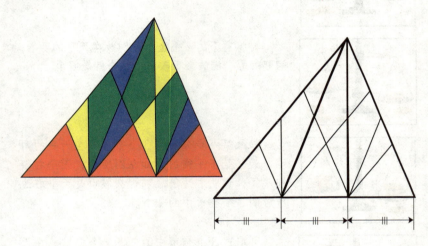

神奇的全脑思维游戏书

神奇的全脑思维游戏书

提高
观察力

金 铁 / 主编

中国华侨出版社

北京

图书在版编目 (CIP) 数据

神奇的全脑思维游戏书 / 金铁主编 . –– 北京：中
国华侨出版社 , 2021.1
  ISBN 978–7–5113–8427–0

  Ⅰ . ①神… Ⅱ . ①金… Ⅲ . ①智力游戏—通俗读物
Ⅳ . ① G898.2

中国版本图书馆 CIP 数据核字 (2020) 第 226671 号

神奇的全脑思维游戏书

主　　编：金　铁
责任编辑：江　冰
封面设计：冬　凡
文字编辑：朱立春
美术编辑：吴秀侠
经　　销：新华书店
开　　本：880mm×1230mm　1/32　印张：32　字数：720 千字
印　　刷：三河市兴博印务有限公司
版　　次：2021 年 1 月第 1 版　2021 年 1 月第 1 次印刷
书　　号：ISBN 978–7–5113–8427–0
定　　价：208.00 元（全 8 册）

中国华侨出版社　北京市朝阳区西坝河东里 77 号楼底商 5 号　邮编：100028
法律顾问：陈鹰律师事务所
发 行 部：（010）88893001　　　传　真：（010）62707370
网　　址：www.oveaschin.com　　E－m a i l：oveaschin@sina.com

如果发现印装质量问题，影响阅读，请与印刷厂联系调换。

前言
PREFACE

　　思维游戏引人入胜，充满趣味，在活跃大脑的同时，带给游戏者一种全新的、前所未有的新奇和快感，并能激发好奇心，本套书则侧重于提高你的创造力、推理力、想象力、观察力、记忆力、分析力、逻辑力、判断力等各方面的能力。

　　观察力是人们认识客观事物或现象的基本能力，是人类智力结构的重要组成部分，也是科学发明和艺术创作的前提。本书汇集亮度和对比、闪烁、图形—背景、色彩、相对运动、阴影、透视、表情、角度、颠倒、合成图像、失真和三维图、自然现象等十多类思维游戏，从提高观察力的角度出发，对每一类游戏都进行了精心选择和设计。每个游戏都极具代表性和独创性，难易有度，形式活泼。

　　在游戏的过程中，你需要协调各种感官活动，找到解决问题的突破口；需要对事物的空间、结构、特征进行深入观察，不仅注意事物的外显特性，还要挖掘隐蔽特性；需要运用各种观察方法对事物进行分析和比较，打破常规，做出正确的判断。这种先观察分析、思考比较，再做出判断的思维过程，正是提高观察力的基本方法。

　　书中的 102 个思维游戏可以激活你沉睡的观察力，帮助你学会全面观察、重点观察、直接观察、间接观察、正面观察、侧面观察、分解观察、综合观察、比较观察、抽样观察等，让你在游戏中增长智慧，使你的观察能力得到潜移默化的提升，在做出决策、解决问题等方面有更杰出的表现，迅速走向成功。

目录
CONTENTS

001 神奇的横条

图中整个水平横条的灰度值一样吗？

002 小方块 (1)

中心小方块是不是比周围的区域暗？

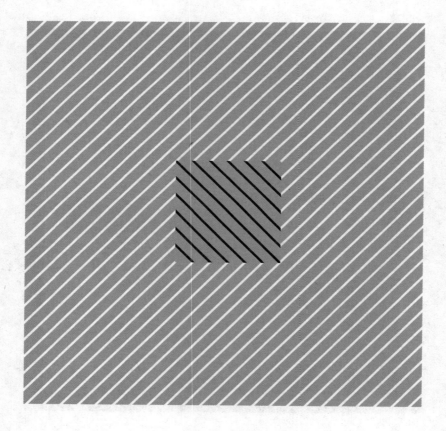

神奇的全脑思维游戏书

003 灰色条纹

左右两个灰色竖条纹的灰度一样吗？

004 明暗条纹

图中各条纹从明到暗排列，每个条纹自身的亮度一致吗？

神奇的全脑思维游戏书

005 "十"字

图中各颜色方块中对角线上较亮的"十"字与它们所在的正方形亮度相同吗？

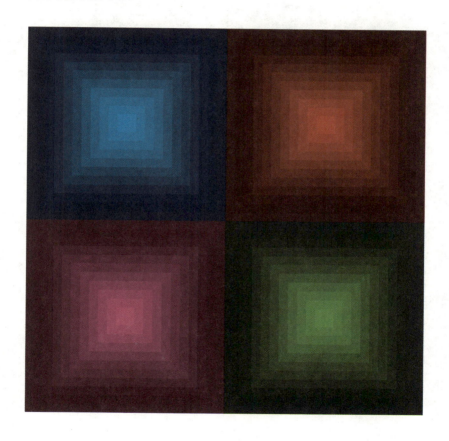

006 菱形

图中所有菱形的亮度一样吗？

神奇的全脑思维游戏书

007 神奇的棋盘

观察棋盘的浅色和暗色方格。阴影里的浅色方块和阴影外的暗色方块灰度值一样吗？

008 神奇的飞镖盘

观察箭头所指的浅色和深色区域，它们看起来明暗是否一样？

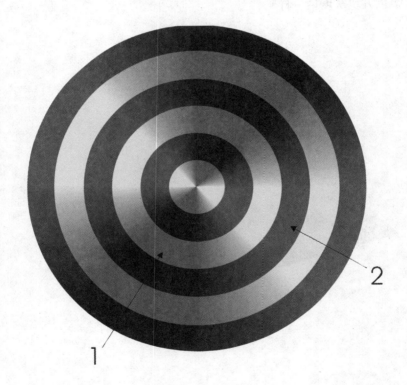

神奇的全脑思维游戏书

009 **倾斜的棋盘**

棋盘中每个小棋子的亮度相同吗？

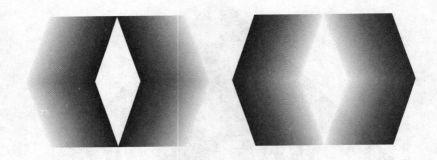

010 双菱形

图中两个菱形的亮度相同吗?

神奇的全脑思维游戏书

011 圆圈 (1)

看到圆圈了吗？这些圆圈是不是比背景亮一些？

012 赫尔曼栅格

　　看到交叉处的灰点了吗？仔细看它并不存在。你能解释这个
原因吗？

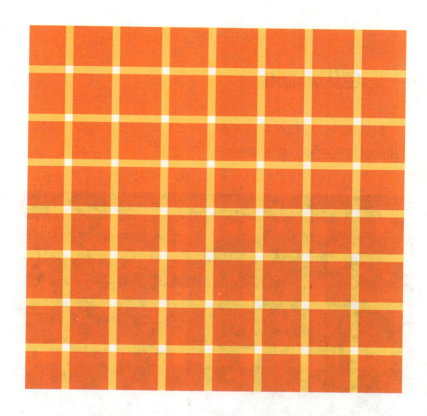

013 改进的栅格

观察图片，把目光集中在一个点上，其周边的点都是白色的，而距该点较远的那些点就闪烁成淡紫色。当眼睛扫过图片时，淡紫色的点也会移动。观察的距离越远，淡紫色的点也越多。你能看到吗？

014 彩色闪烁栅格

扫视图片，连接点看起来在闪烁，而且闪烁点的位置会随着眼球的运动而改变。你能看到吗？

神奇的全脑思维游戏书

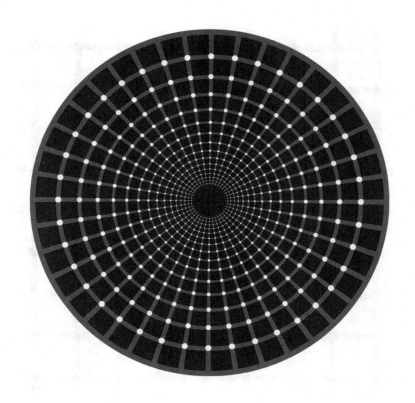

015 闪烁的点

在这幅闪烁栅格的变化中，当转动眼球观察图片时，会有什么变化？如果你注视圆心，又会有什么变化呢？

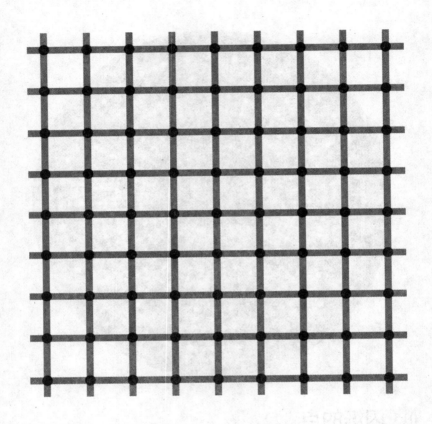

016 闪烁的栅格

转动眼球，连接处会闪烁，闪烁的位置也不断改变。如果凝视任何交叉点，那个点就不再闪烁。你能解释这个原因吗？

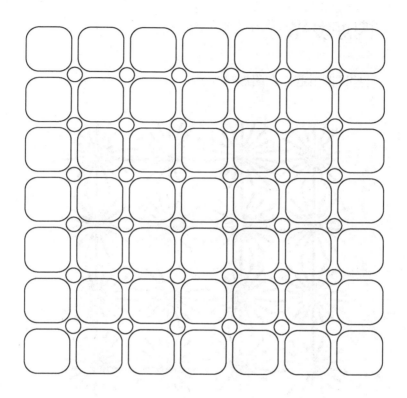

017 神奇的圆圈

扫视图片，每个圆圈中会出现小黑点。你能看到吗？

018 闪烁发光

这些圆圈看起来在闪烁吗?

神奇的全脑思维游戏书

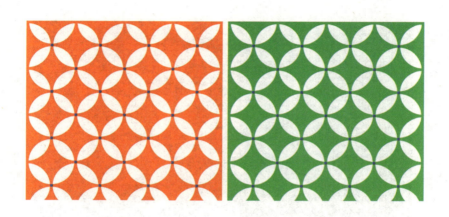

019 蓝点

左右两图中的蓝点是一样的吗？

020 小圆圈

环顾这张图片，小圆圈看起来好像忽明忽暗。你能感觉到吗？

神奇的全脑思维游戏书

021 线条

这些竖线条是直的还是弯曲的？

022 咖啡墙

这是一家咖啡馆的墙壁。你看到的是楔形线还是平行线？

神奇的全脑思维游戏书

这是一个螺旋还是一个个的同心圆？

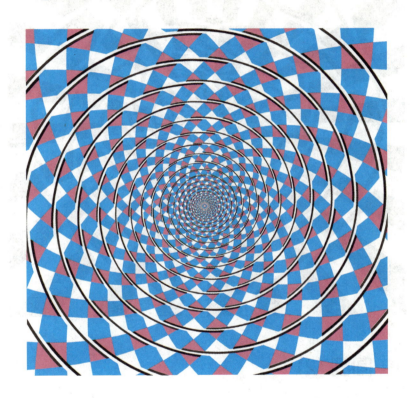

024 圆圈 (2)

图中由一系列线条组成的圆是同心圆还是弯曲的圆呢？

神奇的全脑思维游戏书

025 缠绕

这些圆圈是相互交叉的圆还是同心圆？

这些由正方形组成的条形是平行的还是弯曲的?

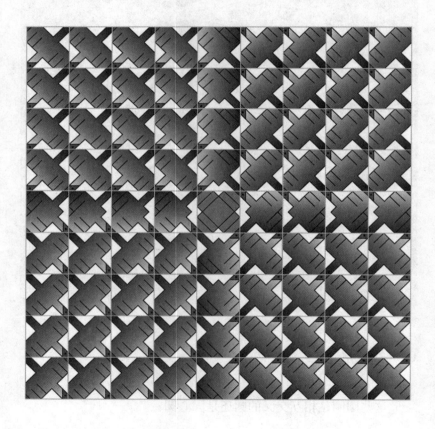

神奇的全脑思维游戏书

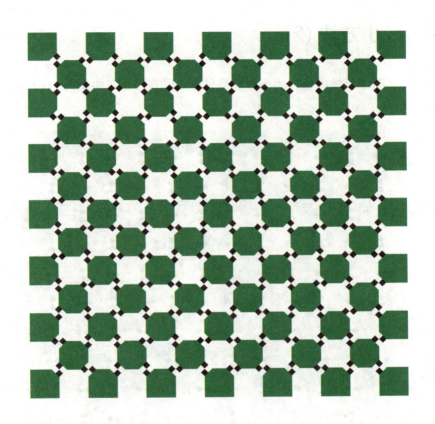

027 图像

这幅图像竖直和水平的边缘是扭曲的还是直的?

028 小方块 (2)

图中每排或每列的小方块是呈直线排列还是弯曲排列？

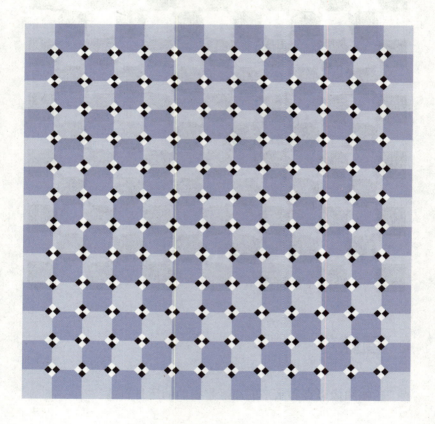

神奇的全脑思维游戏书

029 线

图中的水平线是倾斜的还是彼此平行的？

030 红线

两个圆形区域中间的红线是倾斜的吗？

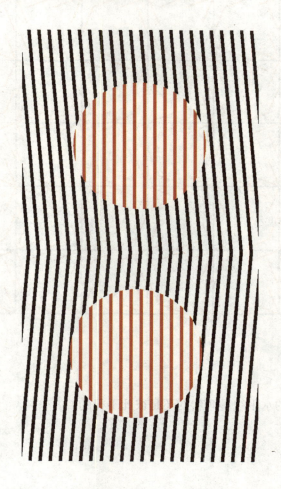

神奇的全脑思维游戏书

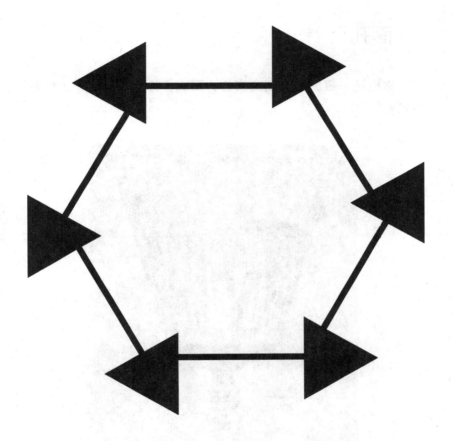

031 六边形

如果将直线部分连接起来的话，能形成一个完美的六边形吗？

032 面孔

你应该一眼就能看到高脚杯，那么，你能看到两个人的轮廓吗？

神奇的全脑思维游戏书

033 单词

这个图形中有 Figure 和 Ground 两个单词，你看出来了吗？

034 鱼

凝视这幅图中的鱼，它们向哪个方向游呢？

神奇的全脑思维游戏书

035 萨拉与内德

你能找到一张女人的脸和一个萨克斯演奏家吗？萨拉是一个女人的名字，内德是吹萨克斯的男人。

036 猫和老鼠

在图中，你能看到老鼠吗？

神奇的全脑思维游戏书

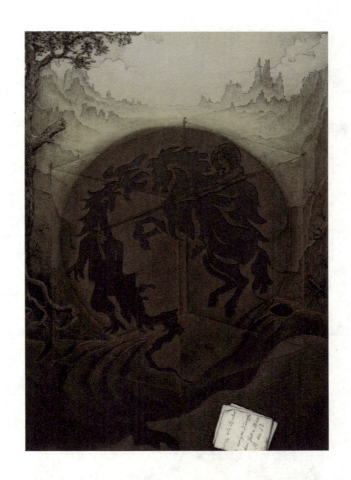

037 圣乔治大战恶龙

你能发现圣乔治的肖像和他与恶龙大战的场景吗？

038 拿破仑的鬼魂

你能找到站在自己坟墓前的拿破仑吗?

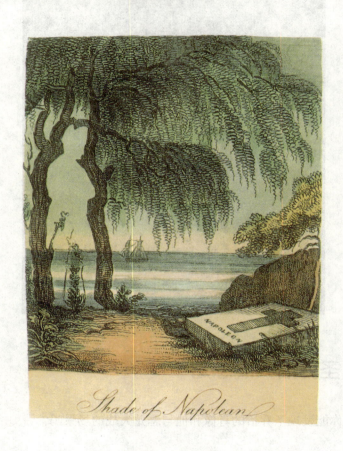

039 紫罗兰

你能找到藏在紫罗兰中间的拿破仑、他的妻子和儿子的轮廓吗？

040 虚幻

你能看到骷髅头吗？

神奇的全脑思维游戏书

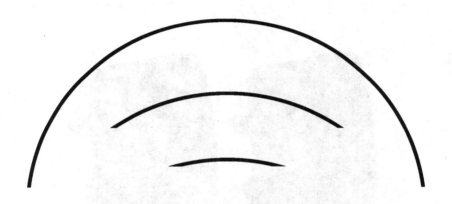

041 半径

哪条线的曲线半径最大?

哪个老太太看起来体形更大？

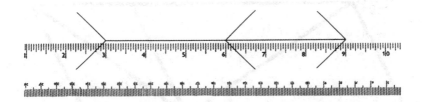

043 线段

哪条线段更长?

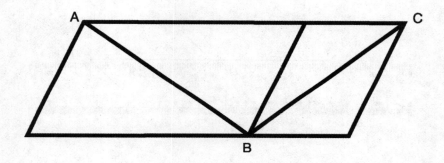

044 平行四边形

线段 AB 长还是线段 BC 长？

神奇的全脑思维游戏书

045 彩色线条

哪根线与白线共线?

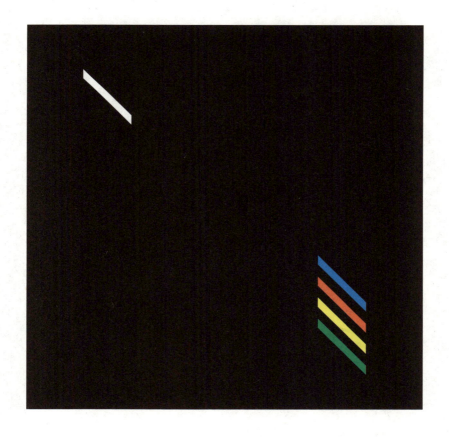

046 高帽

帽子的高度是不是比宽度长？

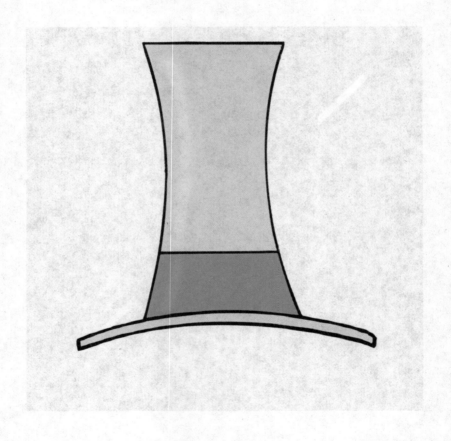

神奇的全脑思维游戏书

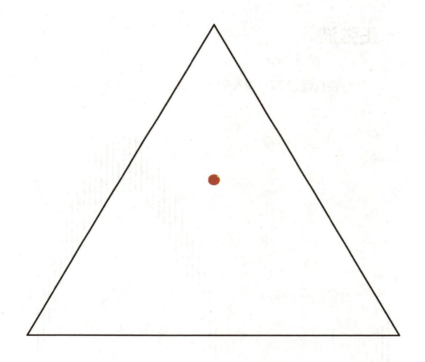

047 三角形 (1)

三角形中的红点是三角形垂线的中点吗?

048 正弦波

所有的竖直线段都一样长吗？

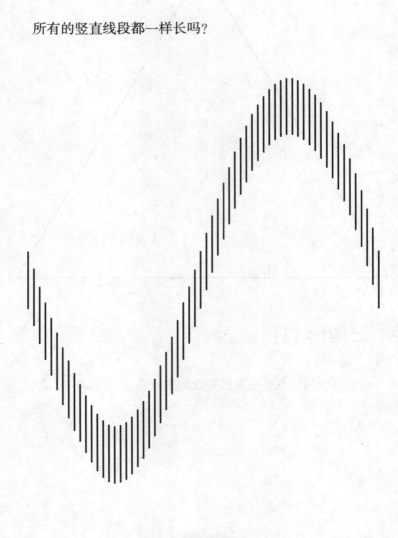

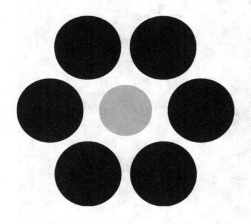 

049 圆 (1)

两个图形中间的圆一样大吗?

050 红色方块

两条对角线上的红色方块的颜色一样吗？

神奇的全脑思维游戏书

051 颜色扩散

你看到左边圆圈内有一个模糊的浅蓝色的方块了吗？

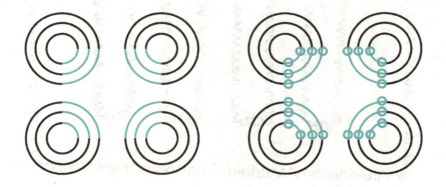

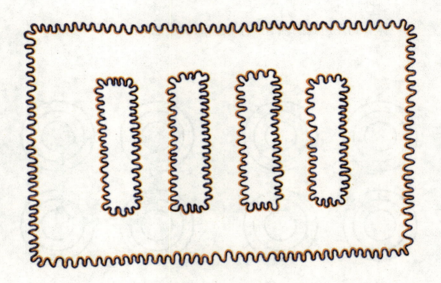

052 边缘线

你看到边缘线上的颜色了吗?

神奇的全脑思维游戏书

053 魔方

　　图中魔方顶面正中的那块棕色和侧面阴影里中间的那块黄色看上去一样吗？

054 心形图

细看这 3 幅心形图,哪颗心是浮在背景上的,哪颗心是沉在背景下的?晃动脑袋或是移动图像,你还会发现它们也在移动。

055 螺旋 (2)

整幅图的红色都是一样的吗？

056 神奇的红色

图中的红色是一样的吗？

神奇的全脑思维游戏书

057 绿色条纹

图中斜着的深绿条纹与绿色格子中的条纹颜色一样吗？

058 红色方格

图中的红色都是一样的吗？

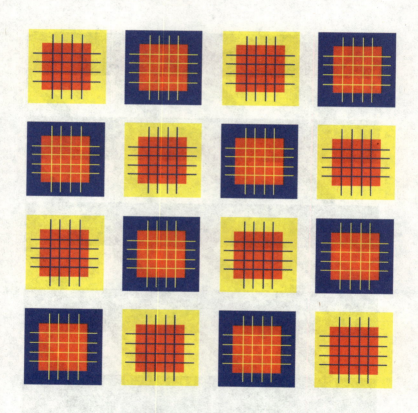

神奇的全脑思维游戏书

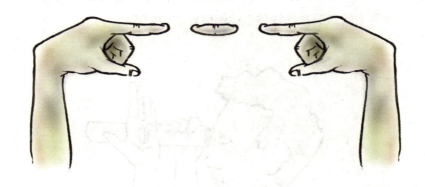

059 悬浮的手指

把双手放在与眼睛同一水平线的位置上，伸出食指也保持在同一水平线，盯着离手指几厘米远的墙看，你会看到什么？将手逐渐移近自己，发生了什么？

060 手上的洞

　　在眼前举起 1 个圆筒，看 5 米外的某物（其中一只眼睛透过圆筒看）。然后把另一只手举起放于圆筒外的眼睛前。你就能透过手掌上的圆洞看到物体。你能解释其中的原因吗？

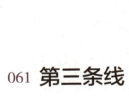

061 第三条线

　　使脸与图平面成直角，两眼一起看这两条线，过一会儿，纸张上似乎出现了第三条线。这是怎样产生的？

062 上升的线

你能让这些线离开纸升起来吗？

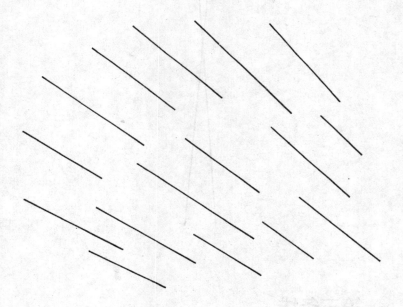

神奇的全脑思维游戏书

063 古老的立体图像

左眼看左眼图，右眼看右眼图，并且将左眼图与右眼图加以融合，则会产生三维错觉。

064 三维立方体

这些立方体是凸出纸面的还是凹进去的？

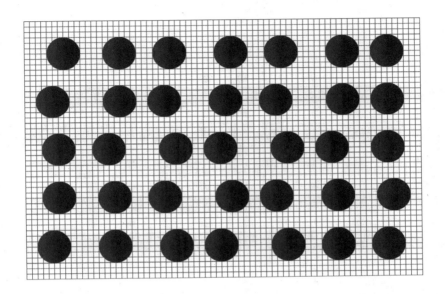

065 球

网格上所有球的深度一致吗?

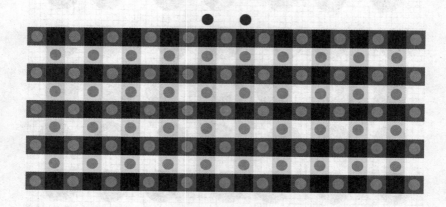

066 "雪花"

图中的"雪花"的深度一样吗？

067 三维图

用上述的左右眼分别观看的方法观察图片，你可以看到什么？

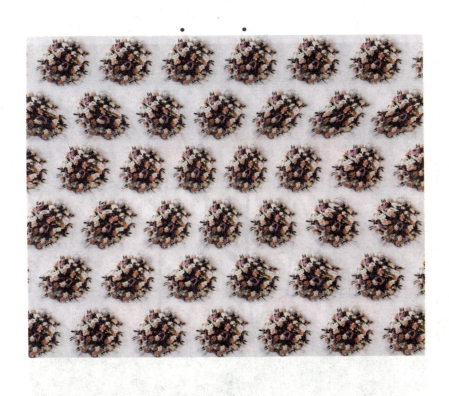

068 玫瑰

用上述的左右眼分别观看的方法观察图片，你会看到什么？

神奇的全脑思维游戏书

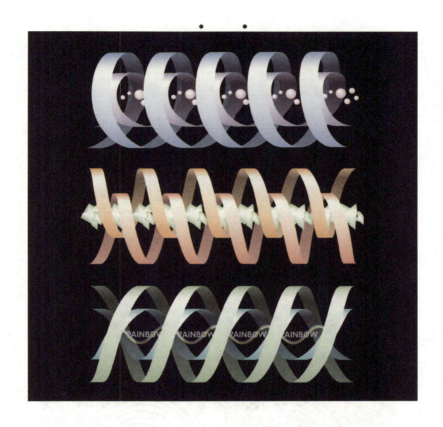

069 墙纸

用上述的左右眼分别观看的方法观察图片，你会看到什么？

如果车轮绕着圆心旋转，你会产生什么感觉？

神奇的全脑思维游戏书

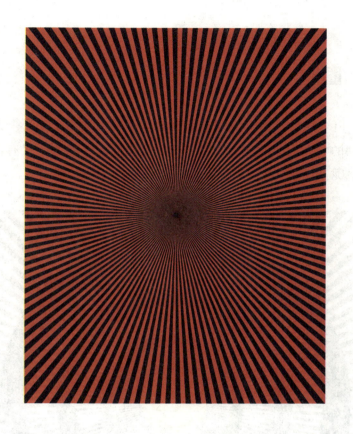

071 "8"

　　将此图向左或向右转动，你会看到什么？盯着中心点看，会发现光束绕中心点慢慢转动。将目光移至中心点左侧或右侧，你会看到什么呢？

072 圈

盯着中心点看。发现蓝圈在转动了吗？它们是朝哪个方向转动的？它们会改变方向吗？圈和圈之间的转动方向又有什么联系呢？

神奇的全脑思维游戏书

073 波

将视线在图上来回移动，你看见了什么？

074 呼拉圈

将此图按同一方向快速转动，你会发现中间那个圆有什么变化呢？

神奇的全脑思维游戏书

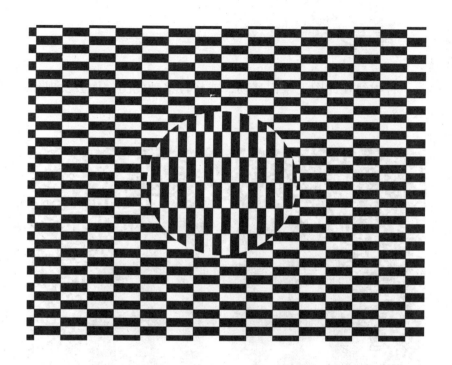

075 圆 (2)

看着图形，慢慢移动你的眼睛或者移动图片，中间的圆形部分看起来是不是与其他图形分离开来了？它是不是好像在不同深度连贯地移动？

焦点之外

　　将视线在此图上来回移动，或轻轻移动此图，你会发现什么呢？

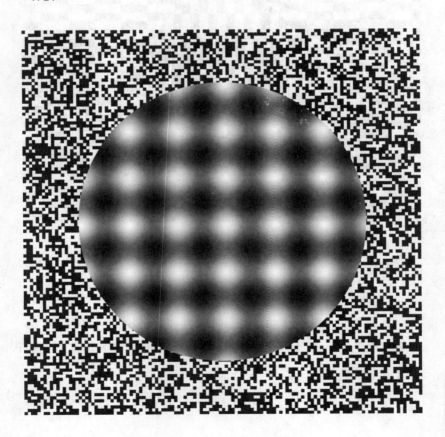

077 散落的方块

　　如果环顾图片或者轻轻移动图片，随机分布的方块会发生什么变化呢？

078 旋转的圆圈

盯着圆心，头缓慢移动观察图片，当向后移动时，圆圈有什么变化？头靠近圆圈时，圆圈又会发生什么变化？

神奇的全脑思维游戏书

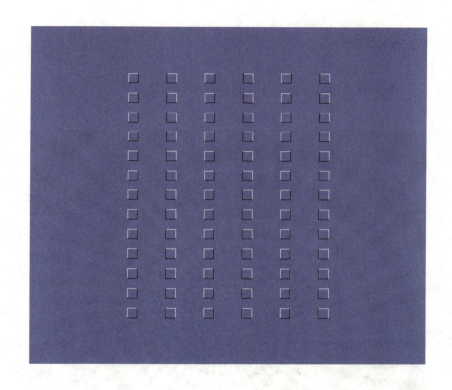

079 线条的分离

如果上下移动图片，你能看到什么？如果左右移动图片呢？

080 漩涡

头部前后移动观察图片，它会有什么变化呢？

神奇的全脑思维游戏书

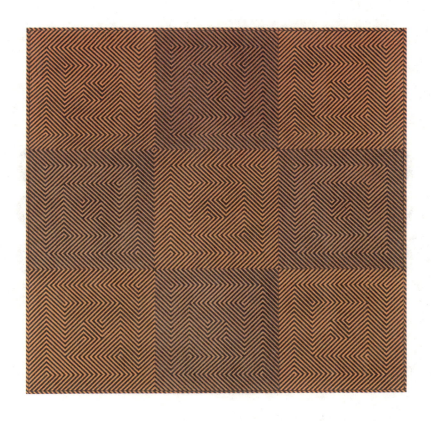

081 方块

仔细观察图片，它会有什么变化呢？

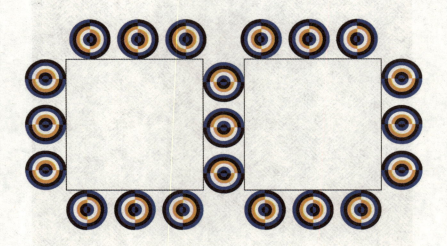

082 轮子

仔细观察图片，会发生什么变化呢？

神奇的全脑思维游戏书

083 涡轮

仔细观察图片，会发生什么变化呢？

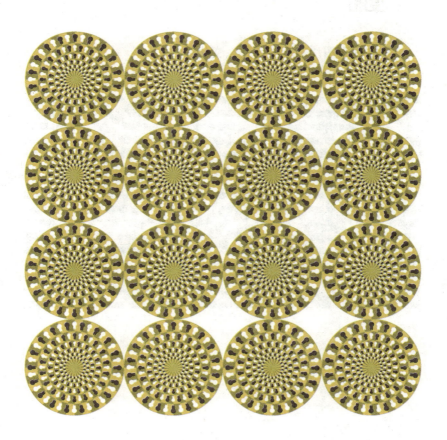

084 渡船

仔细观察图片，会发生什么变化呢？

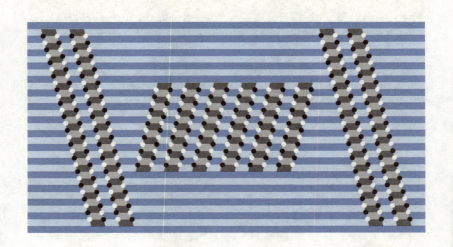

神奇的全脑思维游戏书

085 移动的线条

仔细观察图片，水平线会有什么变化呢?

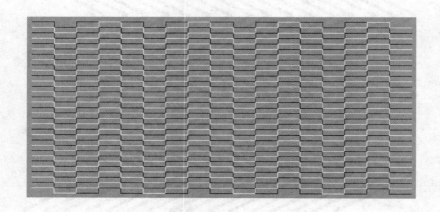

086 "热空气"

仔细观察图片，会有什么变化呢？

087 壁画

仔细观察，这幅大教堂中的壁画哪里不对呢？

088 贺加斯的透视

你能从图中找出几处透视错误呢?

神奇的全脑思维游戏书

三角形 (2)

这是奥斯卡·路透斯沃德的一幅三角形精简图。这个三角形有可能存在吗?

090 尖齿

这是一幅经典的图像——不可能的三叉戟。你能数出几根尖齿？仔细看中间那根齿，发现什么了吗？

神奇的全脑思维游戏书

091 大象的腿

这只大象走起路来会不会很困难呢?

092 观景楼

这座建筑的结构哪里有问题？

神奇的全脑思维游戏书

093 瀑布

仔细观察图片，瀑布能如图那样流动吗？

上升与下降

你能找到最高和最低的台阶吗？

095 小物包大物

图中所示的景象在现实中可能吗？

096 扭曲的三角

这幅图有问题吗？

神奇的全脑思维游戏书

097 阶梯

这些阶梯这样排列可能吗？

奇怪的窗户

这幅画是比利时画家琼·德·梅的作品，画中这个坐在窗沿上的人与 M.C. 埃斯彻尔的观景楼一图中那个手拿神奇方块的人颇为相似。图中有不合适的地方吗？

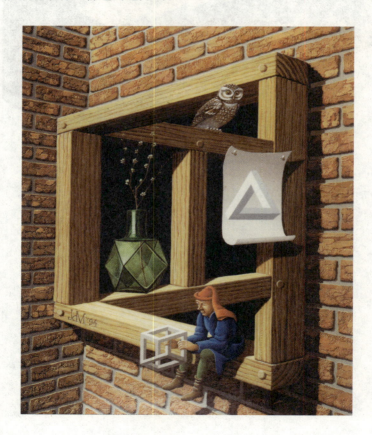

099 佛兰芒之冬

仔细看这幅图，其中有不适合的地方吗？

100 门

两扇门有什么奇异之处？

神奇的全脑思维游戏书

101 棋盘

此画为瑞士画家桑德罗·戴尔·普瑞特之作。画中有不合适
之处吗?

仔细看此图，图中有不合适之处吗？

神奇的全脑思维游戏书

答案

001. 神奇的横条

整个水平横条的颜色一致。你可以盖住横条周围的部分来检验。这是因为背景的灰度值会影响你对水平横条灰度的感知——在暗灰色环境的对比下，横条会显得更亮一些。

002. 小方块 (1)

中心的小方块和周围的灰度值是一样的。在背景上画黑线纹样，会使背景感觉偏黑。同样的颜色，画上白色纹样，感觉就偏白。因此中心小方块（黑色线条之间）看起来比周围方块（白色线条之间的）要暗。事实上，整幅图的灰度值是一样的。你可以盖住黑线和白线交界处的线条来检查。

003. 灰色条纹

两个灰色竖条纹的灰度是一样的。由于局部同时对比，产生了令人惊讶的效果——被白色环境包围的灰色条纹看起来要比被黑色环境包围的灰色条纹亮。

004. 明暗条纹

每个条纹自身的亮度一致。在从明到暗的边界，明条纹的边界使暗条纹的边界看起来更暗，边界呈锯齿状。

005. "十"字

较亮的对角区域与它们所在的正方形具有相同的亮度。也就是说，如果用光度计测量同心条纹，你会发现任一条纹上的所有点反射的光是一样多的，当然也包括沿着对角线的、看起来比较亮的点。

006. 菱形

图中所有菱形的亮度是一样的。但是以这种镶嵌的方式排列时，底层的菱形看起来要比上层的暗一些。在从浅到深的变化过程中，边界两侧有一个明显的亮度变化。

007. 神奇的棋盘

　　阴影里浅色的方格与阴影外暗色的方格的灰度值是一样的。你可以覆盖其他方格来验证。图中，阴影中浅色的方格被暗色的方格包围，因此，即使物理指标表明方格是暗的，但与周围方格对比时它仍然是亮的。与此相反，阴影外暗色的方格，虽然也被浅色的方格包围，但是对比条件下看起来仍然是暗的。

008. 神奇的飞镖盘

　　1 和 2 所指的区域的亮度是一样的。

009. 倾斜的棋盘

　　每个小棋子都具有相同的亮度。

010. 010 双菱形

　　两个菱形具有相同的亮度。

011. 圆圈 (1)

　　圆圈和背景的亮度是一样的。一系列射线从一个客观上并不存在的圆圈发散出来，造成一种强烈的亮度对比，因而感觉这些圆圈比背景亮。

012. 赫尔曼栅格

　　在赫尔曼栅格中，交叉处的四边都是亮的，而白条只有两侧是亮的，所以注视交叉处的视网膜区域比注视白条的区域受到了更多的侧抑制，这样交叉处显得比其他区域暗一些，在交叉处就能看到灰点。

013. 改进的栅格

　　在这个改进的赫尔曼栅格中，交叉点是白色而不是黄色，这又产生了一种色彩效果，证明了颜色对比机理。

014. 彩色闪烁栅格

　　实验表明，"闪烁的栅格"在以下结构中才能产生：①具有彩色背景和灰色线条的栅格；②具有黑色背景和彩色线条的栅格；③网格和背景颜色互补的栅格。在这些结构中都会产生闪烁的彩色点。

015. 闪烁的点

当转动眼球观察图片时，虚幻的黑点在白点中间产生或消失；注视圆心时，白点就会消失。美国视觉科学家迈克尔·莱文和詹森·麦卡纳尼于2002年发现了这个闪烁栅格的奇异变化。该感知效果仅在特定的环境中才能发生。它可能与"视觉消失"的某些形式有关，被称为"熄灭"。目前，还不清楚什么原因导致"消失"。

016. 闪烁的栅格

在这个例子中，视觉系统对中心和背景的反应时间可能存在微小的差异。对中心的反应更快、持续时间更短，这引起了交叉点闪烁。环顾图片时，视觉系统对白色交叉点做出反应，发出强烈的白色信号，但是如果凝视任何交叉点，随即信号就会变弱，背景的侧抑制发生了，视觉系统感知到的就是交叉点变暗了。

017. 神奇的圆圈

日本视觉科学家和艺术家秋吉北冈于2002年创作了这个闪烁栅格错觉的变形。

018. 闪烁发光

观察图片时，视觉系统好像在"开"与"关"之间竞争，表现为"明"与"暗"的闪烁。

019. 蓝点

一样。这个闪烁栅格错觉掺杂了色彩同化机制。因而，左图中的点呈现出闪烁的红蓝色，而右图中的点则呈现出闪烁的绿蓝色。

020. 小圆圈

在这幅图中，存在许多可能存在的圆。当眼睛扫过这幅图，你的视觉系统不断寻求最佳效果，但另一方面又有新的效果不断产生。

021. 线条

这些线条实际上是笔直而且平行的，然而给人的感觉是弯曲的。错觉是由大脑皮层的方向敏感性的简单细胞引起的，这种细胞对空间接近的斜线和单向斜线产生交互影响，造成了弯曲效果。

022. 咖啡墙

实际是平行的水平线，楔形只是一种错觉。

023. 螺旋 (1)

你所看到的好像是个螺旋，但其实它是一系列完好的同心圆！这个螺旋由一系列具有圆心的、逐渐缩小的、相互交叠的弧线组成。这幅图形效果如此强烈，以至于会促使你沿着错误的方向追寻它的轨迹。

在这个例子中，每一个小圆的"缠绕感"通过大圆传递出去产生了螺旋效应。因此，只要产生扭曲的线条被转化为同心圆，螺旋效果就不存在了。

024. 圆圈 (2)

这是弗雷泽螺旋的一种变形，由一系列同心圆组成。

025. 缠绕

这些是同心圆。

026. 条形

这些条形是平行的。

027. 图像

图像的边缘都是直的。

028. 小方块 (2)

这些小方块均呈直线排列。

029. 线

这些水平线是彼此平行的。

030. 红线

这些红线是竖直的而且互相平行。注视偏离垂直或水平方向的背景线段或栅条一定时间之后，再看一条垂直或水平线段或栅条时，就会觉得它向相反方向倾斜了。

031. 六边形

线条如果连接，会形成一个完美的六边形。它们相连的点被三角形掩盖了。当线条在物体后面消失时，视觉系统会延伸线的长度。就如本例中的情况，每根线条的终点好像都在三角形的中心，这导致定线错误。

032. 面孔

如果将卡片颠倒过来，你就

可以看到杯子两边各有一个侧面像。

033. 单词

"Figure" 外围较暗的边缘形成 "Ground"。

034. 鱼

它们有的向左游，有的向右游。

035. 萨拉与内德

黑色的部分呈现的是吹萨克斯的男人，男子旁边的白色及部分黑色构成了女人的轮廓。

036. 猫和老鼠

在猫的眼睛下面藏着只老鼠。

037. 圣乔治大战恶龙

观察圣乔治的头发，你就能看到战争的场景。圣乔治是西方中世纪传说中的英雄，他杀死了代表邪恶的龙，解救了利比亚一个深受其害的异教小镇，并使其皈依。有大量的油画和雕塑描绘了圣乔治杀掉恶龙的英雄事迹。

038. 拿破仑的鬼魂

拿破仑就藏在两棵树之间。两棵树的内侧枝干勾勒出了站立的拿破仑。

039. 紫罗兰

在左上侧的紫罗兰花下是拿破仑妻子的轮廓；右上边的大叶子下是拿破仑的轮廓；最下面一朵紫罗兰花上面是他们儿子的轮廓。

040. 虚幻

你可以看到一位美丽的姑娘望着镜中自己年轻的面容，或者看到露齿而笑的骷髅头。女孩的头和镜中的头组成了头骨的两个眼睛，梳妆台上的饰品、化妆品和桌布组成了牙齿和下巴。

041. 半径

这3个圆弧看起来弯曲度差别很大，实际上它们是一样的，只是下面2个比上面那个短一些。

042. 老太太

两个老太太的大小和形状

都一样。由于服饰的色彩和线条的亮度差别，可能会影响你的判断力。

043. 线段

两条线段长短完全一样。当箭头向外时，造成了对线段长度的低估；当箭头向内时，则引起对长度的高估。

044. 平行四边形

两条线段一样长。

045. 彩色线条

黄线与白线共线。

046. 高帽

帽子的高度和宽度是一样的。

047. 三角形 (1)

看起来红点位于三角形垂线的上半部分，其实它恰好位于三角形垂线的正中间。这是倒T字错觉的一种变化。在倒T字错觉中，竖直线看起来比等长的水平线长。

048. 正弦波

所有的竖线都是同样的长度。

049. 圆 (1)

两个圆大小一样。当一个物体被比它大的物体所环绕时，它看上去要比实际小；而当被比它小的物体所环绕时，它看上去要比实际大。

050. 红色方块

颜色一样。黄色背景下衬托的红色看上去比蓝色背景下的红色亮一些，这就是色彩同化的效果。

051. 颜色扩散

即使左边这片区域是全白的，看上去也是浅蓝色的，这就是霓虹扩散的效果。霓虹扩散效应只在一定区域内发生，比如在右图中，虚幻的蓝色方块边缘添加了圆圈，这种效果就消失了。

052. 边缘线

当紫色边缘线与橘色放一块儿时，封闭的整块区域看上去都被这一圈颜色上了色，并一直扩展到沿线周边45°范围内。这种扩散效果在白色区比在灰色或黑色区更为明显。如果在这两色线之间加入一条窄窄的白色条纹，那么这种错觉就会消失。

053. **魔方**

魔方顶部棕色的方块与侧面阴影里黄色的方块颜色是一样的。假使你把其他区域都盖住，就只留下这两块颜色，你就会发现它们是一样的。

054. **心形图**

很多的观察者认为，黑色心形（上图）是浮动着的；而一些人的发现却正好相反。同样也有很多的人认为红色心形浮动在紫色背景之上（右中图），而紫色心形则浮在红色背景之下（下图）；而一些观察者却认为正好相反。这完全取决于对背景所做的参照。

055. **螺旋 (2)**

都是一样的。看上去红色与蓝色在一起时像是紫红色的，而

与黄色一起时又像是橘黄色的。这幅图说明了色彩同化的效果。

056. **神奇的红色**

是一样的。看上去蓝色下面的大红色看上去像洋红色，而黄色下面的又像橘黄色。

057. **绿色条纹**

颜色是一样的。这是色彩同化的一个例子。

058. **红色方格**

颜色是一样的。

059. **悬浮的手指**

在你凝视墙壁的过程中，当两眼中的图像自动结合时，前景中的两个手指就会发生交叠。这种交叠图像造成了手指悬浮的错觉。如果将手指逐渐移近自己，悬浮的手指就会消失。

060. **手上的洞**

两只眼睛中的图像发生了融合，因而产生了手上的洞的错觉。

061. 第三条线

这是一个特殊的视角，引起了两只眼睛的图像交叉在一起，导致了第三条线产生。

062. 上升的线

倾斜这页纸，用一只眼睛从纸的右下方看。这些线既可以被解读为平置于纸上，也可以被解读为脱离纸面上升的。

063. 古老的立体图像

三维图像是最早流行起来的视错觉，19世纪晚期很受追捧，在许多国家都很流行。

064. 三维立方体

这些既可以看作是凹进去的，也可以看作是凸出来的。由于视觉的变化，这些图则会发生由凸出→凹进，或凹进→凸出的转变。

065. 球

不一致。通过注视，左右眼中的球融合后会出现分层，网格上的球也随之会产生不同的深度。

066. "雪花"

左右眼分别看图，产生融合现象，就能看到雪花从右边降落。此外，灰色的圆圈好像有两种亮度，而实际上它们的亮度是一样的。

067. 三维图

可以看到一颗心。

068. 玫瑰

通过注视，左右眼中的图像会产生不同程度的深度变化。

069. 墙纸

通过注视，左右眼中的图像会产生不同程度的深度变化。

070. 同心圆

会产生车轮转动的感觉。该同心圆错觉由查尔斯·寇伯尔德创作于1881年，19世纪末和20世纪初在许多广告中出现。

071. "8"

将此图向左或向右转动，会看到一个模糊直立的"8"；将目光移至中心点左侧或右侧，会发现光束朝反方向运动。

072. *圈*

大多数人盯着圆心看时都会感到圆圈的移动。不同的圆环旋转方向不同，也可以随便改变方向。转动总是垂直于对比度强烈的线条。

073. **波**

这是高对比度线条产生强烈相对运动错觉的一个例子。例中，你也会感到一种强烈的立体错觉。有一种波浪此起彼伏的感觉。英国欧普艺术家布耐恩特·莱比于1963年绘制了该作品。

074. **呼啦圈**

中间那个圆会像呼啦圈一样慢慢转动。视觉科学家尼古拉斯·韦德创作了该作品。

075. *圆 (2)*

该作品由欧普艺术家欧池于1977年创作。由于效果非常明显，该作品引起了视觉科学家的不断研究、讨论。虽然还没有得

到合理的解释，但是之所以感觉到运动和深度可能是由于圆形的轮廓和邻近的竖线边缘所造成的模糊印象。

076. **焦点之外**

会发现中间一圈忽高忽低起伏不定。日本视觉科学家、艺术家秋吉北冈创作了该作品。

077. **散落的方块**

意大利视觉科学家皮纳创作了该作品。通过晃动脑袋或者移动图片，随机分布的方块似乎向反方向移动，同时深度也会发生分离。

078. **旋转的圆圈**

当头向后移动时，圆圈呈逆时针旋转；当头靠近圆圈时，圆圈呈顺时针旋转。

079. **线条的分离**

如果上下移动图片，就能看到方块左右晃动；如果左右移动图片，就能看到方块上下移动。该错觉皮纳发现于2000年。

080. 漩涡

它会逐渐旋转起来。其中，斑点清晰的边缘是一个关键因素。

081. 方块

它似乎要跳起，泛起点点涟漪。这是一个高对比细线条引起错觉的例子。由美国艺术家雷金纳德·尼尔创作。

082. 轮子

圆形的轮子会沿着正方形的轮廓缓慢移动。采用边缘视域观察效果最好。

083. 涡轮

每个轮子会转动。此外，每个同心圆都像一个涡轮。采用周边视域观察效果最好。

084. 渡船

灰色条纹会在水平方向移动。采用周边视域观察效果最好。

085. 移动的线条

水平线会移动。采用周边视域观察效果最好。

086. "热空气"

它会发生波动。眼球运动可能起了一定作用。日本视觉科学家秋吉北冈创作了该作品，命名为"热空气"。

087. 壁画

大教堂中的壁画显然犯了一个透视法上的错误。中间的柱子同时出现在两个空间之中。

088. 贺加斯的透视

1754年，威廉姆·贺加斯创作了这幅著名的画，来讥讽那些滥用透视法的人，并希望以此说明正确使用透视画法的重要性。图中存在20多处透视错误。如：两位垂钓者的渔竿、两根墙壁外交叉在一起的木棍、趴在窗口给山上老者提供火源的妇女。

089. 三角形 (2)

不可能。里面的斜边视觉上似乎成立，其实现实中是不可能的。

090. 尖齿

要解释这其中的奥秘很简

单。首先这个三叉戟没有固定的边沿，这幅图也没侧影不能上色。中间那根尖齿轮廓夹在旁边两根尖齿的轮廓之间，而且看上去比旁边尖齿的轮廓要低一些。这幅图之所以神奇正是因为让你感到它没有一个完整的轮廓，而事实上却是有的，你还会发现3根尖齿变成了2根。

将右边的图画盖住，你会发现左图是完全正常的，不过是由2根尖齿构成的一把叉子。然后再盖住左边，你会发现右图是由3条线构成的一幅平面图。这幅图使人产生了感官冲突。1964年，该图首次印刷发行，却一直没人知道原作者是谁。此后，该图被重印了无数次。

091.大象的腿

美国斯坦福心理学家罗格·谢波德以前一题中的三叉戟为基础创作出这幅象图。为了不至于数不清象腿，谢波德采用了更加清晰的线条。两幅图都没有一个固定的边线，但三叉戟有封闭的线条。

092.观景楼

楼的顶层与底层是垂直的，梯子放在一个特殊的位置。

093.瀑布

不可能。图中水所经之处是一个平面。1961年，埃斯彻尔名作"瀑布"的灵感来自罗格·彭罗斯的三角。实际上，埃斯彻尔是将3个这种奇特的三角图形相交织构成了该图的基本结构。刚开始画的时候，埃斯彻尔是想用高大建筑来呈现这一特殊效果，后来却发现瀑布能更好地表达这一想法。

094.上升与下降

该图为埃斯彻尔的名作《上升与下降》，创作于1961年，以莱昂内尔·彭罗斯的不可能阶梯为基础构想而成。你找不到这些阶梯里哪里是最高的，哪里是最低的。埃斯彻尔作此图时采用了透视法，但存在的问题是，往下走的僧侣看上去应该越来越小，往上走的僧侣看上去应该越来越大；而且台阶的高低衔接在现实中是不可能成立的。

095.小物包大物

不可能。

096.扭曲的三角

看最上面的木板，木板的接嵌方式是不可能的。线条是不可能在 3 个点处忽然转弯的。

097.阶梯

这样的阶梯在现实中是不可能存在的。

098.奇怪的窗户

画中窗户的组合是错误的；坐着的人手中拿的立方体是不可能存在的；纸上画着的三角形是错误的。

099.佛兰芒之冬

这幅图犯了视觉透视错误。最左边的柱子不可能跑到最前面来。

100.门

盖住下面一部分，你会发现过道是往外的；而当你盖住上面一部分时，你又会发现这是往里的。这在现实生活中显然是不可能发生的。

101.棋盘

这样的棋盘在现实中是不可能有的。其中梯子也是错误的。

102.不可思议的平台

画家大卫·麦克唐纳以德尔·普瑞特的"棋盘"为基础创作出这幅"不可思议的平台"。图中的平台现实中是不可能有的。

·神奇的全脑思维游戏书·

提升
逻辑力

金 铁／主编

中国华侨出版社
北 京

图书在版编目 (CIP) 数据

　　神奇的全脑思维游戏书 / 金铁主编 . -- 北京 : 中国华侨出版社 , 2021.1
　　ISBN 978-7-5113-8427-0

　　Ⅰ . ①神… Ⅱ . ①金… Ⅲ . ①智力游戏—通俗读物 Ⅳ . ① G898.2

　　中国版本图书馆 CIP 数据核字 (2020) 第 226671 号

神奇的全脑思维游戏书

主　　编：金　铁
责任编辑：江　冰
封面设计：冬　凡
文字编辑：朱立春
美术编辑：吴秀侠
经　　销：新华书店
开　　本：880mm×1230mm　1/32　印张：32　字数：720 千字
印　　刷：三河市兴博印务有限公司
版　　次：2021 年 1 月第 1 版　　2021 年 1 月第 1 次印刷
书　　号：ISBN 978-7-5113-8427-0
定　　价：208.00 元（全 8 册）

中国华侨出版社　北京市朝阳区西坝河东里 77 号楼底商 5 号　邮编：100028
法律顾问：陈鹰律师事务所
发 行 部：（010）88893001　　　传　真：（010）62707370
网　　址：www.oveaschin.com　　E-mail：oveaschin@sina.com

如果发现印装质量问题，影响阅读，请与印刷厂联系调换。

思维游戏引人入胜，充满趣味，在活跃大脑的同时，带给游戏者一种全新的、前所未有的新奇和快感，并能激发好奇心，本套书侧重于提高你的创造力、推理力、想象力、观察力、记忆力、分析力、逻辑力、判断力等各方面的能力。

　　逻辑力是成功人士必备的一种思维能力，是做一切正确判断和正确决策的基础。本书从提高逻辑思维能力的角度出发，对每一类游戏都进行了精心的选择和设计，每个游戏都极具代表性和独创性，内容丰富，难易有度，形式活泼。其中包括槽轮结构、棘轮结构、钟摆的摆动问题、雪花曲线、循环图形、伽利略的诡论、康托的梳子、埃拉托色尼的筛网法、战俘的帽子等。在游戏的过程中，你需要进行多元思考，推断解决问题的可能性，从不同角度进行分析；需要对问题进行整体把握，梳理事物与事物间的联系，找出合理的解题方法；需要对各类线索进行归纳和总结，找出解决问题的关键点。

书中的 87 个思维游戏可以激活你沉睡的逻辑力，帮助你掌握归纳逻辑、辩证逻辑、制约逻辑、数理逻辑、模态逻辑、动态逻辑、线性逻辑、模糊逻辑、形式逻辑和缺省逻辑等知识，让你在游戏中不断提升自我，拥有非凡的逻辑力，迅速走向成功。

目录
CONTENTS

001 向上还是向下

　　利用齿轮来拉动重物是一种比较省力的方法，几乎所有的机器设备都或多或少地使用到这种简单的装置。下面的这个题目就要考考你关于齿轮的知识。

　　如果将左下角的红色齿轮逆时针转动，图中的 4 个重物将分别怎样移动？哪两个向上，哪两个向下？

002 打喷嚏

人们在打喷嚏的时候通常会把眼睛闭上半秒钟。想象一下，如果你正在以每小时 65 千米的速度驾驶时突然打了一个喷嚏，这时你前面大约 10 米处的一辆汽车为避免撞到一只横穿马路的猫突然刹车。

当你睁开眼睛准备刹车时，你的车已经行驶了多远？

这场事故可以避免吗？

神奇的全脑思维游戏书

003 伽利略的斜面实验

　　将一个小球沿着斜面滚落，标出 1 秒钟后球在斜面上的位置。我们将斜面的总长度分成如图所示的多个等份，你能够在上面分别标出 2 秒、3 秒、4 秒、5 秒、6 秒、7 秒、8 秒、9 秒后小球的位置吗？

　　伽利略的斜面实验是他著名的自由落体实验的延伸，因为在斜面上滚落的物体和做自由落体运动的物体是相似的（除了斜面上的物体由于受到斜面的摩擦力作用速度会减慢，这一点很容易观察或者测量出来）。

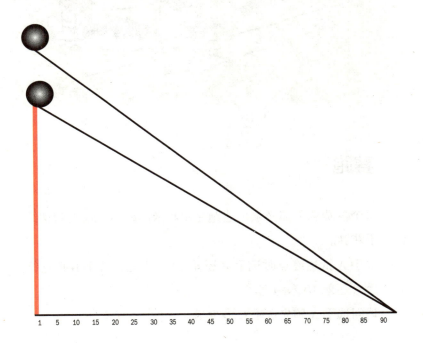

004 赛跑

每个参赛选手都必须匀速跑完 100 米的距离，最先到达终点的选手获胜。

选手 A 抵达终点时选手 B 还差 10 米跑完；选手 B 抵达终点时选手 C 还差 10 米跑完。

请问选手 A 领先选手 C 多少米？

005 直尺下落

摩托车手和飞行员都必须要在极短的时间内迅速对紧急情况做出判断和反应，同样，迅速反应能力在日常生活中也是非常重要的。现在就和你的朋友一起来做做下面这道题，测测你们的反应能力吧。

用一只手握住直尺的顶端，另一只手的食指和拇指放在直尺下端，但不能碰到直尺，如图所示。

松开握住直尺顶端的手，让直尺下落，你会发现在它下落的过程中，你可以毫不费力地用处于直尺下端的手指捏住直尺。和你的朋友们一起做这个实验，你松开直尺的同时让他们去抓，试试看，你会发现，对他们来说捏住直尺并不是一件容易的事情。

为什么呢？

主动轮

槽轮

006 槽轮结构

槽轮结构是很多工具和机械装置中的主要结构。

请问下边图中是什么机器？它的工作原理是什么？在这个过程中，槽轮结构有什么作用？

槽轮结构

工作原理

机械的图示结构和基础结构能够帮助我们非常直观地了解它们的工作原理。

通常，当我们观察几何学的简单图形时，如三角形、正方形和圆，我们认为它们是静止的，每个图形都有自己固定的、不会改变的特征，然而几何学也引入了运动的概念。研究运动的几何学叫作运动学。

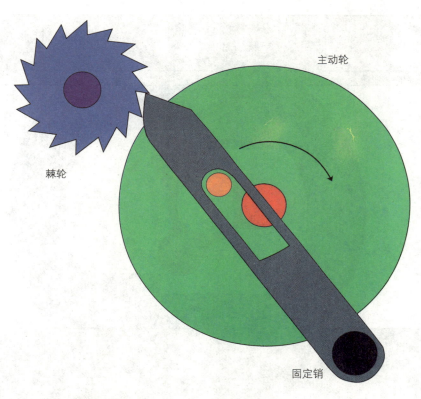

主动轮

棘轮

固定销

007 棘轮结构

你能解释一下图中的棘轮结构的工作原理吗？

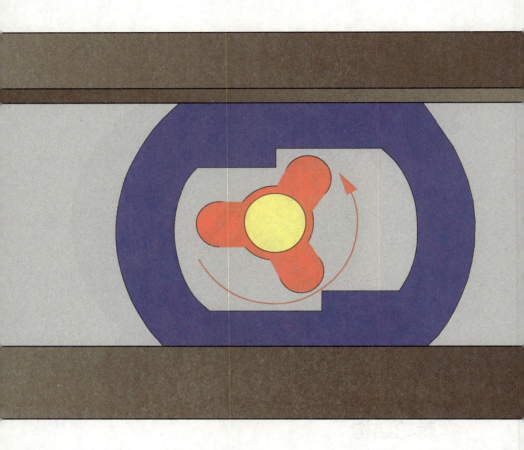

008 滑动架结构

你能解释一下图中的滑动架结构的工作原理吗?

神奇的全脑思维游戏书

009 钟摆的摆动 (1)

图中左边钟摆的全摆幅是 45°，每做一次摆动（即从左边摆到右边，再从右边摆回左边）需要的时间是 5 秒。而图中右边钟摆的全摆幅只有 22.5°，那么这样摆动一次需要的时间是多长呢？

010 钟摆的摆动 (2)

你发现 009 题在题目设计上有哪些问题吗？

011 简谐运动

如图所示，在一个摆锤上安装一支笔，使其在摆动过程中在前进的纸上画出它的运动轨迹。最终我们将会得到一条曲线。

你能够在结果出来之前就说出这条曲线是什么样子的吗？

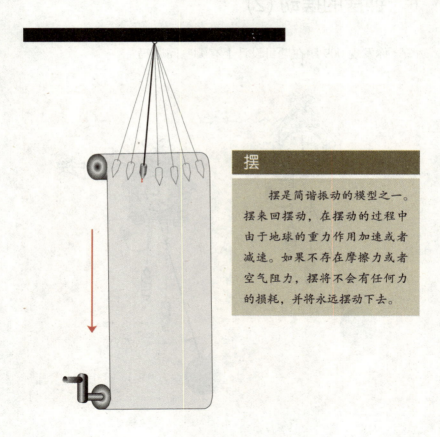

摆

摆是简谐振动的模型之一。摆来回摆动，在摆动的过程中由于地球的重力作用加速或者减速。如果不存在摩擦力或者空气阻力，摆将不会有任何力的损耗，并将永远摆动下去。

神奇的全脑思维游戏书

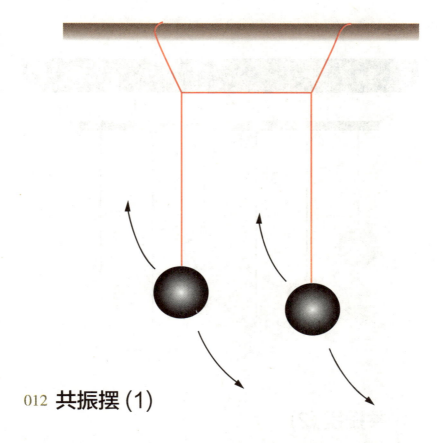

012 共振摆（1）

　　两个摆可以有很多种不同的组合方式，最简单的方法就是把它们用绳子挂起来，如图所示。你可以用一支铅笔和两颗珠子来制作这个装置。分别用绳子将两个"摆锤"系在起连接作用的绳子上，这样它们摆动的时候就正好与这根绳子垂直。

　　如果你用手拉动其中一颗珠子让其运动起来，那么这个装置会发生什么变化？

013 共振摆 (2)

一根水平的横杆上悬挂着 3 对摆，如图所示。每对摆 (2 个颜色相同的摆) 摆长也相同。

将 6 个摆中的任意 1 个摆摆动起来，横杆可以将这种摆动传递到其他 5 个摆上去。想象一下，最后将会出现什么结果?

神奇的全脑思维游戏书

1 吨重的摆

图中是一个非常结实的重达 1 吨的摆，然而这个男孩只用一块小小的磁铁就让这个摆开始摆动。你知道他是怎么做到的吗？

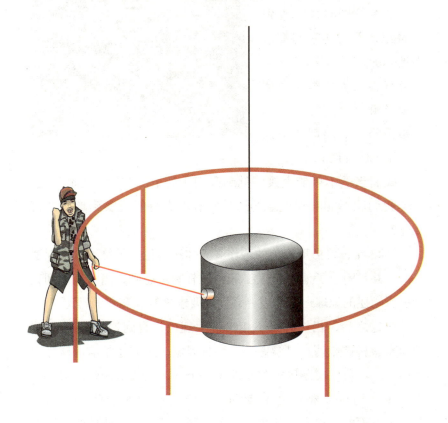

015 傅科摆

你是如何知道地球在转动的?

从柏拉图时代一直到16世纪,天文学家们都认为地球是静止不动的,且所有其他的天体都在围绕着地球旋转,这种理论一度很流行,然而却几乎没有证据能够证明它。

我们当然不可能直接感觉到我们正处于一个运动的地球上,但是我们能不能看到地球的运动?有没有可能观察到地球的自转呢?

1543 年,哥白尼将他的著作《天体运行论》献给了教皇保罗三世,并且附上了他的名言:"我可以轻易地想到,当人们读到我书里所阐述的地球运动之后,会立即要求抵制我和我的理论。"

在这之后,仍然有人不相信这一理论,直到 1851 年法国物理学家傅科被邀请在巴黎做一个科学展览,人们才相信地球是在转动的。傅科在巴黎国葬院安放了一个摆,摆线由钢丝制成,长达 66 码(约 60.4 米),摆锤是重达 59 磅(约 26.8 千克)的铁球。在铁球下面的地板上,他事先铺了一层沙子,并在铁球的下面安

神奇的全脑思维游戏书

装了一支铁笔，以记录摆的运动轨迹。

　　1个小时之后，在沙子上面所显示的摆的摆动平面已经转过了 11°18'。既然摆最初是在一条直线上摆动，那么它的运动轨迹为什么会变了呢？

罗特无序摆

你可能在科技展览中看到过下面这个罗特无序摆。罗特无序摆是在一个可以旋转的 T 形的主干上分别安装了 3 个摆，如图所示。

如果猛地旋转一下 T 形主干，整个罗特无序摆将会出现什么情况？

很可能你唯一能确定的结果就是这个摆最终会停止摆动。

如果你用力够大，使罗特无序摆旋转一整圈，你会发现整个摆的情况是非常令人惊奇且不可预测的。这个摆的摆动非常复杂、无序，完全取决于开始时候的情况。虽说要预测它的摆动不至于完全不可能，但至少是非常困难的，因为它的变数非常大。

同样，自然界中的很多事情也是这样无序的，例如天气、交通、洪水等。无序行为是由研究气象系统的科学家首先发现的。他们发现一件非常小的事情，巴西的一只蝴蝶扇动了一下翅膀，就可以决定伦敦的天气。因此，后来把"一件非常小的事情迅速而出乎意料地产生巨大影响"的现象，称为蝴蝶效应。

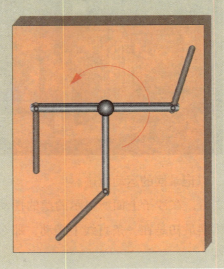

神奇的全脑思维游戏书

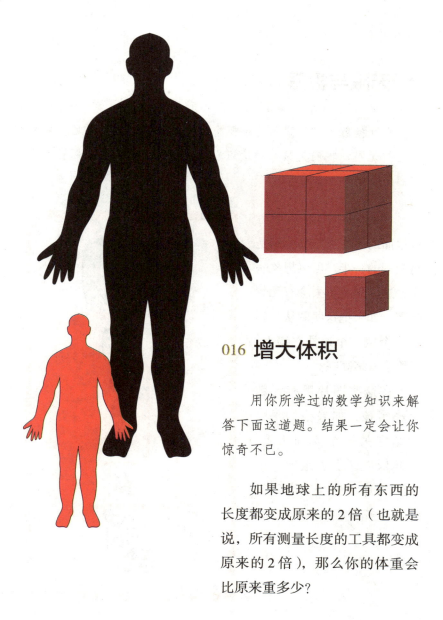

016 增大体积

用你所学过的数学知识来解答下面这道题。结果一定会让你惊奇不已。

如果地球上的所有东西的长度都变成原来的2倍（也就是说，所有测量长度的工具都变成原来的2倍），那么你的体重会比原来重多少？

017 无限与极限

自从接触到"无限"这个概念，它就让我们困惑不已。究竟什么是无限？我们又该怎样认识它？试着做下面的几个题目，看它们能否给你一些提示。

如图所示，每一个方框里面的图的宽与高分别是这个图的一半。可以想象一下，这样划分下去会有无数幅图。如果把这些图从下到上一个接一个地挂在墙上，最终会有多高呢？

在这些图片里有无数个小男孩，如果他们每个人站在另一个人的头上，这样依次站上去组成一个"塔"，那么这个"塔"最终会有多高呢？

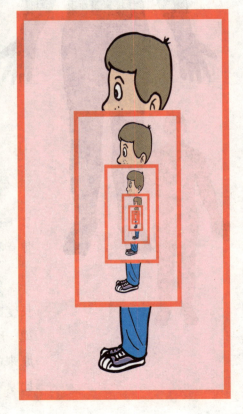

神奇的全脑思维游戏书

Gnomon 与勾股定理

希腊人将一个正方形挖去一个小正方形后余下的图形称作 Gno-mon。海伦将 Gnomon 的定义做了更进一步的推广，他认为：使整个数或图形与原来的数或图形相似，这样的数或图形称为 Gnomon。

这是自然界最普遍的一种增长形式，即增长之后的新构成中包含着原来的组织。

永久组织的增长就遵循这种形式，例如骨头、牙齿、触角、外壳等。这与软组织恰恰相反，它们的增长过程是通过新陈代谢来完成的。

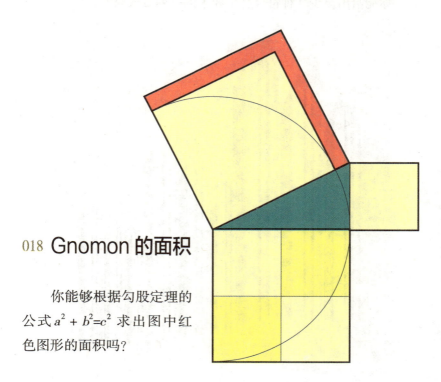

018 Gnomon 的面积

你能够根据勾股定理的公式 $a^2 + b^2 = c^2$ 求出图中红色图形的面积吗？

019 摩天大楼的顺序

如图所示的这个摩天大楼的设计方案被否决了，原因是这 9 栋楼的排列方式太死板了。

出于美观及其他方面的考虑，客户提出了以下要求：

9 栋楼必须在同一条直线上，而且每栋楼的高度必须各不相同。其中不能有 3 栋以上的楼的序号是从左到右递增或递减的，不管这 3 栋楼是否相邻。

你能给出至少 2 种符合客户要求的排列方式吗？

神奇的全脑思维游戏书

020 睡莲

　　一个小池塘里的睡莲每天以 2 倍的速度增长。如果池塘里只有 1 朵睡莲,那么需要 60 天睡莲才会长满一池塘。

　　按照这个速度,如果池塘里有 2 朵睡莲,那么多少天之后睡莲会长满池塘?

021 雪花曲线 (1)

下页图中图 2 所示的是"雪花分形"的前 4 步，由等边三角形开始，然后把三角形的每条边三等分，并在每条边三分后的中段向外做新的等边三角形，但要去掉与原三角形叠合的边。对每个等边三角形继续上述过程，不断重复，便产生了雪花曲线。

图 1 显示的则是反雪花曲线。依然是从等边三角形开始，但我们画的小三角形是向内而不是向外的，并将画出的小三角形去掉，如此进行到第 5 步，就得到了黄色区域所显示的图形。

那么，随着这个过程的无限反复，雪花曲线的周长和面积的极限是多少？

022 雪花曲线 (2)

雪花曲线有没有三维类似体呢？

图 1

图 2

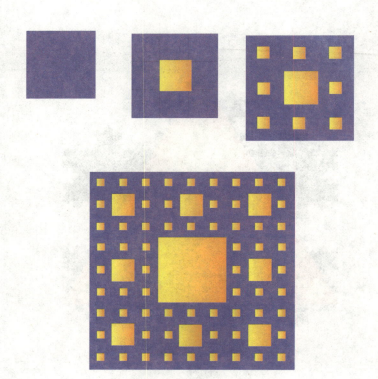

023 正方形里的正方形

　　将一个正方形的每条边都三等分，就可以得到 9 个小正方形，如图所示。将最中间的小正方形涂成黄色。接下来将剩余的 8 个蓝色小正方形用同样的方法分别分成 9 个更小的正方形，将中间的小正方形也分别涂成黄色。

　　如果无限重复这个过程，最后黄色部分的面积与最初的蓝色正方形的面积之间有怎样的关系？

神奇的全脑思维游戏书

024 西尔平斯基三角形

西尔平斯基三角形是这样得到的：将1个等边三角形分成4个全等的小三角形，将中间的小三角形去掉，形成一个黑色的三角形。然后将余下的三角形按照同样的方法继续分割，这个过程可以无限重复。达到极限之后所得到的图形叫作西尔平斯基碎形。西尔平斯基（1882—1969）在1916年发明了这个碎形。

下图已经将西尔平斯基三角形的3次分割画了出来，你能够画出第4次分割之后的图形吗？

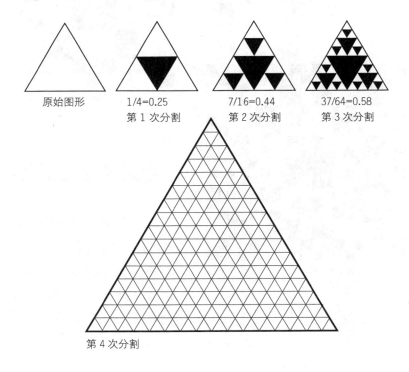

原始图形

1/4=0.25
第1次分割

7/16=0.44
第2次分割

37/64=0.58
第3次分割

第4次分割

下面的题目是以斐波纳契序列为基础的。斐波纳契序列是以发明它的意大利数学家李奥纳多·斐波纳契（1170—1250）的名字命名的，它是一个无限数列，且数列中的后一个数字是前两个数字之和，如0，1，1，2，3，5，8……

第1次分割
1，1……

第2次分割
1，1，2……

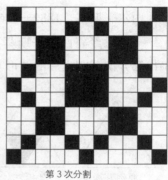

第3次分割
1，1，2，3……

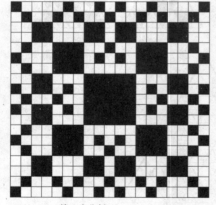

第4次分割
1，1，2，3，5……

025 斐波纳契正方形(1)

已经画出了斐波纳契正方形的前4次分割。

按照同样的规律，你能不能画出第5次分割之后的图形？

神奇的全脑思维游戏书

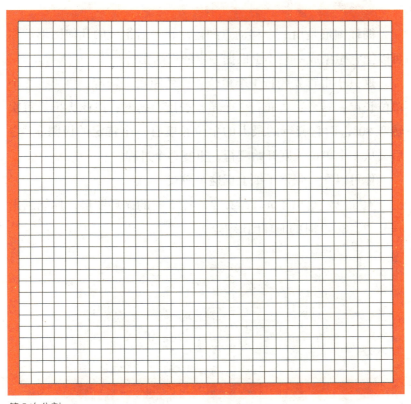

第 5 次分割

026 斐波纳契正方形 (2)

你能否算出第 5 次分割后黑色部分与整个大正方形的面积之比?

027 循环图形 (1)

循环图形是由一个移动点的运动轨迹所组成的几何图形。你可以把它想象成一只小虫根据一定的规则爬行：

这只小虫首先爬行 1 个单位长度的距离，转弯；再爬行 2 个单位长度，转弯；再爬行 3 个单位长度，转弯；以此类推。每次转弯 90°，而它爬行的最大的单位长度有一个特定的极限 n，之后又从 1 个单位长度开始爬行，重复整个过程。

你可以在一张格子纸上玩这个游戏。

上面已经给出了 $n=1$，2，3，4，5 时的循环图形，你能画出 $n=6$，7，8，9 时的循环图形吗？

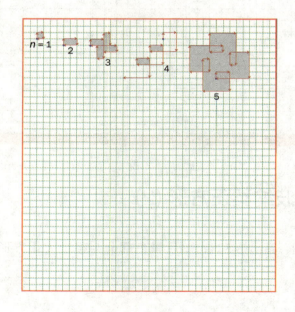

神奇的全脑思维游戏书

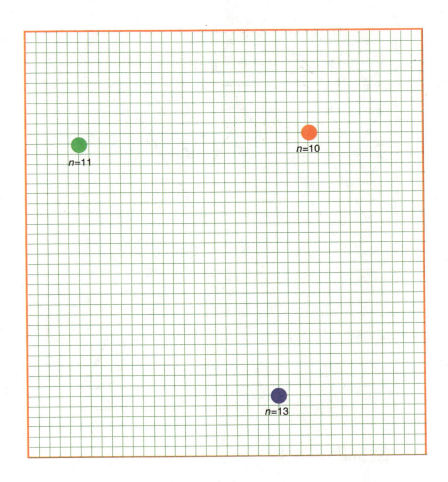

028 循环图形 (2)

你能够画出 n=10，11，13 时的图形吗？

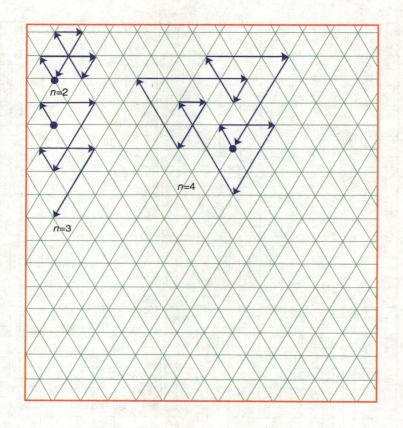

029 循环图形 (3)

循环图形在转弯的时候除了转 90° 以外，还可以有其他角度。在如图所示的纸上可以画出每次转弯时顺时针旋转 120° 的循环图形，n=2，3，4 的情况都已经画出来了，现在请你画出 n=5 和 7 时的图形。

神奇的全脑思维游戏书

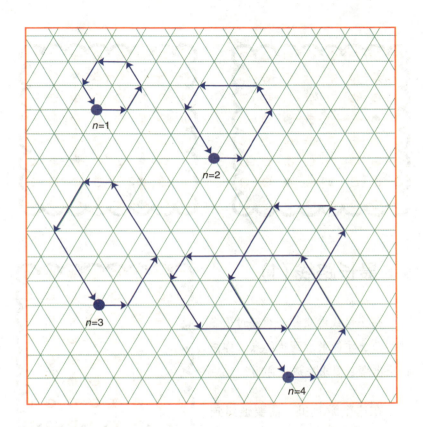

030 循环图形 (4)

上面的循环图形每次转弯时逆时针旋转 60°。图中已经画出了 $n=1$，2，3 和 4 时的图形。

你能画出 $n=5$，6，7 和 8 时的图形吗？

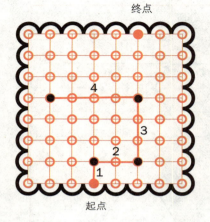

终点

起点

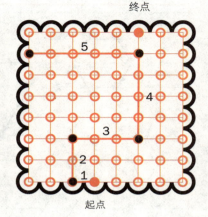

终点

起点

031 最长路线 (1)

很多路线游戏都必须经过很多次的回旋才能最后到达终点。你能够根据题目要求完成任务吗？

在这个游戏里，需要通过连续的移动从起点到达终点，移动时按照每次移动 1, 2, 3, 4, 5, ……个格子的顺序，最后一步必须正好到达终点。

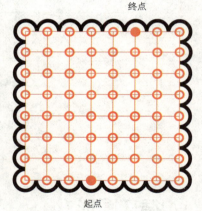

终点

起点

必须是横向或是纵向移动，只有在两次移动中间才可以转弯，路线不可以交叉。

上面分别是连续走完 4 步和 5 步之后到达终点的例子。你能做出右边这道题吗？

神奇的全脑思维游戏书

032 最长路线 (2)

条件同 031 题，你能做出这道题吗？

终点

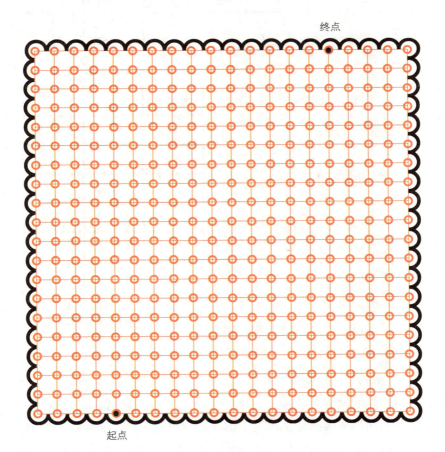

起点

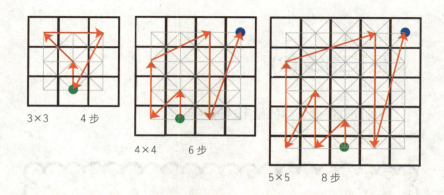

3×3　　　4步

4×4　　　6步

5×5　　　8步

033 细胞路线（1）

这个游戏的目标是从起点
（图中绿色的点）出发，连续地
从一个正方形移动到另一个正

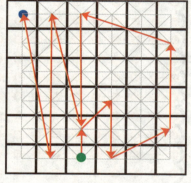

6×6　　　10步

方形。将起点所在的正方形作为长方形的一端或一角，每次移动
到长方形的另一端或其对角。每次移动的长方形的大小按照如下
的 顺 序：1×2，2×2，1×3，2×3，1×4，2×4，1×5，2×5，
1×6，2×6，以此类推。

所有的路线不能交叉，但是可以多次经过同一点。

上面的 4 幅图分别画出了前 4 种大小正方形里满足条件的最
长路线。在边长为 7 和 8 的正方形里，最多可以走多少步呢？

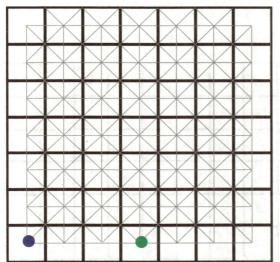

7×7
几步?

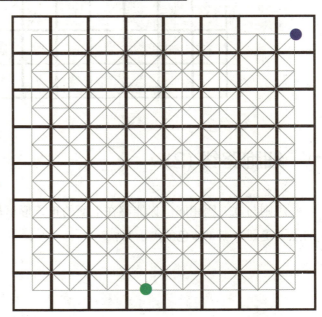

8×8
几步?

3×3　　4 步

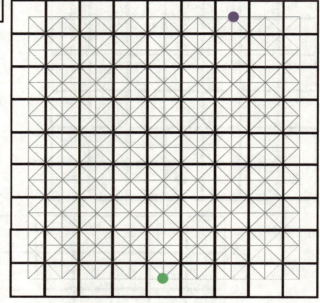

9×9　　几步?

034 细胞路线 (2)

规则与 033 题相同。你能够在上面的正方形里从起点（绿色的点）走到终点（蓝色的点）吗?

神奇的全脑思维游戏书

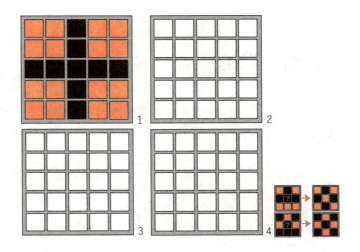

035 细胞变色

  图案的变色遵循这样的规律：每次变色，每个格子的颜色都是由与它横向与纵向相邻的格子的颜色决定的。

  对于一个黑色格子来说，与它相邻的格子中黑色多于红色，那么这个格子将会变成红色；而如果与它相邻的格子中红色多于黑色，那么这个格子依旧保持黑色不变。对于一个红色格子来说，情况则完全相反，如果与它相邻的格子中红色格子居多，那么它将改变颜色；如果黑色居多，则颜色不变。对于相邻的格子红色和黑色相等的情况，这2种颜色的格子都分别保持原来的颜色不变。

  上面的图形经过多少次变色之后就会重新变回到第2次变色之后的图形？

036 伽利略的诡论

平方数、数列以及质数是这本书里很多游戏的基础。下面的这两个题目就与之相关。

每一个整数都有一个平方数。那么平方数的数量与整数的数量是否相等?

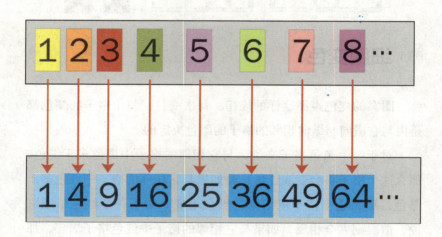

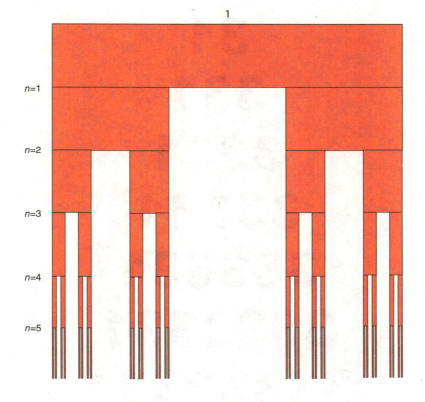

037 康托的梳子

取一条长度为 1 的直线，将它中间的 1/3 去掉，然后再去掉余下每一段中间的 1/3，无限重复这个过程，最后就形成了我们所说的康托的梳子。

你能找出一个公式来概括第 n 次变化之后，梳子所剩下的齿的总长度吗？

31
331
3331
33331
333331
3333331
33333331
333333331

038 找不同

你能找出这 8 行数里面与众不同的那一个吗？

039 茵菲尼迪酒店

　　茵菲尼迪酒店有无数个房间，无论酒店有多满，新进来的客人总还是有房间可住。酒店经理会将1号房间的客人调到2号房，2号房的客人调到3号房，以此类推。不管这个过程多么漫长，最后1号房总是可以空出来给新来的客人住。

　　我们的问题是：如果新来的客人的数量也是无限的，那么酒店经理应该怎么做呢？

2 117

539

040 质数

质数只能被 1 和它本身整除。这个特性数百年来吸引了无数的数学家。

这几个数中哪个 (些) 是质数?

质数

一个自然数不是质数就是合数 (除了 1 和它本身以外还可以写成另外两个数的乘积形式)。根据哥德巴赫猜想,所有比 2 大的偶数都可以写成两个质数的和,但这个猜想还没有被证明。另外一个已经被证明的定理是:所有比 9 大的奇数都可以写成 3 个质数的和 (维诺格拉朵夫证明)。

没有一个公式可以决定一个数是否是质数。直至今天,埃拉托色尼的筛网法仍然是我们所知的唯一方法,将给定范围内的质数全部找出来,也就是将给定范围内所有的整数列出来,然后将里面的合数系统地删掉,先删掉 2 的倍数,然后 3 的倍数,以此类推,最后剩下的就是质数。

神奇的全脑思维游戏书

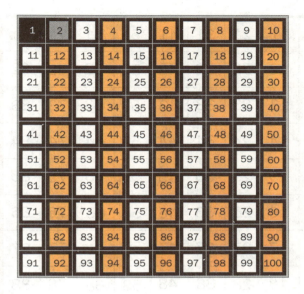

041 埃拉托色尼的筛网法

在前 100 个自然数中一共有多少个质数?

埃拉托色尼发明了一种他称之为"筛"的方法来找出给定范围内的所有质数。当给定的数非常大的时候,使用这种方法会非常困难,不过就像我们所看到的,如果只是找出 100 以内的质数,这种方法还是非常方便和有效的。除了 1(数学家一般都不把 1 看作质数),从 2 开始,2 是质数,用删掉所有 2 的倍数的方法来"摇一下这个筛子",如图所示。然后再删掉所有 3 的倍数,以此类推。

我们的问题是:在 100 以内一共需要删掉几个质数的倍数?

1	11	21	31	41	51	61	71	81	91
2	12	22	32	42	52	62	72	82	92
3	13	23	33	43	53	63	73	83	93
4	14	24	34	44	54	64	74	84	94
5	15	25	35	45	55	65	75	85	95
6	16	26	36	46	56	66	76	86	96
7	17	27	37	47	57	67	77	87	97
8	18	28	38	48	58	68	78	88	98
9	19	29	39	49	59	69	79	89	99
10	20	30	40	50	60	70	80	90	100

042 所有含"9"的数

在前 10 个自然数中，数字 9 只出现了 1 次（10%）。

在前 100（10^2）个自然数中，如图所示，一共有 19 个数都含有数字 9，占 19%，或者说将近 1/5。

对于前 1000（10^3）个自然数，这个比例又会发生什么样的变化呢？如果是前 10^{64} 个自然数呢，你能猜猜这个比例是多少吗？

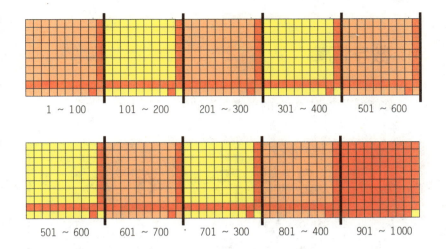

1 ~ 100 101 ~ 200 201 ~ 300 301 ~ 400 501 ~ 600

501 ~ 600 601 ~ 700 701 ~ 300 801 ~ 400 901 ~ 1000

$$10 = 10\%$$
$$100 = 19\%$$
$$1000 = \ ?$$
$$10^{64} = \ ?$$

你能发现表格中数字的规律，并在空白处填上恰当的数字吗?

	2	5	6	
3	4	7	8	11
10	11		15	18
12	13	16	17	20
	20	23	24	

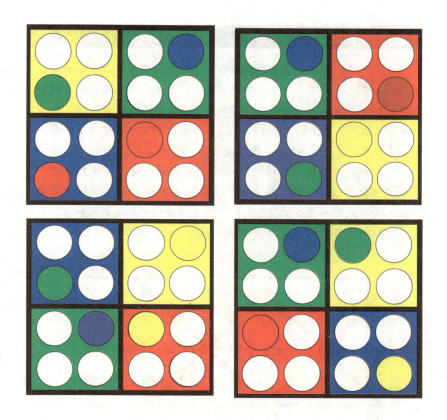

044 穿孔卡片游戏

　　将这4张正方形的穿孔卡片复印并剪下来，然后把卡片上的白色部分挖空，作为"窗户"。

　　请你将这4张卡片重叠起来，并且使卡片上每一个小正方形的4个圆圈分别呈现出4种不同的颜色。试试看，应该怎么做呢？

质数螺旋现象

1963 年，波兰数学家乌拉姆在一个无聊的讲座中独自在纸上涂画。他将自然数写在一个矩形方阵里面，把 1 写在中间，然后按照逆时针方向逐渐向外旋转，如下图所示。他惊奇地发现，所有的质数都落在对角线上。100 以内的 26 个质数全部落在了直线上，每一条直线至少经过 3 个质数，甚至更多。

当数字增大时，这种神秘的现象仍然会出现。将前几百万个数按照这种螺旋的方式写出来，里面的质数仍然会遵循同样的规律。这究竟是一种规律、还是仅仅只是巧合？至今还无人知道。马丁·加德纳在 1964 年写道："乌拉姆的发现绝对不可小视。"

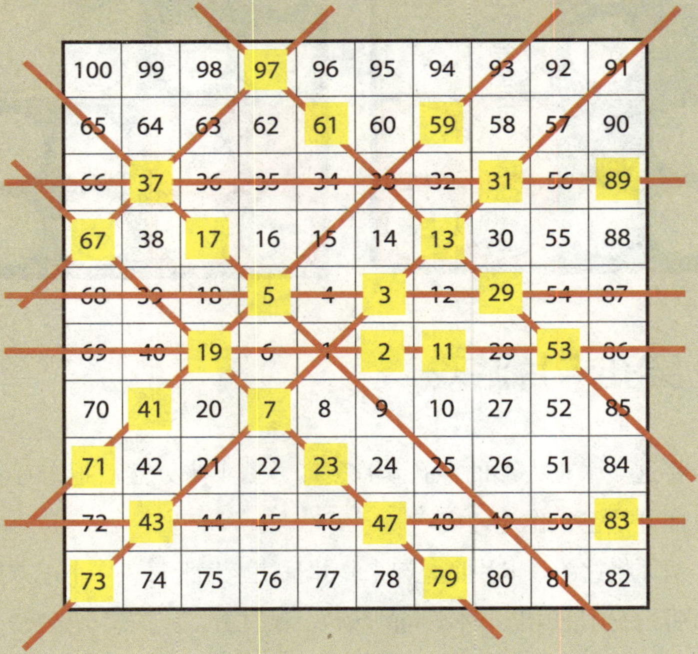

神奇的全脑思维游戏书

045 质数螺旋

乌拉姆也研究了不是从 1 开始的质数螺旋，例如下面的这幅图表，它是以 17 作为矩形方阵的中心开始的。他惊讶地发现这个螺旋结构中的质数组成了一些奇怪的图案。

试着将这幅图表里质数所在的方块涂成红色，看看组成的图案有什么奇怪之处。这幅图表里的质数有：17，19，23，29，31，37，41，43，47，53，59，61，67，71，73，79，83，89，97，101，103，107，109，113，127，131，137，139，149，151，157，163，167，173，179，181，191，193，197，199，211，223，227，229，233，239，241。

213	212	211	210	209	208	207	206	205	204	203	202	201	200	199
214	161	160	159	158	157	156	155	154	153	152	151	150	149	198
215	162	117	116	115	114	113	112	111	110	109	108	107	148	197
216	163	118	81	80	79	78	77	76	75	74	73	106	147	196
217	164	119	82	53	52	51	50	49	48	47	72	105	146	195
218	165	120	83	54	33	32	31	30	29	46	71	104	145	194
219	166	121	84	55	34	21	20	19	28	45	70	103	144	193
220	167	122	85	56	35	22	17	18	27	44	69	102	143	192
221	168	123	86	57	36	23	24	25	26	43	68	101	142	191
222	169	124	87	58	37	38	39	40	41	42	67	100	141	190
223	170	125	88	59	60	61	62	63	64	65	66	99	140	189
224	171	126	89	90	91	92	93	94	95	96	97	98	139	188
225	172	127	128	129	130	131	132	133	134	135	136	137	138	187
226	173	174	175	176	177	178	179	180	181	182	183	184	185	186
227	228	229	230	231	232	233	234	235	236	237	238	239	240	241

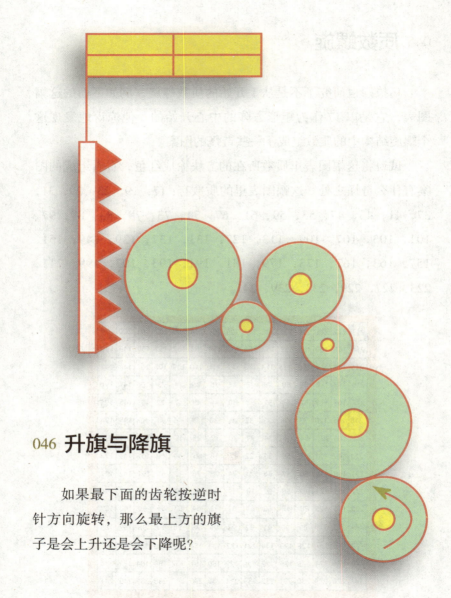

046 升旗与降旗

　　如果最下面的齿轮按逆时针方向旋转，那么最上方的旗子是会上升还是会下降呢？

047 填补空白

5 个标号的部分哪一个可以放在空白处？

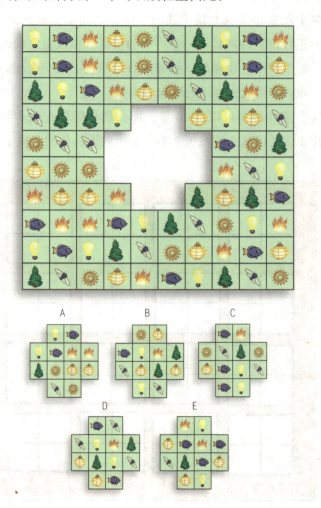

Q-Bits 游戏

这是一个双人游戏。将所有方块有颜色的那一面朝下混合放置。两个玩家轮流从方块中选出一块并正面朝上放到游戏板上，它必须正好覆盖游戏板上一个方格的位置。在放置之前允许旋转方块。如果两个方块相邻，相邻部分的颜色必须完全相同。不能够在游戏板中再放入方块的玩家为输家。

这个游戏最多可以走 16 步，那么最少需要走几步呢（即最少走几步就使得这个游戏板上不可能再放入其他的方块了）？

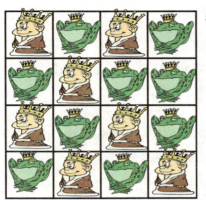

049 青蛙和王子

　　一个 4×4 的游戏板上随机放了 16 个双面方块。这些方块一面是青蛙，一面是王子。

　　这个游戏的目标就是使所有的方块都显示为同一面，即要么全部是青蛙，要么全部是王子。

　　翻动方块时要遵循一个简单的规则：每一次必须翻动一整横行、竖行或者斜行的方块（斜行也可以是很短的，比如游戏板一角的一个方块也可算作一个斜行）。

　　已经给出了两个游戏板，请问它们都可解吗？有没有简单的方法来确定一种结构是不是可解的呢？

050 玻璃杯 (1)

这里的"底朝天"可是跟喝酒一点关系也没有。你能够解出这些关于玻璃杯的题目吗?

下面有 7 个倒放着的玻璃杯,要求你把这 7 个杯子全部正过来,但是每次都必须同时翻转 3 个杯子。

请问最少需要几次才能完成?

051 玻璃杯 (2)

如图所示，10个玻璃杯放在桌子上，5个正放，5个倒放。每次拿任意2个杯子，并将它们翻转过来。不断重复这个过程。

你能否让所有的杯子全部正过来？

与滑行拼图游戏一样，下面的这些游戏也只允许你每次移动一整横行或者一整竖行。

在这 9 个变形中，目标是由第 1 个图形变到第 2 个图形，规则是将原来图形的整个横行以及竖行顺序打乱。

你能找出系统地解决这类游戏的方法吗？

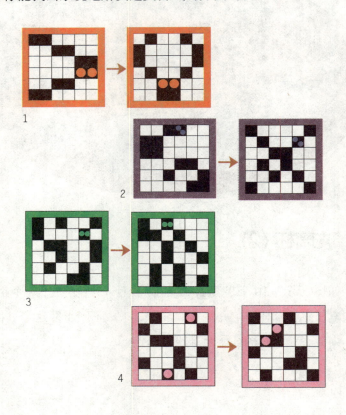

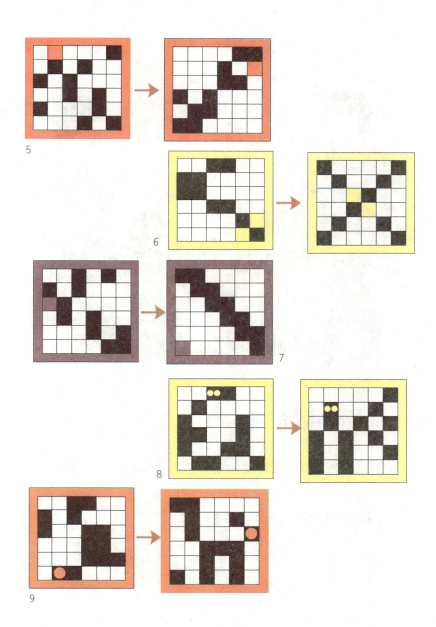

5

6

7

8

9

053 孩子的年龄

　　一个父亲说："如果将我的 4 个小孩的年龄相乘，结果将会是 39。"

　　请问他的 4 个孩子分别是多大？

054 父亲和儿子

　　父亲和儿子的年龄个位和十位上的数字正好颠倒，而且他们之间相差 27 岁。

　　请问父亲和儿子分别多大？

055 弹子球

詹妮和杰迈玛本来有相同数量的弹子球，后来詹妮又买了 35 颗，而杰迈玛丢掉了 15 颗，这时他们两人弹子球的总数是 100。请问刚开始时詹妮和杰迈玛分别有多少颗弹子球？

神奇的全脑思维游戏书

056 轮子问题 (1)

一个轮子可能会有非常多互相矛盾的性质。轮子轮缘上不同的点在转动时的地面速度是不同的，问轮子上哪一点的速度最大，哪一点的速度最小呢？

057 轮子问题 (2)

轮子的悖论最早出现在亚里士多德的著作《工具论》中。这个悖论的内容如下：

如下图所示，这是 2 个同轴但半径不同的轮子，大轮子的半径是小轮子的 2 倍。当大轮子从 1 点滑动到 2 点时，小轮子从 3 点滑动到 4 点。如果这两个轮子都沿着画出来的轨道转动，很显然它们不可能同时在这两条轨道上很平稳地转动。假设这两个轮子转动得非常平稳，那么就意味着在每一个时刻这个大轮子上的一点都可以在小轮子上找到与它一一对应的点，这样看上去好像小轮子的周长等于大轮子的周长，而这与前面的条件是矛盾的。

应该如何解释这个悖论呢？

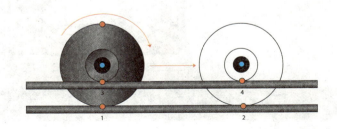

058 木头人

这是一个很经典的脑筋急转弯。

一个老座钟上立着一个木头人。每当他听到钟响1次，他就会跳2次。座钟每到整点就响，响的次数与时刻数相等。

那么一天24小时，这个木头人一共会跳多少次？

神奇的全脑思维游戏书

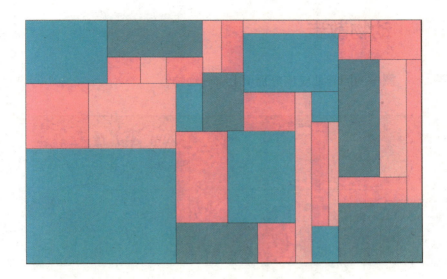

059 整数长方形

　　如图所示，一个大长方形被分成很多个小长方形。每个小长方形或者高是整数，或者宽是整数。绿色的小长方形宽为整数，高不是整数。橘红色的长方形高是整数，宽不是整数。

　　那么这个大长方形的高和宽都是整数吗？还是都不是整数？

图中的问号处应该分别填上哪种动物?

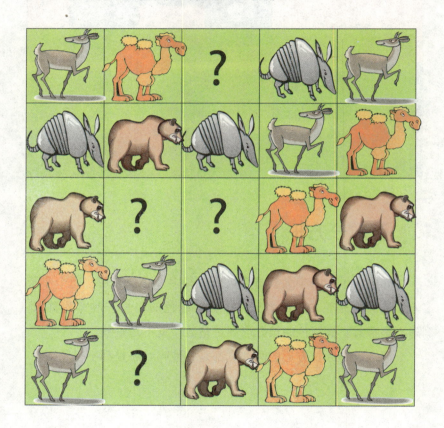

神奇的全脑思维游戏书

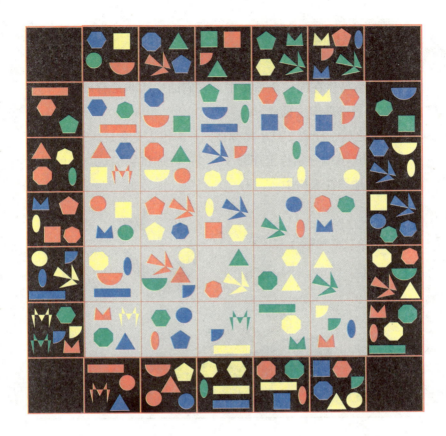

061 方块里的图形

　　所有黑色方块里的图形都能在与它同一横行或者竖行的灰色方框内找到一个与它一模一样的图形。

　　某一个灰色方块内少了一个图形，你能把它找出来吗？

062 7只小鸟

7只小鸟住在同一个鸟巢中。它们的生活非常有规律，每一天都有3只小鸟出去觅食。

7天之后，任意2只小鸟都在同一天出去觅食过。

将7只小鸟分别标上序号1～7，请你将它们这7天的觅食安排详细地填在表格中。

时　间	觅食的小鸟序号
第 1 天	
第 2 天	
第 3 天	
第 4 天	
第 5 天	
第 6 天	
第 7 天	

第 1 天			
第 2 天			
第 3 天			
第 4 天			

063 遛狗

　　9 个女孩每天都带着她们各自的宠物狗出去散步。她们每次分 3 组，每组 3 个人，4 天之中，她们中的任意 2 个女孩都只有一次被分到同一组。

　　请问应该怎样给她们分组呢？

小学生的日程安排

15 个小学生 3 人一组去上学，连续 7 天。

他们的分组情况必须要满足一个条件：在 7 天中任意 2 个小学生只有 1 次被分到同一组。

为了方便起见，我们将这 15 个小学生分别标上序号 1 ~ 15，你能根据所给出的条件填写分组表格吗？

一共有 7 种解法，你能找出其中的一种吗？

分组情况														
第 1 天														
第 2 天														
第 3 天														
第 4 天														
第 5 天														
第 6 天														
第 7 天														

065 猫和老鼠

　　3只猫和3只老鼠想要过河，但是只有一条船，一次只能容纳2只动物。无论在河的哪一边，猫的数量都不能多于老鼠的数量。

　　它们可以全部安全过河吗？

　　船最少需要航行几次才能将它们全都带过河？

066 纸风车图案

如图所示，每一横行或每一竖行都有 6 个纸风车，每个纸风车都包含有 4 种颜色。

你能找出这些图案的规律，并给图中的 6 个白色纸风车涂上正确的颜色吗？

067 谁是谁

　　汤姆总是说真话；狄克有时候说真话，有时候说假话；亨利总是说假话。

　　请问图中的 3 个人分别是谁？

1. 12 句话中有 1 句是假的。

2. 12 句话中有 2 句是假的。

3. 12 句话中有 3 句是假的。

4. 12 句话中有 4 句是假的。

5. 12 句话中有 5 句是假的。

6. 12 句话中有 6 句是假的。

7. 12 句话中有 7 句是假的。

8. 12 句话中有 8 句是假的。

9. 12 句话中有 9 句是假的。

10. 12 句话中有 10 句是假的。

11. 12 句话中有 11 句是假的。

12. 12 句话中有 12 句是假的。

068 哪一句是真的

上面哪一句话是真的？

069 通往真理城的路

真理城的人总是说真话，而谎言城的人总是说假话。

你在去往真理城的路上看到了上面的这个路标，但是这个路标让人摸不着头脑，因此你必须要向站在路标旁边的人问路。

不幸的是，你并不知道这个人究竟是来自真理城还是谎言城，而你只能问这个人一个问题。

你应该问一个什么问题，才能找到通往真理城的路呢？

3 种人

　　鲁勒奴都斯城的市民分 3 种：只说真话的人、只说假话的人以及一次说真话一次说假话的人。

　　你遇到了这个城市里的一个居民，你可以问他 2 个问题，最后你必须通过他的回答来判定他属于哪一种人。

　　你会问他哪 2 个问题呢？

071 真理与婚姻

国王有 2 个女儿，一个叫艾米莉亚，一个叫莱拉。她们中有一个已经结婚了，另一个还没有。艾米莉亚总是说真话，莱拉总是说假话。一个年轻人要向国王的 2 个女儿中的一个提一个问题，来分辨出谁是已经结婚了的那个。如果答对的话，国王就会将还没有结婚的女儿嫁给他。

他应该怎样问才能娶到公主呢？

072 游泳池

一个游泳池长 10 米、宽 5 米、深 1 米，你一生中所喝的水的总量能不能把这个游泳池装满。

神奇的全脑思维游戏书

073 理发师费加诺

　　小城里唯一的一位理发师名叫费加诺。在所有有胡子的居民中，费加诺给所有自己不刮胡子的人刮胡子，他从来不给那些自己刮胡子的人刮胡子。也就是说，一个人要么自己刮胡子，要么让费加诺给他刮胡子，没有人2种方法都使用。我们的问题是，费加诺自己有没有胡子？

074 战俘的帽子

第二次世界大战中，一个战俘营里有 100 名战俘。战俘营的看守准备将他们全部枪毙，司令官同意了，但是他又增加了一个条件：他将向这些战俘提一个问题，答不出来的将被枪毙，答出来的则可以幸免。

他把所有的战俘集合起来，说：

"我本来想把你们全部枪毙，不过为了公平起见，我准备给你们最后一次机会。一会儿你们会被带到食堂。我在一个箱子里为你们准备了相同数量的红色帽子和黑色帽子。你们一个接一个地走出去，出去的时候会有人随机给你们每人戴上一顶帽子，但是你们谁都看不到自己帽子的颜色，只能看到其他人的，你们要站成一列，然后每一个人都要说出自己戴的帽子是什么颜色。答对的人将会被释放，答错了，就要被枪毙。"

过一会后，每一个战俘都戴上了帽子，现在请问，战俘们怎样做才能逃脱这场灾难呢？

075 男孩的特征

　　一个班有 20 个男孩，其中有 14 个人是蓝眼睛，12 个人是黑头发，11 个人体重超重，10 个人非常高。

　　请问一共有多少个男孩同时具备这 4 个特征？

076 大杯鸡尾酒

下图的鸡尾酒杯杯口的周长和杯身的高度哪个更长?

神奇的全脑思维游戏书

077 酒店的门

酒店的 10 扇门都关着，它们分别被标上 1 ~ 10 这 10 个序号。

一个清洁工走过来，将所有序号能被 2 整除的门都打开。

一个修理工走过来，将所有序号能被 3 整除的门打开或者关上（如果门是关着的就把它打开，如果门是打开的就把它关上）。

又一个服务生走过来，将所有序号能被 4 整除的门都打开或关上。以此类推，直到所有门的状态都不能再被改变为止。

最后哪几扇门是关着的？

帽子的颜色 (1)

如图所示，马戏团里的4个小丑前后站成一排。他们中有2个人戴着红色的帽子，另外2个人戴着绿色的帽子。这一点每个观众都知道，但是小丑自己并不知道自己头上帽子的颜色，同时他们都不允许转头向后看。

哪一个小丑最先知道自己帽子的颜色呢？注意：其他小丑看不见小丑D，因为他身后的海报挡住了他们的视线。

神奇的全脑思维游戏书

帽子的颜色 (2)

如图所示，马戏团的 5 个小丑中有 2 个人戴蓝色的帽子，3 个人戴红色的帽子。这一点每个观众都知道，但是他们自己却不知道。跟帽子的颜色 (1) 的条件一样，他们都不能往后看。

此外，小丑 E 只能被小丑 D 看到，而不能被其他小丑看到。例如小丑 A 就不知道他自己帽子的颜色，也不知道小丑 E 帽子的颜色。

哪一个小丑将最先知道小丑 A 帽子的颜色呢？

080 摩尔人的图案

摩尔国王以前的宫殿非常具有数学美感，下面这个复杂的图案就是有关几何的设计之一。

这个图案是由一个闭合的图形组成的，还是由数个闭合的图形组成的？如果是后一种情况，具体是多少个呢？

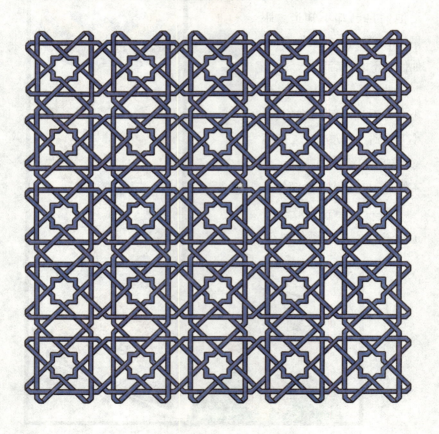

神奇的全脑思维游戏书

081 与众不同

这 5 个图形中哪一个与众不同？

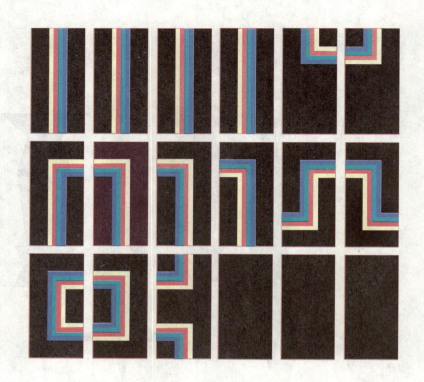

如图所示的彩虹的
连接方式是错误的

082 弯曲的彩虹

上图是 18 个 2×1 的长方形。

我们的任务是把这些长方形拼成一个完整的 6×6 的正方形，并且这个正方形中彩虹的 4 种颜色是连贯的。

083 火柴积木 (1)

这个矩阵（彩色小正方形）被分成 15 条，共 8 种颜色，每行用 1 种。

在 8×8 的游戏板上重新排列这 15 条积木，使得没有任何一行或一列有颜色重复出现。

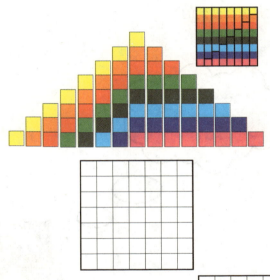

084 火柴积木 (2)

从 083 题的 15 条积木中挑选能够组成 7×7 的魔方的积木条，使得任何一行、一列以及至少 1 条对角线上没有颜色重复出现。

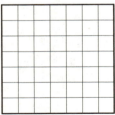

085 被拴起来的狗

菲多被人用一条长绳拴在了树上。拴它的绳子可以到达距离树 10 米远的地方。

它的骨头离它所在的地方有 22 米。当它饿了，就可以轻松地吃到骨头。

它是怎么做到的？

神奇的全脑思维游戏书

086 化学实验

　　上面6个烧瓶的容积分别为7个、9个、19个、20个、21个和22个单位容积。现在化学家要把蓝色和红色的2种液体分别倒满其中5个烧瓶,留下1个空的烧瓶,同时使这些烧瓶中蓝色液体的总量是红色液体总量的2倍(2种液体不能混合)。

　　请问:按照上面的条件,哪几个烧瓶应该倒满红色的液体,哪几个应该倒满蓝色的液体,哪一个烧瓶应该是空的?

087 色子家族

一个色子家族正在举行宴会，并且把它们祖先的照片挂在了墙上。来参加宴会的色子中，有一位是这个家族的客人，你能把它找出来吗？

神奇的全脑思维游戏书

答案

001. 向上和向下

重物 1：向上
重物 2：向下
重物 3：向上
重物 4：向下

002. 打喷嚏

当你睁开眼睛时你的车已经行驶了约 9.03 米，因此你刚刚避免了一场交通事故。

1 千米 =1000 米，因此按照 65 千米 / 小时的速度你在半秒钟内行驶了 (65×1000)/(60×60×2) ≈ 9.03 米，从而可以避免这场交通事故。

003. 伽利略的斜面实验

我们把小球在 1 秒钟内所经过的距离设为 d，那么它在前 2 秒钟内经过的总距离为 4d，在前 3 秒钟经过的总距离为 9d，在前 4 秒钟内经过的总距离为 16d，以此类推。你可以用一把尺子来检验：将尺子倾斜成一定角度，让小球沿着尺子向下滚动。不过倾斜角度一定要足够小，才能使小球在尺子上持续滚动 4 秒钟。

004. 赛跑

当选手 A 跑完 100 米抵达终点时，B 还在 90 米处，他只跑了选手 A 的 90% 的距离。同样的道理，选手 C 的速度也只是选手 B 的 90%，因此当 B 处于 90 米处时，C 应该正处在 81 米处。也就是说，选手 A 比选手 C 领先了 19 米。

005. 直尺下落

通过这个实验可以测试出你的反应时间。这个反应时间就是从松开直尺到握住直尺它所滑落的距离。

你用一只手握住直尺的顶部，让你的朋友食指和拇指稍稍分开，对准直尺上的 0 刻度处。突然松开直尺。你的朋友抓住直尺时所捏住的刻度就是他的成绩。

006.**槽轮结构**

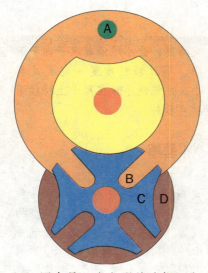

图中是一台电影放映机，它每次放映一个画格胶片，胶片会停留一定时间（几分之一秒），再放映下一个画格。由于视觉的滞留原理，我们的眼睛不会注意到放映过程中换胶片的间隙。然而事实上，当你看完一场电影时，你至少看了一个小时的空白屏幕！

胶片必须要一张一张地放映，以避免图像模糊，这也是为什么槽轮结构是最理想的放映工具的原因。

它的工作原理是这样的：如图所示，拨盘上带有圆销A，槽轮（C）上有4个径向槽（B是其中一个）。拨盘持续转动，它每转一周，圆销A拨动槽轮转过1/4周，带动放胶片的轮子D旋转，胶片移动一个画格。拨盘上的那个带有一个凹槽的黄色圆盘的作用是带动槽轮转动，在不放映的时候，它也可以起到稳住槽轮的作用。

007.**棘轮结构**

绿色的主动轮顺时针旋转一周，主动轮上固定的臂会拨动棘轮转过一个齿。

008.**滑动架结构**

中间红色的轮子持续旋转，使外面蓝色的架子来回滑动。

009.**摆的摆动（1）**

尽管是不同的摆幅，但是摆动一次所需要的时间是相同的。摆的周期不随摆幅的变化而变化，这是已被证明了的事实，尽管它不符合我们的直觉。

摆的运动遵循着特定的3个规律：

1. 摆的周期与摆锤的重量无关；

2. 摆的周期与摆幅的大小无关；

3. 摆的周期与摆线长度的平方根成正比。

摆的周期可以由这个简单的公式求出：$T = \sqrt{L/g}$ 其中 T 指完成一次摆动所需要的时间，L 指摆线的长度，而 g 指的是由于地心引力所产生的摆动的加速度，在地球上 $g=9.8$ 米 / 秒^2。

由于除了摆线的长度以外 g 是唯一的变量，因此，作为一种非常简单的装置，摆通常用来测量某个星球上的重力。1 码（0.9144 米）长的摆在地球上摆动一次约 1 秒，而在月球上则需要 2.5 秒。

010. 摆的摆动 (2)

这道题目在设计上的问题就是钟摆摆动的周期居然长达 5 秒，而且摆线这么长的钟在现实生活中是不可能出现的。

一般来说，摆的理论最好应用于摆幅较小的情况。因为在现实中，如果摆幅很大，如 140°，那么它就很容易受到其他物理因素的影响。

011. 简谐运动

笔画出来的运动轨迹是一条正弦曲线，如图所示。这种运动被称为阻尼运动，这是因为在摩擦力的作用下振动最终停止，而且其运动轨迹成为一条直线。

理想的状态（即没有摩擦力的情况）被称为简谐运动。简谐运动是自然界中最常见的运动类型之一，比如池塘的水波、收音机的波等。

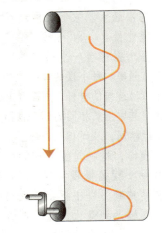

012. 共振摆 (1)

在这个装置中，通过起连接作用的绳子使这两个摆锤的运动相互作用。当其中一个摆锤开始振动时，这种振动转移到起连接作用的绳子上，然后再转移到另一个摆锤上。第一个摆锤的能量逐渐转移到另一个摆锤上，然后再转移回来。

由于这种共振转移作用，这种摆通常被称为共振摆。

013. 共振摆 (2)

过了一段时间之后，所有的摆都开始摆动，但是只有第一个开始摆动的摆和与之颜色相同的摆的摆幅最大。它们之间通过振动传递能量。

每个摆都有一个摆动频率或者固有频率。每个摆的每一次摆动都会拉动连接的横杆，并带动其他的摆。其中摆长相同的两个摆固有频率也相同，从而相互作用。

最终，这一对摆长相同的摆中有一个摆幅慢慢接近0，它的能量转移到另一个摆上，使这个摆的摆幅达到最大，然后能量又传递回来，如此循环往复。

014. 1 吨重的摆

通过很多次轻轻地拉动绳子，这个巨大无比的摆将会慢慢摆动起来，而且摆幅会越来越大——只要轻拉绳子，节奏是可以引起共振的。

如果你用力过大就会将磁铁从摆上拉开，而轻轻地拉动绳子则会带动摆开始有一点摆动。然后把磁铁拿开，让摆自己摆动，当它向你摆过来又要摆回去的时候，再次将带着绳子的磁铁吸在它侧面，并且将绳子往你的方向轻轻拉动。如果你时机把握得好，节奏又把握得非常准的话，摆的摆幅就会逐渐增大。

015. 傅科摆

在整个摆动过程中，摆一直处于同一平面内。摆动平面的改变只可能有一个解释：就是摆下面的地球本身在旋转。

摆的旋转速度在不同地区、

不同纬度下是不同的，它在极点和赤道之间的旋转速度等于15°乘以纬度的正弦。

016. 增大体积

如果所有测量长度的工具都变为原来的2倍，那么一个二维物体的面积将会增加到原来的4倍。同样，一个三维物体的体积将会变成原来的8倍，因此重量也会变成原来的8倍。

017. 无限与极限

最终图形的高度会接近原来图形的2倍，但是却永远不可能达到它的2倍，不论这个数列如何继续下去：1+ 1/2+ 1/4+1/8 +……

计算"塔"的高度也与此类似。

018. *Gnomon* 的面积

红色图形的面积等于 a^2，也等于最下面那个正方形面积的1/4。

由圆弧可以得知，上面大正方形里面的正方形的边长与下面的正方形的边长相等，即等于 b，再由勾股定理得出 c 的长度，即可求得红色图形的面积等于 a^2。

019. 摩天大楼的顺序

下面这两幅图满足客户的需求。在9的阶乘也就是362880种不同的排列方法中，一共有84种方法符合要求。

020. 睡莲

59天。在最先只有1朵睡莲的情况下，第二天应该有2朵睡莲。

021. **雪花曲线 (1)**

很容易证明雪花曲线的面积是有限的。不论怎么发展，这条曲线的面积都不会超过原三角形的外接圆的范围。这条曲线所围住的面积的极限是原三角形面积的8/5。

现在我们来讨论这条曲线的周长。设原三角形的边长是1，则它的周长就是3。那么，第一次变化之后所得到的多边形的周长是原三角形的周长再加上3段长度为原三角形1/3边长的线段，即这个多边形的周长是原三角形的4/3倍。因此，每一次变化之后，图形的周长为变化前的4/3。当然这种变化是无限的，因此图形的周长也是无穷大的。

雪花曲线以及类似的曲线揭示了一个非常重要的原理，即复杂的图形可以由一些非常简单的图形通过重复变形得到，这些图形被称为碎形。雪花曲线是由冯·科赫于1904年发现的。

022. **雪花曲线 (2)**

雪花曲线以及类似的曲线有没有三维类似体呢？比如说，在四面体上添加四面体，会不会出现一个表面积无限大的多面体呢？它的体积是不是有限的呢？

你能够想象出一个体积无限但是面积有限的立体图形吗？这听起来似乎不可能，但是我们已经讲解过了，这样的图形是存在的。

023. **正方形里的正方形**

如果不断重复这个过程，那么最终的结果就是黄色部分的面积将会一直增加，直到它的面积最后等于原来正方形的面积。这个结果听上去令人摸不着头脑，但是这种结果在处理无限问题的时候并不算是非常特殊的。

第1次分割：新出现1个黄色正方形，其面积为 $1/9 \approx 0.111$ ；

第2次分割：新出现8个黄色正方形，其面积分别为 $(1/9)^2$。因此此次分割后黄色部分的总面积为 $8 \times (1/9)^2 + 0.111 \approx 0.209$

第3次分割：新出现 8^2 个黄色正方形，其面积分别为 $(1/9)^3$，此次分割后黄色部分的总面积等于 $8^2 \times (1/9)^3 + 0.209 \approx 0.297$

第4次分割：新出现 8^3 个黄色正方形，其面积分别为 $(1/9)^4$，此次分割后黄色部分的总面积等于 $8^3 \times (1/9)^4 + 0.297 \approx 0.375$

这个图形变得逐渐清晰。黄色部分的总面积是一个无限的数，它等于：

$$1/9+8\times(1/9)^2+8^2\times(1/9)^3+8^3\times(1/9)^4+\cdots\cdots$$

如果我们根据这个式子算到第 25 次分割，黄色部分的面积总和就已经约为 0.947，这个数字与原正方形的面积 1 已经非常接近了。

024. 西尔平斯基三角形

第 4 次分割之后的图形如图所示。

第 4 次分割
175÷256=0.68

025. 斐波纳契正方形 (1)

第 5 次分割之后得到的图形如下。

026. 斐波纳契正方形 (2)

随着分割过程的无限重复，黑色部分与整个大正方形面积之比将会不断增大。第 5 次分割后两者的面积之比约等于 2/3。

027. 循环图形 (1)

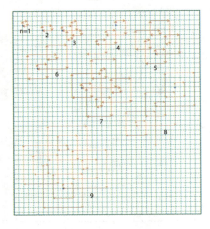

如图所示。当 *n* 能被 4 整除时，图形不是闭合的。

028. 循环图形 (2)

如图所示。

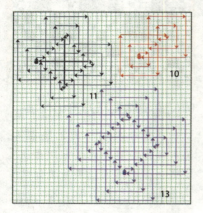

030. 循环图形 (4)

如图所示。

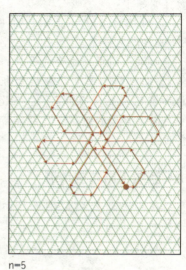

n=5

029. 循环图形 (3)

如图所示。

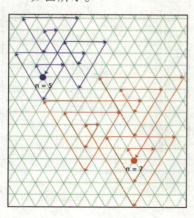

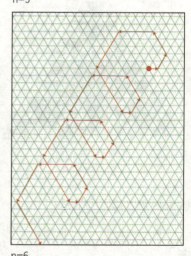

n=6

神奇的全脑思维游戏书

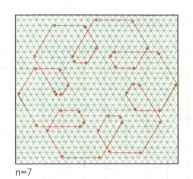

n=7

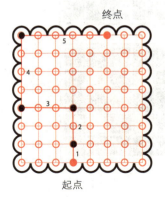

n=8

031. **最长路线** *(1)*

最多可以走 5 步。

终点

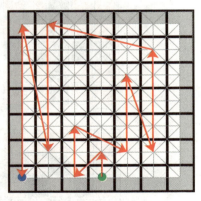

起点

032. **最长路线** *(2)*

最多可以走 11 步。

终点

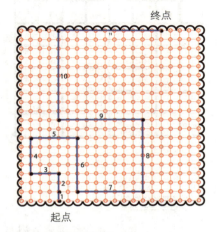

起点

033. **细胞路线** *(1)*

7×7 11 步

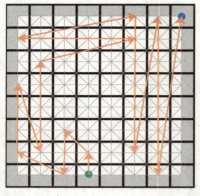

034. 细胞路线 (2)

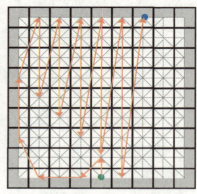

8×8 14步

9×9 16步

035. 细胞变色

第 4 次变色后会重新变回到第 2 次变色之后的图形。

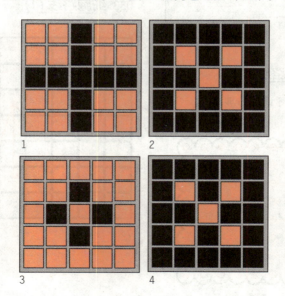

036. 伽利略的诡论

伽利略的诡论是无限集的神奇特性之一。伽利略在他的最后一本著作《关于两门新科学的对话》中提出了一个观点：平方数与非平方数的总和看起来要远远多于平方数，然而每一个数都有一个平方数，并且每一个平方数都有一个平方根，因此不能说究竟哪种数更多。这是用一一对应的方法来做证明的早期运用。

037. 康托的梳子

描述康托的梳子齿的总长度的公式是（2/3）^{n}。

随着n的无限增大，梳子齿的总长度接近0。康托的梳子的一个特性就是：当梳子齿的总长度在0与1之间时，总能够在梳子上找到两点，使这两点之间的距离等于梳子齿的总长度。

038. 找不同

最后一个与众不同，其他的都是质数（在大于1的整数中，只能被1和这个数本身整除的数叫质数，也叫素数），它是17与19607843的乘积。

039. 茵菲尼迪酒店

在这种情况下，酒店经理可以把客人都转移到房间号是他们原来房间2倍的房间。这样所腾出来的无限个房间就可以供无限个新来的客人住了。

类似的问题被称作希伯特酒店问题，它是以德国数学家大卫·希伯特（1862—1943）的名字命名的。这个问题从本质上说明了无限的2倍仍然是无限。

040. 质数

这3个数中只有"2"是质数。其他2个数都可以写成另外2个数的乘积：

117=9×13   539=7×77

041. 埃拉托色尼的筛网法

将2、3、5、7这4个质数的倍数从表格中删掉，剩下的数就是100以内的所有质数。

11的倍数就不用管了，因为例如77=7×11，它已经作为7的倍数被删掉了。再进一步思考，你将发现，如果要找出1到x以内的所有质数，只需要删掉小于以及等于x的平方根的质数的倍数就可以了。

在这道题中，我们需要删掉比 100 的平方根（10）小的质数的倍数，即 2，3，5，7 的倍数。

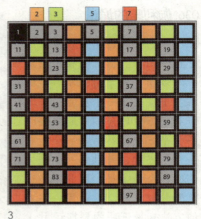

3

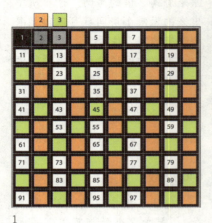

1

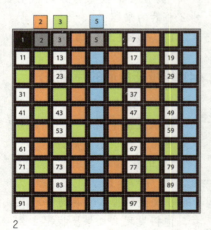

2

042. 所有含"9"的数

在前 1000 个自然数中，有 271 个数都包含有数字 9，即总数的 27%。出乎意料的是，前 10^{64} 个自然数中有 99% 的数都包含数字 9，这个结果可能让我们认为几乎每个数里面都包含有数字 9。

但是 9 并不是一个特殊的数字。对于每一个包含 9 的数，也可以把 9 换成 8（或者 7，6，5，4，3，2，1）。因此几乎所有的数都含有每一个数字。

043. 数字图案

每个不在最上面一横行和最左边一竖行的数，都等于它上面的数与它左边的数之和再减去它左上角的数。

1	2	5	6	9
3	4	7	8	11
10	11	14	15	18
12	13	16	17	20
19	20	23	24	27

044. 穿孔卡片游戏

如图所示。将 4 张卡片重叠，最后每个小正方形里的 4 个圆圈就分别呈现出 4 种不同的颜色。

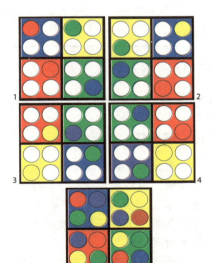

045. 质数螺旋

在这个正方形中，有一条对角线全部由质数组成。

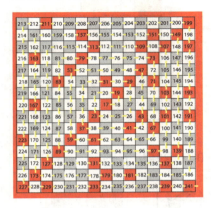

046. 升旗与降旗

旗子会上升。

047. 填补空白

C，从左上角开始并按照顺时针方向、以螺旋形向中心移动。7 个不同的符号每次按照相同的顺序重复。

048. Q-Bits 游戏 (1)

双人游戏最少走 8 步。有很多种走 8 步的方法，右图是其中一种。可以看到，不可能再往游戏板上放其他的方块了，因为所有的交点颜色都不同。

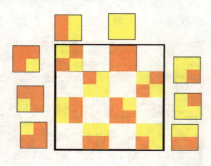

049. 青蛙和王子

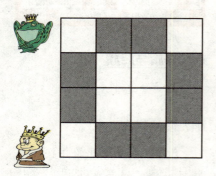

秘密就是看右图阴影处的8个方格。如果在这8个方格中，青蛙和王子的数量都是偶数，那么这个游戏最终就是有解的，反之则无解。原因是每一次翻动都会影响到0个或者2个在这个阴影区域的方格，而不可能只影响到奇数个方格。由于你必须在游戏最后让这个区域内所有的方格都显示为同一个图案，因此如果这个区域内青蛙或王子的数量是奇数，那么这个游戏是不可能完成的。根据这个规律，题1无解，题2有解。

050. 玻璃杯 (1)

最少需要3次。

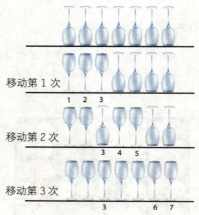

移动第1次

移动第2次

移动第3次

051. 玻璃杯 (2)

正放和倒放的杯子的个数都是奇数，而每次翻转杯子的个数是偶数，因此最后不可能将10个（偶数个）杯子都变成相同的放置情况。

奇偶性这个词在数学中首先

是被用来区别奇数和偶数的。如果两个数同是奇数或者同是偶数，就可以说它们的奇偶性相同。

每次移动偶数个杯子，这样就保留了图形的奇偶性。

052. 变形

如图所示，在图形格子的旁边分别标上数字，这样解决起来就容易得多。首先，将纵向格子的变化用序号标出来，然后再用同样的办法重新排列横向的格子。

用同样的转换方式记录下每次变形的方式。

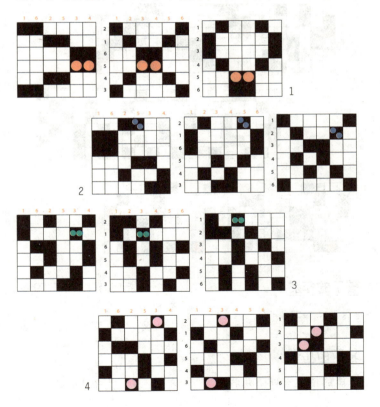

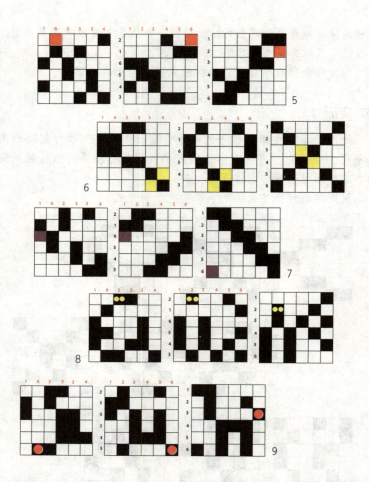

053. **孩子的年龄**

$1 \times 1 \times 3 \times 13 = 39$。

054. **父亲和儿子**

可能的情况有以下几种：

父亲 96 岁，儿子 69 岁；父亲 85 岁，儿子 58 岁；

父亲 74 岁，儿子 47 岁；父亲 63 岁，儿子 36 岁；

父亲 52 岁，儿子 25 岁；父亲 41 岁，儿子 14 岁。

神奇的全脑思维游戏书

从图中看，应该是最后一种情况。

055. 弹子球

刚开始时他们各自有40颗弹子球。

设他们刚开始时的弹子球数为 x，$2x+35-15=100$，因此 $2x+20=100$，$2x=80$，$x=40$。

056. 轮子问题 (1)

轮子上缘的点比轮子下缘的点的速度快。以火车轮子为例，它的轮缘会接触到轨道以下的地面，在它的轮子上甚至还有往回转动的点。

057. 轮子问题 (2)

轮子的悖论是乔治·康托于1869年解决的。

这个题目错误的地方就在于假定两个轮子之间的一一对应就推出这两个轮子的周长一定相等，事实上并不是。大轮子由1点滑动到2点时，小轮子并不是从3点滑动到4点，而只是沿着从两个轮子共同的轴心到大轮子的边缘这条直线被牵动了一定的距离。

1米长的线段上的每一点都可以与1000米长的线段上的所有点一一对应起来，甚至是与无限长的直线上的所有点一一对应。一段曲线上点的数量被康托称为aleph-1（康托称aleph附加数字表示无限数的概念）。

在康托之前的数学家都没有认识到无限数的特殊性质，因此他们都没有能够解释亚里士多德的轮子悖论。

058. 木头人

他一次都不会跳。因为他是木头做的，所以完全不可能听到钟响！别忘了我提醒过你这是脑筋急转弯。

059. 整数长方形

这种结构的大长方形，要么宽是整数，要么高是整数，或者两者都是整数。这一证明是由数学家斯坦·威根完成的。后来，彼得·温克勒在他的著作《数学智力游戏：极品珍藏》中又给出了一种天才的证明方法。

将大长方形里所有宽为整数

的绿色小长方形的上下边线用橘色勾勒并加粗。将剩下的橘色小长方形的左右边线用绿色勾勒并加粗。这样处理之后，最后在这个大长方形中至少会出现一条连接两对边的路线——要么是从大长方形的左边到右边的绿色路线，要么是从上边到下边的橘色路线（2 种不同颜色的相接处看作其中任意一种颜色，因此最终可能会出现 2 条相交的路线）。从图中可以看出，这个大长方形只有宽为整数。

用这种方法在你自己设计的长方形里试试！

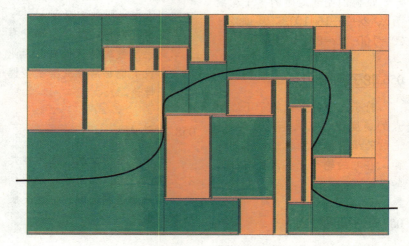

060. 动物散步

如图所示，从左下角开始，沿逆时针方向旋转，每 4 个动物的顺序相同。

神奇的全脑思维游戏书

061. 方块里的图形

如图所示，原图中少了一个红色正方形。

062. 7 只小鸟

时 间	觅食的小鸟序号		
第 1 天	1	2	3
第 2 天	1	4	5
第 3 天	1	6	7
第 4 天	2	4	6
第 5 天	2	5	7
第 6 天	3	4	7
第 7 天	3	5	6

063. 遛狗

首先看这 9 个女孩可能组成多少对。

如右表格所示，一共可以组成 36 对。

每一组 3 人中可以组成不同的 3 对，因此每一对在 12 组（每天 3 组，一共 4 天）中只会出现一次。下面是符合条件的分组方法：

1 - 2
1 - 3
1 - 4
1 - 5
1 - 6
1 - 7
1 - 8
1 - 9
2 - 3
2 - 4
2 - 5
2 - 6
2 - 7
2 - 8
2 - 9
3 - 4
3 - 5
3 - 6
3 - 7
3 - 8
3 - 9
4 - 5
4 - 6
4 - 7
4 - 8
4 - 9
5 - 6
5 - 7
5 - 8
5 - 9
6 - 7
6 - 8
6 - 9
7 - 8
7 - 9
8 - 9

第1天	1	2	3	4	5	6	7	8	9
第2天	1	4	7	2	5	8	3	6	9
第3天	1	5	9	2	6	3	3	4	8
第4天	1	6	8	2	4	9	3	5	7

064. 小学生的日程安排

解决这类问题可以使用几何方法，如图所示的就是其中一种。圆外环的14个点将圆的周长等分，内环的圆圈中包含5个彩色三角形，它以圆心（图中标的是15）为中心旋转，每次旋转两个单位，最后会形成7种不同的位置，从而每个三角形分别构成7个组，其中每组由三角形的3个顶点的数字组成。

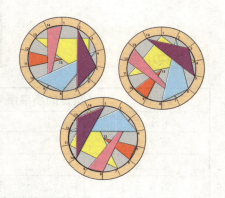

分组情况														
第1天	1	2	15	3	7	10	4	5	13	6	9	11	8	12	14
第2天	1	5	8	2	3	11	4	7	9	6	10	12	13	14	15
第3天	1	9	14	2	5	7	3	6	13	4	8	10	11	12	15
第4天	1	4	11	2	6	15	3	5	14	7	12	13	9	10	15
第5天	1	3	12	2	9	13	4	6	14	5	10	11	7	8	15
第6天	1	10	13	2	4	12	3	8	9	5	6	15	7	11	14
第7天	1	6	7	2	10	14	3	4	15	5	9	12	8	11	13

神奇的全脑思维游戏书

065. 猫和老鼠

　　一共有 4 种不同的解法，最少都需要 4 次才能将它们全都带过河。如图所示是其中的一种解法，其中 M 代表老鼠，C 代表猫。

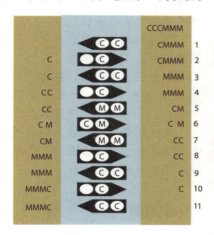

066. 纸风车图案

　　这个图案与风车的 4 种颜色密切相关。4 种颜色一共可以有 24 种不同的组合，而在我们的题目中，不计纸风车的旋转，这样就还剩下 6 种不同的颜色组合。每一横行或每一竖行都正好包含这 6 种不同的颜色组合，从黄色开始：

　　1. 黄　红　绿　蓝
　　2. 黄　红　蓝　绿
　　3. 黄　绿　红　蓝
　　4. 黄　绿　蓝　红
　　5. 黄　蓝　红　绿
　　6. 黄　蓝　绿　红

　　根据这个规律，你就可以给这些白色纸风车涂上正确的颜色了。

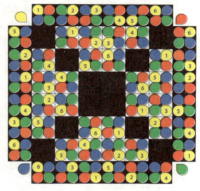

067. 谁是谁

　　右边的是汤姆，中间的是亨利，左边的狄克，而且狄克说谎了。

068. 哪一句是真的

　　第 11 句话肯定是真的。因为这 11 句话中每一句都与其他 11 句矛盾，因此只可能有一句是真的，即其中 11 句都是假的。

069. 通往真理城的路

问题是："请告诉我通往你来自的那个城市的路。"如果他来自真理城，他会指给你通往真理城的路；如果他来自谎言城，他也会指给你通往真理城的路。

这道题非常有趣的一点就是，尽管你能够通过这个问题得到你想要的答案，但是你仍然不知道这个人说的究竟是真话还是假话。

070. 3 种人

问他 2 次同一个问题："你是一次说真话一次说假话的人吗？"

如果他两次都回答"不是"那么他一定是只说真话的人。

如果他两次都回答"是"，那么他一定是只说假话的人。

而如果他 2 次答案都不同，那么他一定是一次说真话一次说假话的人。

071. 真理与婚姻

他应该问其中一位公主："你结婚了吗？"

不管他问的是谁，如果答案是"是的"，那么就说明艾米莉亚已经结婚了；如果答案是"没有"，那么就说明莱拉已经结婚了。

假设他问的是艾米莉亚，她是说真话的，如果她回答"是的"，那么就说明她已经结婚了。如果她的回答是否定的，那么结婚了的那个就是莱拉。

假设他问的是莱拉，莱拉总是说假话。如果她回答"是的"，那么她就还没有结婚，结婚了的那个是艾米莉亚；如果她回答"没有"，那么她就已经结婚了。

因此尽管这个年轻人仍然不知道谁是谁，但是他却能告诉国王还没有结婚的公主的名字。

072. 游泳池

可以。

这个游泳池可以装 50 立方米的水，也就是 50 000 升水。

健康专家建议我们每天喝 2 升水，一年即 730 升。

68 年你就喝了这样一游泳池的水了。

073. 理发师费加诺

费加诺没有胡子。

在所有有胡子的人中，他们要么自己刮胡子，要么让费加诺刮胡子，并且没有人两种方法都使用，即他不可能既自己刮胡子，又让费加诺给自己刮胡子。因此对于费加诺来说，他永远都不可能给自己刮胡子。因为如果这样，那么他就同时给自己刮，并且让费加诺刮了，而没有人是两种方法都使用的。因此费加诺没有胡子。

074. 战俘的帽子

如果这些战俘能够正确地站成一列，所有人都能被释放。

第1个战俘站在这一列的最前面，其他的人依次插入，站到他们所能看到的最后一个戴红色帽子的人后面，或者他们所能看到的第一个戴黑色帽子的人前面。

这样一来，这一列前一部分的人全部都戴着红色帽子，后一部分的人全部都戴着黑色帽子。每一个新插进来的人总是插到中间（红色和黑色中间），当下一个人插进来的时候他就会知道自己头上帽子的颜色了。

如果下一个人插在自己前面，那么就能判定自己头上戴的是黑色帽子。这样能使99个人获救。

当最后一个人插到队里时，他前面的一个人站出来，再次按照规则插到红色帽子与黑色帽子中间。这样这100个战俘就都获救了。

075. 男孩的特征

从表格可以很直观地看出，最少有1个人、最多有10个人同时具备这4个特征。

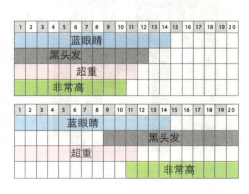

076. 大杯鸡尾酒

杯口的周长。

077. 酒店的门

最后序号为1，4和9的门是关着的。如图所示：只有当N能被K整除时，第N扇门在第K步变化，一扇门最终是开着的还是关着与它变化的次数有关（这个次数是奇数还是偶数）。平方数与其他数的奇偶性不同。非平方数有偶数个约数（如10的约数有1，2，5，10这4个），但是平方数有奇数个约数（如9的约数只有1，3，9这3个）。现在你知道结果为什么如此了吧。

第K步	第N扇门									
	1	2	3	4	5	6	7	8	9	10
1										
2		●		●		●		●		●
3			●			●			●	
4				●				●		
5					●					●
6						●				
7							●			
8								●		
9									●	
10										●

078. 帽子的颜色 (1)

小丑B。

如果小丑A看到他前面2个人的帽子颜色相同，那么他马上就知道自己帽子的颜色了（包括小丑D帽子的颜色）。但是他所看到的是一红一绿，因此他不能做出判断。

而小丑B发现身后的小丑A在沉默，他就可以由此推断出自己与他前面的人的帽子颜色肯定不同。

079. 帽子的颜色 (2)

小丑A可以看到2顶红色帽子，1顶蓝色帽子，那么他自己的帽子可能是蓝色的也可能是红色的。

小丑B知道小丑A只看到了一顶蓝色帽子，由此他可以推断自己头上的是顶红色帽子。

小丑C不知道自己帽子的颜色。

但是我们的问题是谁最先知道小丑A的帽子颜色。

只有小丑D才可能做到这一点。他知道小丑A没有看到2顶蓝色帽子（否则小丑A就知道自己的帽子是红色的了）或者3顶红色帽子（否则小丑A就知道自己的帽子是蓝色的了），因此，小丑D知道小丑A看到了2顶红色帽子和1顶蓝色帽子，剩下1顶蓝色帽子和1顶红色帽子，分别属于A和E。由于只有他才能看到小丑E的帽子，因此他很容易就能判断出小丑A的帽子颜色，小丑A与小丑E的帽子颜色相反。

080. 摩尔人的图案

这个图案是由25个闭合图形组成的，它们可以分成3组。

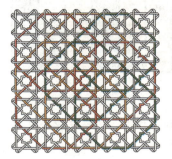

9个相同的图形

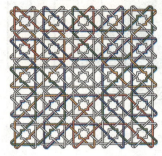

12个相同的图形，图形方向不同

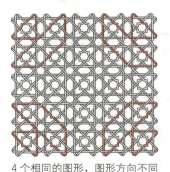

4个相同的图形，图形方向不同

081. 与众不同

左数第2个与众不同。

082. 弯曲的彩虹

083. 火柴积木 (1)

解法之一如图所示。

084. 火柴积木 (2)

解法之一如图所示。

2	4	6	8	5	7	1
3	5	7	1	6	8	2
4	6	8	2	7	1	3
5	7	1	3	8	2	4
6	8	2	4	1	3	5
7	1	3	5	2	4	6
8	2	4	6	3	5	7

085. 被拴起来的狗

菲多被拴在一棵直径超过 2 米的粗壮的树上，所以菲多可以绕着树转一个直径为 22 米的圆，如图所示。

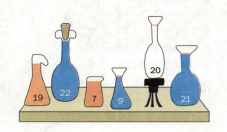

086. 化学实验

6 个烧瓶的总容积是 98 个单位容积（98 被 3 除余数为 2）。

空烧瓶的容积必须是被 3 除余数为 2 的一个数（因为蓝色的液体是红色液体总量的 2 倍），而在已给出的 6 个数中，只有

20 满足这一条件，因此容积为 20 的是空烧瓶。

剩下的 5 个烧瓶的总容积为 78，它的 1/3 应该为红色液体，即 26；剩下的 52 为蓝色液体。由此得到最后的结果，如图所示。

087. **色子家族**

C。

其他色子都可以用上方的那张图纸折出来。

神奇的全脑思维游戏书

提升
分析力

金 铁 / 主编

中国华侨出版社
北京

图书在版编目 (CIP) 数据

神奇的全脑思维游戏书 / 金铁主编 . -- 北京：中
国华侨出版社 , 2021.1
　　ISBN 978-7-5113-8427-0

　　Ⅰ . ①神… Ⅱ . ①金… Ⅲ . ①智力游戏—通俗读物
Ⅳ . ① G898.2

　　中国版本图书馆 CIP 数据核字 (2020) 第 226671 号

神奇的全脑思维游戏书

主　　编：金　铁
责任编辑：江　冰
封面设计：冬　凡
文字编辑：朱立春
美术编辑：吴秀侠
经　　销：新华书店
开　　本：880mm×1230mm　1/32　印张：32　字数：720 千字
印　　刷：三河市兴博印务有限公司
版　　次：2021 年 1 月第 1 版　　2021 年 1 月第 1 次印刷
书　　号：ISBN 978-7-5113-8427-0
定　　价：208.00 元（全 8 册）

中国华侨出版社　北京市朝阳区西坝河东里 77 号楼底商 5 号　邮编：100028
法律顾问：陈鹰律师事务所
发 行 部：（010）88893001　　传　真：（010）62707370
网　　址：www.oveaschin.com　　E-m a i l：oveaschin@sina.com

如果发现印装质量问题，影响阅读，请与印刷厂联系调换。

前言
PREFACE

　　思维游戏引人入胜，充满趣味，在活跃大脑的同时，带给游戏者一种全新的、前所未有的新奇和快感，并能激发好奇心，本套书更侧重于提高你的创造力、思考力、推理力、想象力、观察力、记忆力、分析力、逻辑力、判断力等各方面的能力。

　　分析力是成功人士必备的一种思维能力，是人最重要和最有价值的能力之一，是探索未知领域、走向成功的关键因素。本书从提高分析力的角度出发，对每一类游戏都进行了精心的选择和设计，每个游戏都极具代表性和独创性，内容丰富，难易有度，形式活泼。其中包括芝诺的悖论、蚂蚁队列、多格拼板、地图上色、欧贝恩的六个三角形、移走木框、折叠邮票、金字塔迷宫和蜂巢迷宫等。在游戏的过程中，你需要综合运用各种分析方法，多角度、多层次、多方向地思考问题；需要开阔思路，打破思维定式，以最简捷、最有效的方法去分析和解决问题；需要不断发现问题、提出问题，透过现象挖掘出本质，通过细节总揽全局，通过部分掌握整体，找出问题的有效解决方法。

　　书中的 88 个思维游戏可以激活你沉睡的分析力，帮助你学会横纵分析法、辐射分析法、直觉分析法、回溯分析法、简化分析法、列举分析法、预测分析法、数理分析法、逻辑分析法、推理分析法等，让你在游戏中不断提升自我，拥有非凡的分析力，迅速走向成功。

目录
CONTENTS

001 芝诺的悖论

著名数学家芝诺出生于公元前 490 年的亚平宁半岛，他创造了 40 多种悖论来支持他的老师——哲学家巴门尼德。巴门尼德相信一元论，认为现实是不会改变的，改变（运动）是不可能的。芝诺所创造的悖论在他同时代似乎都没有得到解决。

芝诺的悖论中最有名的要数"阿基里斯和乌龟赛跑"。在这个比赛中，阿基里斯让乌龟先跑一段距离。芝诺是这样说的：

当阿基里斯跑到乌龟的起点（A 点）时，乌龟已经跑到了 B 点。现在阿基里斯必须要跑到 B 点来追赶乌龟，但是同时乌龟又跑到了 C 点，依此类推。

芝诺的结论是阿基里斯需要用无限的时间来追赶乌龟。阿基里斯与乌龟的距离越来越近，但是他永远都不可能赶上乌龟；他跑过的路程可以被划分成无数段。当你要移动一段距离，你必须首先移动到这段距离的 1/2 处；而当你要移动到它的 1/2 处，你必须首先移动到它的 1/4 处，以此无限地细分下去。

我们当然知道人是能够超越乌龟的，那么芝诺的悖论中哪一点错了呢？

芝诺悖论

　　芝诺悖论是古希腊数学家芝诺提出的一系列关于运动的不可分性的哲学悖论。这些悖论由于被记录在亚里士多德的《物理学》一书中而为后人所知。其中最著名的两个悖论是"阿基里斯同乌龟赛跑"和"飞矢不动"。"飞矢不动"是芝诺提出的一系列关于运动的不可分性的哲学悖论中的一个。芝诺提出，由于箭在其飞行过程中的任何瞬间都有一个暂时的位置，所以它在这个位置上和不动没有什么区别。中国古代的惠施也提出过"飞鸟之景，未尝动也"的类似说法。

002 有钉子的心

如图所示，大的心形图案上有很多钉子（在图中用黑色的圆点表示）。在下面的 3 个小的心形图案上各有一些小孔（在图中用白色的圆点表示）。现在请你将这 3 个小的心形图案覆盖到中间的大的心形图案上，尽量让这些小孔能够覆盖最多的钉子。

提示：可以将 3 个小的心形图案旋转之后再覆盖上去。

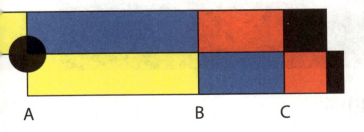

A   B   C

003 白色的小熊

　　看这只小熊一会儿，然后移开视线，努力让自己不再去想它。

　　你可以控制多久不去想这只小熊？换句话说，你能够控制自己的思维多久？

004 平方根

有 2 条线段，一条长度为 a，另外一条长度为 1。

现在请你画出一条直线 x，使 x 的长度等于 a 的平方根。

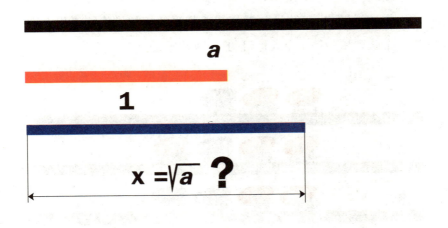

005 蚂蚁队列

纽约大学的计算机专家丹尼斯·E.莎莎定义了一种"令人惊讶的"符号序列：对于每一对"符号"X和Y，以及每一个距离D，最多只有一对X比Y领先D的距离。

在这道题中，"符号"就是背着彩蛋的蚂蚁。你能说出上面这6个队列哪些是"令人惊讶的"，哪些不是吗？

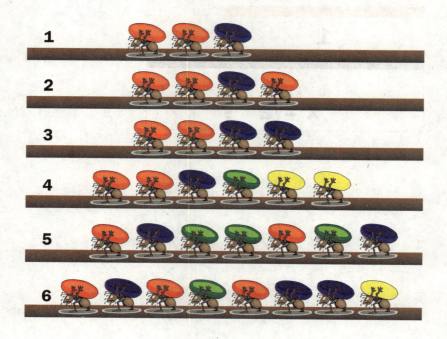

神奇的全脑思维游戏书

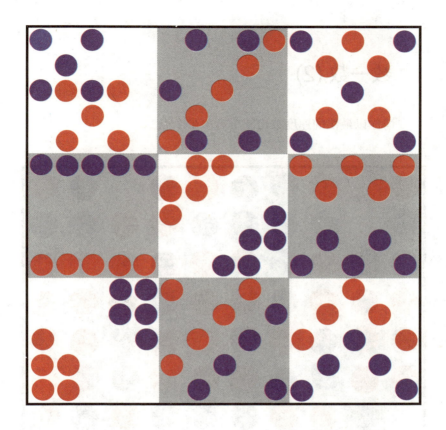

006 数一数 (1)

请你数出上图中有多少个点，你需要多少时间？

你能在 30 秒之内完成这个任务吗？

007 数一数 (2)

请你以最快的速度数出图中有多少个点？

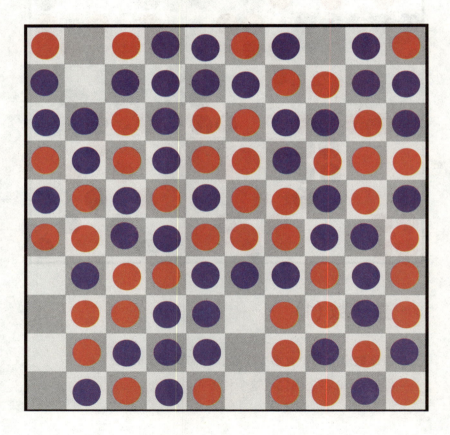

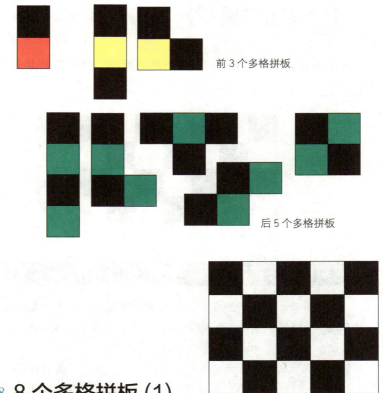

前 3 个多格拼板

后 5 个多格拼板

4 × 5 长方形

8 个多格拼板 (1)

多格拼板是多米诺拼板的继承和发展。

如上图所示，共 8 个多格拼板，其中有 1 个多米诺拼板（即由 2 个大小相同的正方形组成）、2 个三格拼板和 5 个四格拼板。

这后 5 个四格拼板的总面积为 20 个单位面积。请问你能将它们正好放进右边 4×5 的长方形中吗？

8 个多格拼板 (2)

8 个多格拼板的总面积为 28 个单位面积。请问你能将它们正好放进这个 4×7 的长方形中吗?

4 ×7 长方形

多格拼板和多形组巧板

多米诺拼板,这个流行了数个世纪的游戏,是由 2 个大小相同的正方形沿着同一条边组合成的。2 个大小相同的正方形只能以一种方式组合。

基于娱乐及其他方面的目的,数学家们在多米诺图形的基础上又增加了更多的正方形,由此就得到了三格拼板、四格拼板、五格拼板等,这些统称为多格拼板。

第一个多格拼板问题出现于 1907 年,但是最终使它成为一种数学娱乐和教育手段的,则要归功于所罗门·格洛比博士,他发明了相关的游戏,这些游戏继而由马丁·加德纳介绍给了广大的读者。

当我们将创造多格拼板的规律推广到除正方形以外的其他图形时,我们就得到了多形组巧板。

很多思维游戏都包括多形组巧板和多格拼板,尤其是五格拼板。著名的电脑游戏"俄罗斯方块"运用的就是四格拼板。

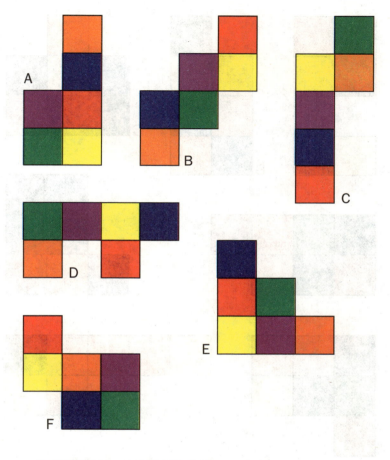

010 多形组拉丁拼板 (1)

试着将上面这 6 个拼板重新组合成一个大正方形，使这个正方形每一行和每一列的 6 个小正方形颜色都不同。这个大正方形叫作拉丁正方形。

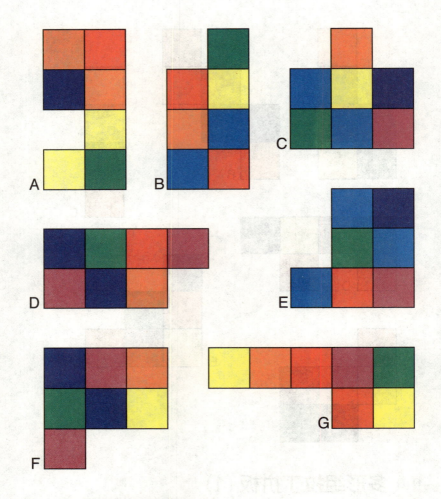

011 多形组拉丁拼板 (2)

　　试着将上面这7个拼板重新组合成一个大正方形，使这个正方形每一行和每一列的7个小正方形颜色都不同。

神奇的全脑思维游戏书

多格拼板矩形

　　大卫·克拉纳对多格拼板的序号是这样定义的：最少用几个
这样的多格拼板可以组成一个矩形，这个个数就是该多格拼板的
序号。允许旋转拼板。

　　根据上面的定义，序号为 1 的多格拼板本身就是一个矩形。

　　你能否找出下面 4 个多格拼板的序号？

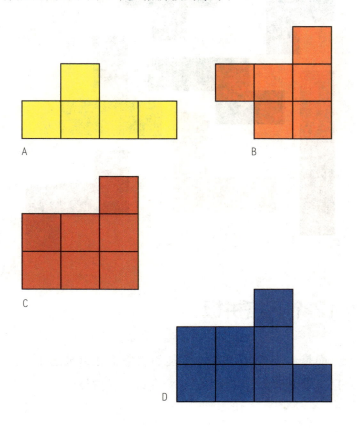

013 12 个五格拼板

上面是 12 个五格拼板，你能否将它们正好放进下页的表格中，只留下中间 4 个黑色的格子？允许旋转拼板。

神奇的全脑思维游戏书

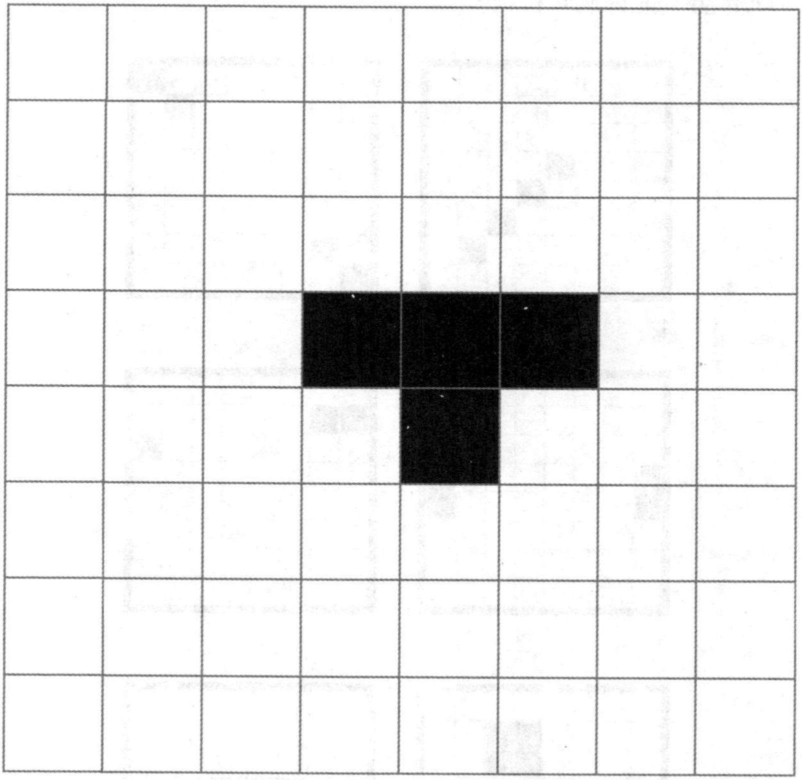

五格拼板游戏

你能否将 12 个五格拼板放进这 6 个表格中，只留下黑色格子的部分？允许旋转拼板。

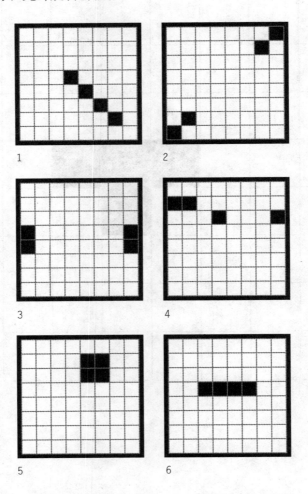

神奇的全脑思维游戏书

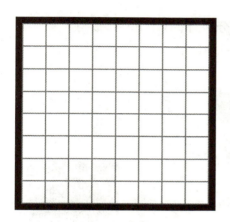

015 最少的五格拼板

在一个 8×8 的表格中，最少放入多少个五格拼板之后，就不能再放入其他的五格拼板了？

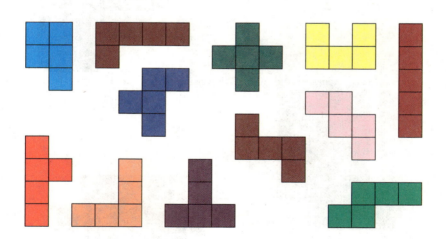

五格拼板的 1/3

你能在下面 4 个图形里面分别画上 3 个五格拼板吗?
12 个五格拼板中每个只能使用 1 次。

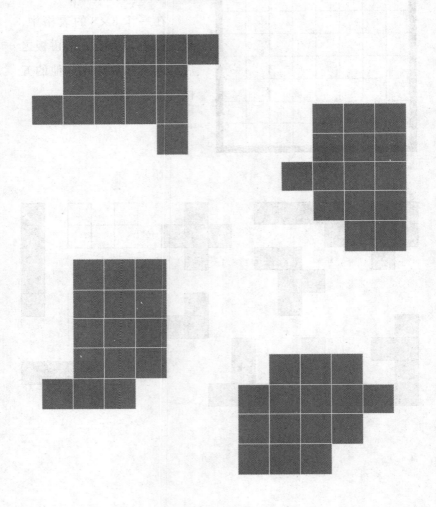

神奇的全脑思维游戏书

017 五格拼板的 3 倍

这是一个十分引人入胜的五格拼板游戏。

给出 1 个五格拼板,然后要求用剩余 11 块中的 9 块拼成一个高和宽都为给定五格拼板的 3 倍的图形。

12 个五格拼板都可以用于玩这个游戏,你能画出正确答案吗?

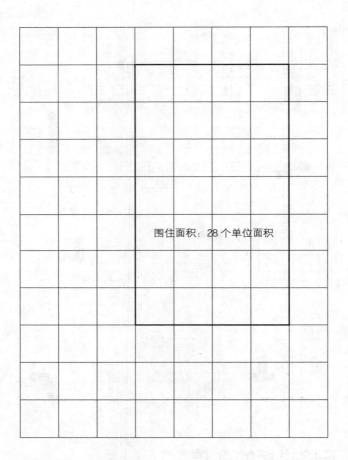

围住面积：28 个单位面积

018 五格拼板围栏 (1)

当 12 个五格拼板拼成一个矩形的轮廓时，在它们的内部能够围成的一个最大的矩形，其面积为 28 个单位面积，如上图所示。

你能把这 12 个五格拼板的位置画出来吗？

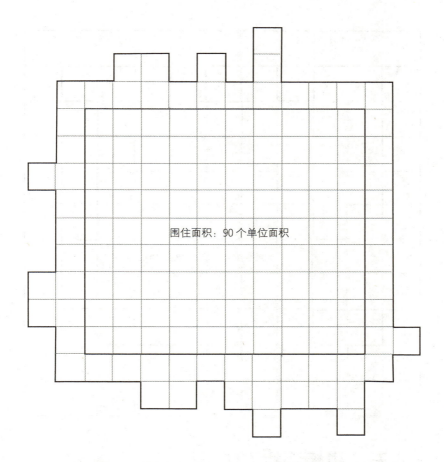

围住面积：90 个单位面积

019 五格拼板围栏 (2)

在 12 个五格拼板的内部能够围出一个 9×10 的矩形，其面积为 90 个单位面积。

你能把这 12 个五格拼板的位置画出来吗？

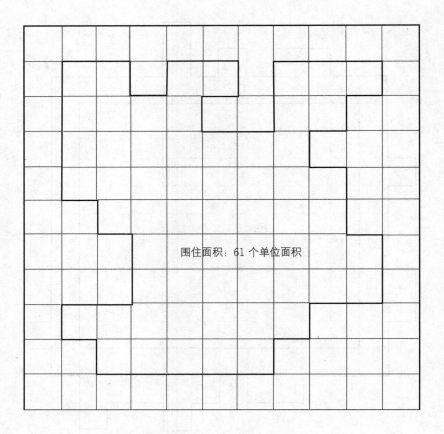

围住面积：61 个单位面积

020 五格拼板围栏 (3)

当 12 个五格拼板拼成一个矩形的轮廓时，在它们的内部能够围出的一个最大面积，如上图所示。这 12 个五格拼板能够拼成 11×11 的矩形，围出的图形面积大小为 61 个单位面积。

你能把这 12 个五格拼板的位置画出来吗？

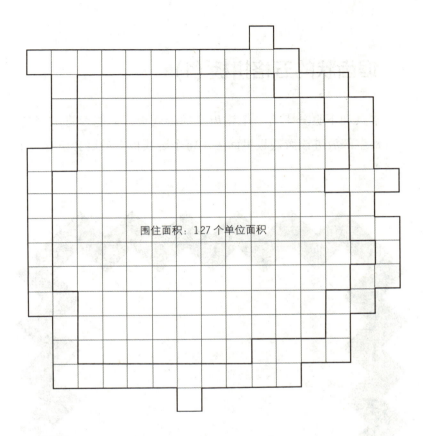

围住面积：127 个单位面积

021 五格拼板围栏 (4)

在 12 个五格拼板内部能够围出的最大图形面积为 127 个单位面积。

你能把这 12 个五格拼板的位置分别画出来吗？

022 锯齿状的五格拼板 (1)

　　本页和下页分别有一个锯齿状的游戏板，你能否将 12 个五格拼板全部放进该游戏板里面去（每个游戏板上最后会留有一个空格）？

神奇的全脑思维游戏书

锯齿状的五格拼板 (2)

024 六格拼板

你已经学到的五格拼板的知识，可以帮助你完成下面的多格拼板拼图游戏。

六格拼板是包含 6 个格子的多格拼板。

神奇的全脑思维游戏书

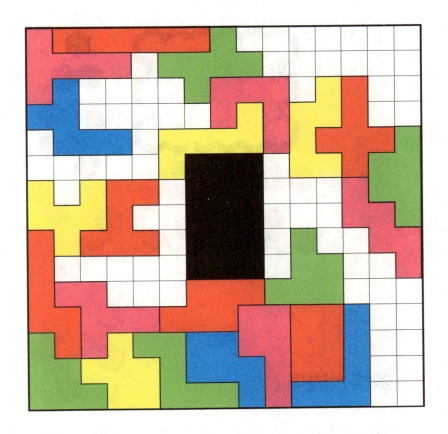

六格拼板一共有 35 个，它们可以覆盖一个 15×15 的正方形，中间留下一个 3×5 的矩形。

你能将上页给出的 12 个六格拼板填入本页上面的拼图中，将拼图补充完整吗？

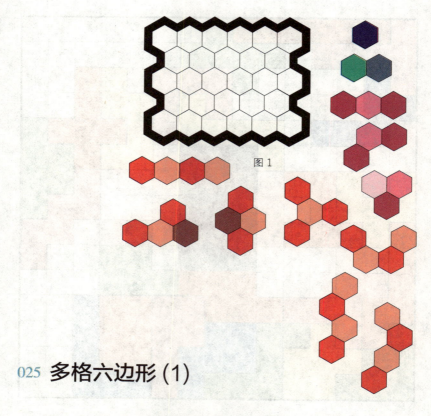

图 1

025 多格六边形 (1)

　　将几个正六边形组合起来有很多种方法。上图画出了从单格到四格的正六边形组合。

　　将 2 个正六边形组合起来只有 1 种方法（二格六边形）。

　　将 3 个正六边形组合起来有 3 种方法（三格六边形）。

　　将 4 个正六边形组合起来有 7 种方法（四格六边形）。

　　请你将这些多格六边形放进图 1 的游戏板中，每次只允许剩下 3 个没有用到。

神奇的全脑思维游戏书

026 多格六边形 (2)

条件同 025 题，请你将上页的多格六边形放进图 2 的游戏板中，每次只允许剩下 3 个没有用到。

图 2

027 多格六边形 (3)

条件同 025 题，请你将上页的多格六边形放进图 3 的游戏板中，每次只允许剩下 3 个没有用到。

图 3

五格六边形 (1)

5 格正六边形有 22 种组合方法，如下图所示。

你能否将这 22 个五格六边形全部放进下页的游戏板中去？

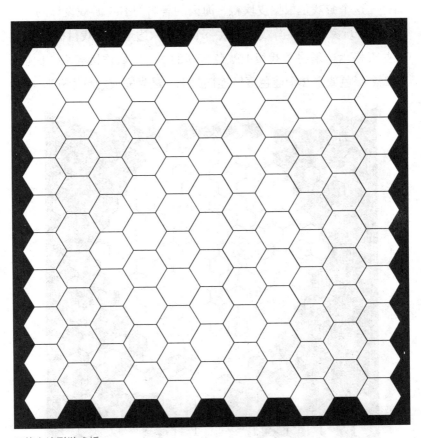

五格六边形游戏板

五格六边形 (2)

2 个玩家将 22 个五格六边形轮流放到一个六边形的游戏板上面——这个游戏是根据皮埃特·海因的著名的 Hex 游戏设计的。

2 个玩家轮流在游戏板上放一个五格六边形，游戏目标是要用这些五格六边形将游戏板上颜色相同的 2 个区域连接起来。比如，把 2 个绿色或者 2 个蓝色区域连接起来。最先完成的玩家获胜。

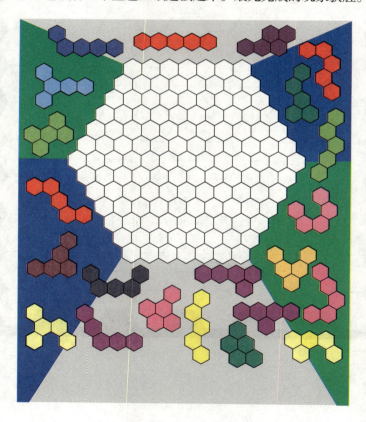

030 五格六边形 (3)

一共有 22 个五格六边形，其中的一部分组成了上面的图形。

你能说出右上的 4 个五格六边形中哪些在上面的图形中没有用到吗？

五格六边形游戏 (1)

你能否用 22 个五格六边形填满图 1？

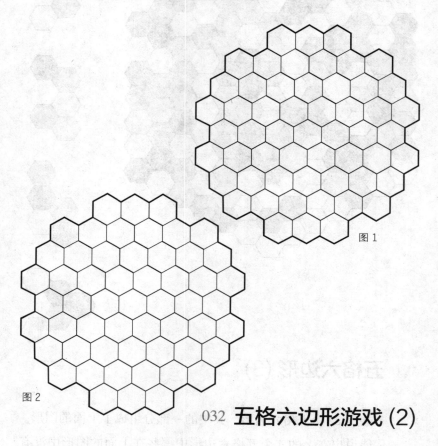

图 1

图 2

032 **五格六边形游戏 (2)**

你能否使用不同的方法，用 22
个五格六边形将图 2 填满？

神奇的全脑思维游戏书

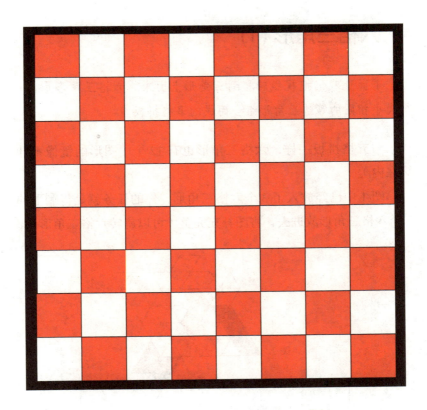

033 棋盘正方形

在一个象棋棋盘上一共有多少个正方形？你可能会想当然地说是 64 个。不要忘了，除了小的棋盘格以外，还有比它大的正方形。

你能说出这个棋盘上正方形的总数吗？

你能找到一种计算大正方形（边长包含 n 个单位正方形）里所含的所有正方形的个数的公式吗？

034 六格三角形 (1)

下面让我们把视线转移到三角形上面来。六格三角形是由 6 个大小相同的等边三角形组合而成的多格拼板。

与五格拼板一样，六格三角形也有 12 个（图形的镜像不计算在内）。

图 1 中已经放入了 3 个六格三角形，你的任务就是将剩下的 9 个六格三角形放进去，将图补充完整（可以旋转六格三角形）。

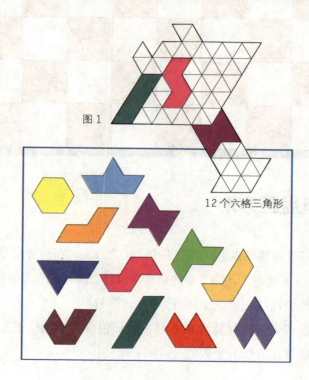

图 1

12 个六格三角形

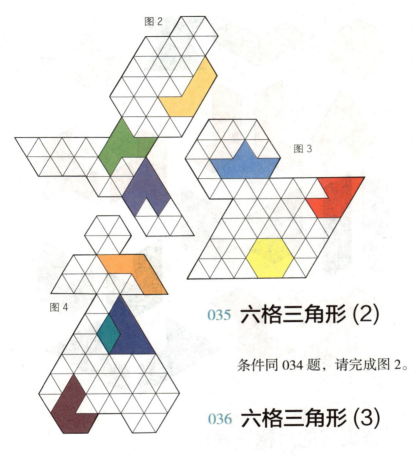

图 2

图 3

图 4

035 六格三角形 (2)

条件同 034 题，请完成图 2。

036 六格三角形 (3)

条件同 034 题，请完成图 3。

037 六格三角形 (4)

条件同 034 题，请完成图 4。

038 欧贝恩的六格三角形

　　1959 年，托马斯·欧贝恩注意到，在 12 个六格三角形中，有 5 个是对称的，有 7 个是不对称的。

　　如果将不对称的 7 个六格三角形的镜像也算上（如上图所示），一共就是 19 个六格三角形。它们与一个 3×3 的正六边形

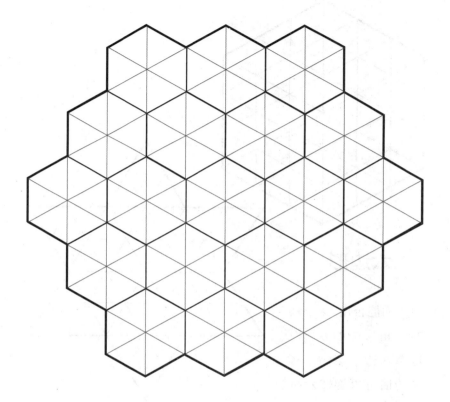

游戏板的总面积正好相等。因此，欧贝恩提出了下面的问题：

19个六格三角形能否正好放进这个游戏板中呢？欧贝恩自己花了几个月才找出一种解决方法，你可以吗？

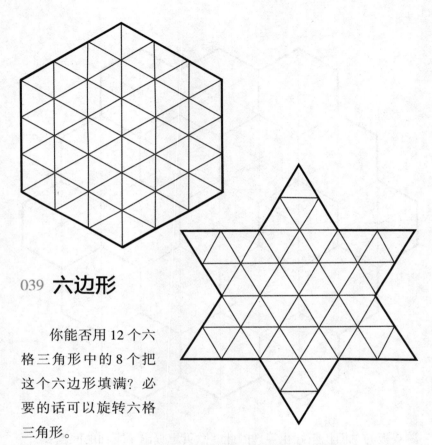

039 六边形

你能否用 12 个六格三角形中的 8 个把这个六边形填满？必要的话可以旋转六格三角形。

040 六角星

你能否用 12 个六格三角形中的 8 个把这个六角星填满？必要的话可以旋转六格三角形。

神奇的全脑思维游戏书

041 七格三角形

七格三角形是由 7 个全等三角形组合而成的，一共有 24 个。

托马斯·欧贝恩提出了一个问题：这 24 个七格三角形中有多少个可以用来铺地板（也就是说，无数个这一图形可以无限地铺下去，每 2 块之间都不留缝隙）。格里高利主教证明了只有 1 个不可以。

你能把这 1 个找出来吗？

042 四格等腰三角形

托马斯·欧贝恩还创造了一组图形，这次所用到的基本图形是等腰直角三角形。

请你用没有对称轴的 8 个四格等腰三角形和它们的镜像（加起来一共 16 个）来填满下面的正方形。

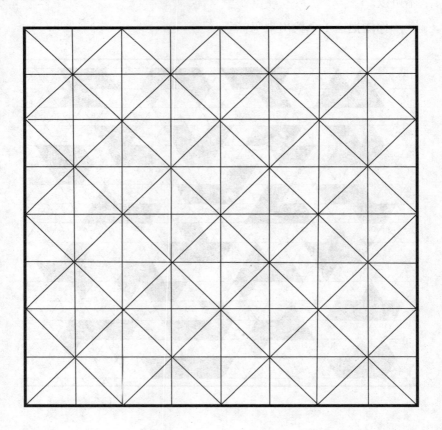

神奇的全脑思维游戏书

多格等腰三角形

除了等边图形以外，我们还可以组合不等边的图形。多格等腰三角形就是将等腰直角三角形沿着它的直角边或者斜边组合起来得到的。

两格等腰三角形有 3 个，三格的有 4 个，四格的有 14 个。

它们是由托马斯·欧贝恩于 1961 年首先提出的。

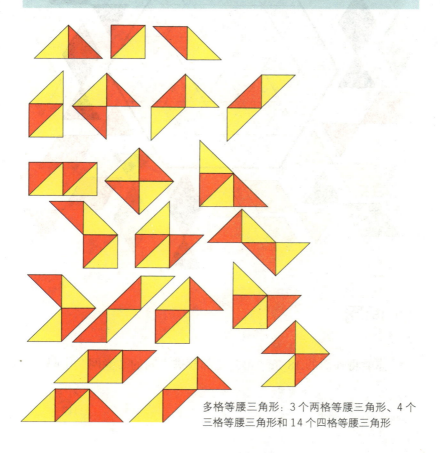

多格等腰三角形：3 个两格等腰三角形、4 个三格等腰三角形和 14 个四格等腰三角形

043 渔网

　　你能将外面的 18 条 "鱼" 全部放进中间的 "渔网" 中吗？

神奇的全脑思维游戏书

纪念碑

下面的纪念碑是由一定数量的同一种图形构成的，如图所示。请你说出这个纪念碑一共是由多少个同样的小图形组成的？

Reptile

你知道吗，有一些图形具有这样的特征：将一定数量的全等的图形以某种特定的方式组合，能够拼成大一些的原图形。同样，这种图形经过特定的分割，也可以分割成一定数量的比它小一些的原图形。具有这种特性的多边形我们称之为 Reptile。

所罗门·格洛比博士给它们命名，并且通过研究这种图形创立了多边形复制理论。

045 平行线

　　佐勒错觉是一个经典的视错觉游戏，它是由心理学家约翰·佐勒（1834—1882）发明的。在这个视错觉中，所有的平行线上都加上了许多与平行线呈锐角（10°～30°）的短平行线，因此使这些平行线看上去似乎不平行了。

　　如下图所示，我们的这道题与佐勒的原题有一点小小的区别。上面有些线是平行的，有些不是。你能够区分它们吗？

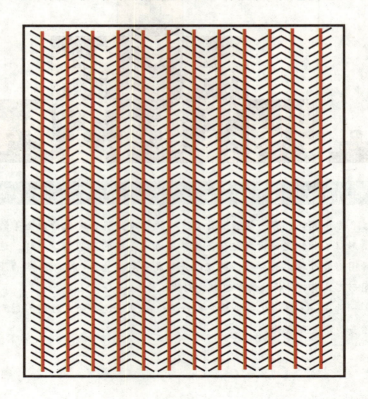

046 书虫

上面的这只书虫要吃如图所示的 6 本书。它从第 1 本书的封面一直吃到第 6 本书的封底。这只书虫一共爬过了多远的距离？

注意：每本书的厚度是 6 厘米，包括封面和封底。其中封面和封底各为 0.5 厘米。

047 地图上色

地图上色是一个非常有趣的问题。解决这个问题的关键就是要使有着相同边界的2个地区颜色不同。但问题是，给一幅地图上色最少需要几种颜色呢？

给下面的这3幅地图上色，使有重叠部分的任意2个地区的颜色都不同。每幅地图最少需要几种颜色？

神奇的全脑思维游戏书

048 四色六边形游戏

这是一个双人上色游戏，这里一共用到的有黄、绿、蓝、红
4 种颜色。2 个人轮流选择颜色，给上面的每个小六边形上色。
相邻的 2 个小六边形的颜色不能相同，同时最外圈的小六边形的
颜色不能与游戏板的颜色相同。2 个玩家轮流上色，不能再上色
的玩家即为输家。

如果将这个游戏作为一个题目来看，你能不能把上面所有的
六边形都上色？

请你给下面的图案上色，使任意 2 个相邻地区的颜色都不相同。

请问最少需要几种颜色？

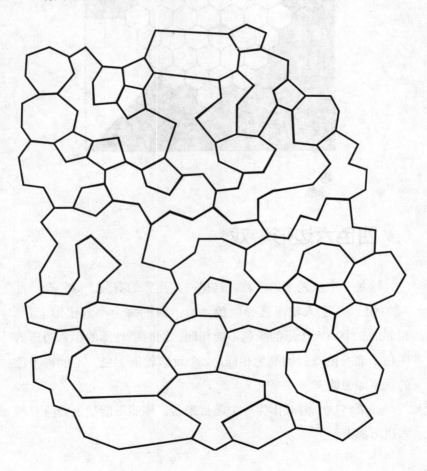

神奇的全脑思维游戏书

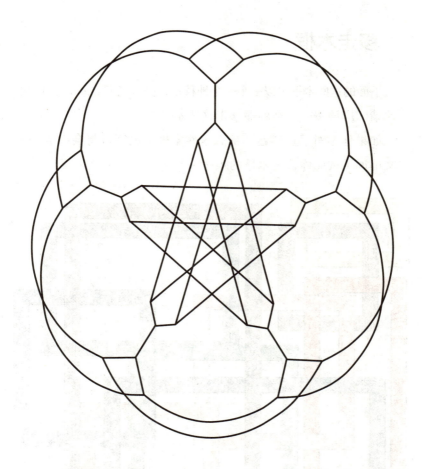

050 图案上色 (2)

请你给上面的图案上色，使任意 2 个相邻地区的颜色都不相同。

请问最少需要几种颜色？

051 移走木框

下面的这些木框可以一个一个地移走，并且它们之间互不干扰。
请问应该按照什么顺序移走这些木框？

如果你答对了这道题，那么这些木框上的字母将会组成一个
英文单词（按照你移走木框的顺序）。

神奇的全脑思维游戏书

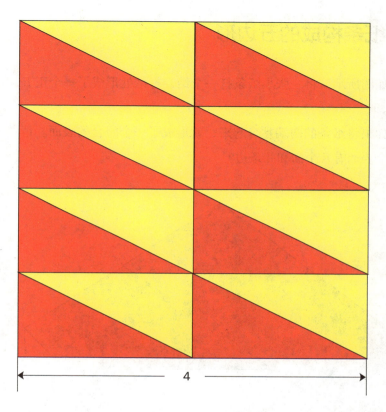

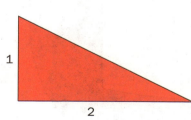

052 正方形里的三角形

如图所示，16 个边长分别为 1 和 2 的直角三角形组成了一个 4×4 的正方形。

你能否用 20 个这样的三角形组成一个正方形？80 个三角形呢？

053 纸条构成的五边形

如图所示，将一张小纸条打一个结，打结处形成了一个正五边形。

如果将纸条的两端黏合起来，就形成了一个闭合的表面。请问这个表面有几个面和几条边？

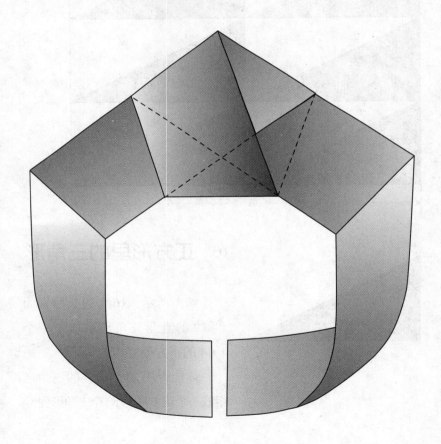

神奇的全脑思维游戏书

054 两座塔

　　这是一个拼图游戏，需要移动几步才能从上面的图形变成下面的图形（图中灰色方块部分是空的）？

055 迷宫

迷宫是一种古代的建筑。传说最早的迷宫是代达罗斯为克里特岛上的迈诺斯国王修建的，迷宫里面关着牛头人身的怪物。特修斯进入迷宫，杀掉了怪物，并且找到了回来的路，因为他在进入迷宫的时候将一个金色线团的一端留在了入口处，最后沿着金线走出了迷宫。

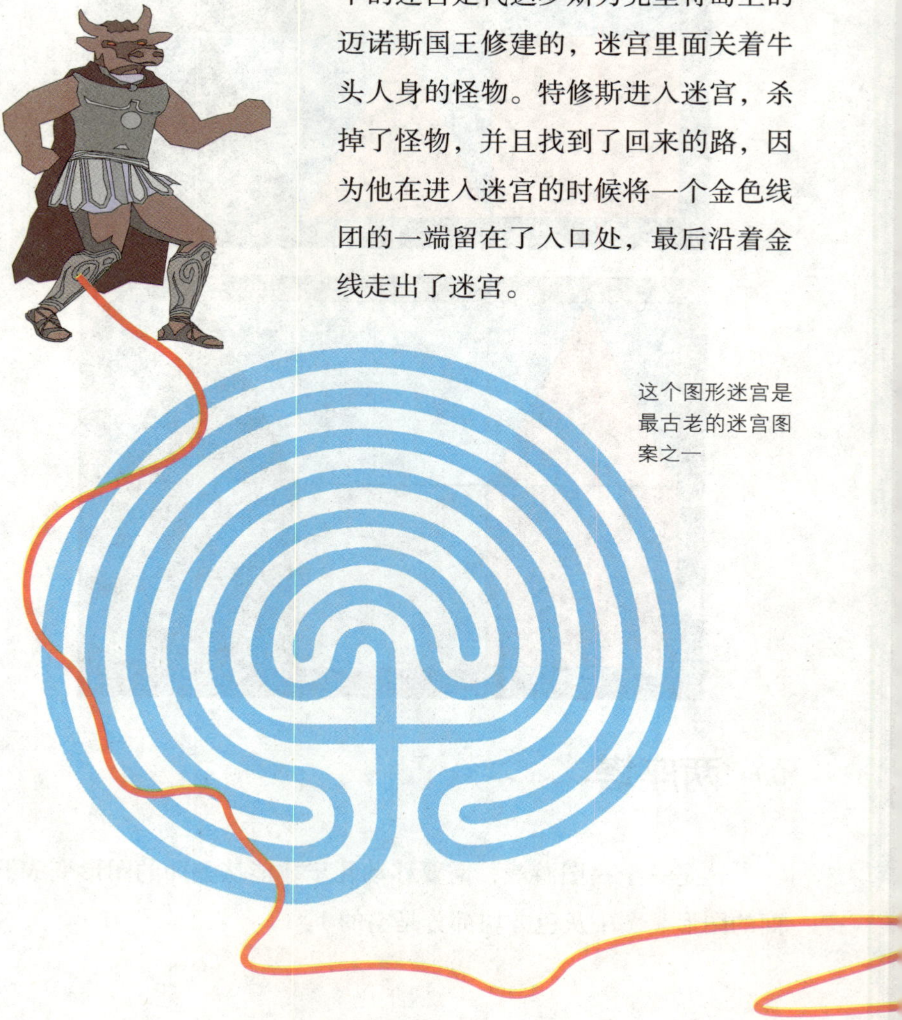

这个图形迷宫是最古老的迷宫图案之一

神奇的全脑思维游戏书

从数学的角度看，迷宫是一个拓扑学的问题。在一张纸上通过去掉所有的死胡同可以很快找到迷宫的出口。但是如果你没有这个迷宫的地图，而且现在就在迷宫里面，仍然有一些规则可以帮助你走出迷宫。例如，在走的过程中把你的手放在一边的墙上，留下印记。这样做，最终一定会走出迷宫，尽管你走的并不一定是最短路线。但是如果迷宫的墙有些是闭合的，那么这个方法就不管用了。

没有闭合的墙的迷宫是简单连接的，也就是说，它们没有隔离墙；而有隔离墙的迷宫的墙一定是闭合的，被称为复杂连接。如下图所示。

有没有一种方法可以帮助你走出任何一个迷宫？

简单连接的迷宫　　多层迷宫

056 立方体迷宫

把这张迷宫图复制并剪下来，再折成一个立方体。然后试着从 1 处走到 2 处。看你最快多久能够完成。

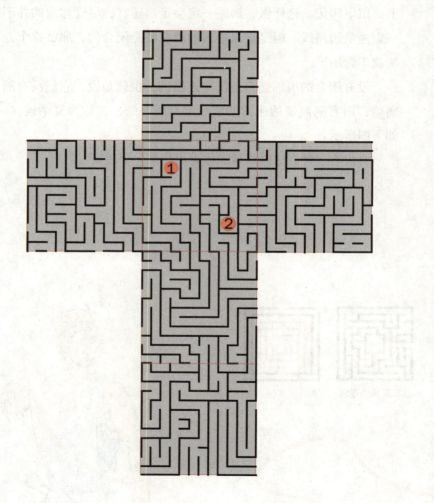

神奇的全脑思维游戏书

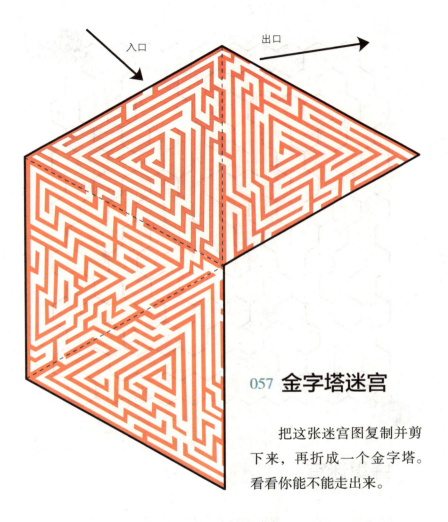

入口

出口

057 金字塔迷宫

　　把这张迷宫图复制并剪下来，再折成一个金字塔。看看你能不能走出来。

058 蜂巢迷宫

你能否找到穿过上面这个蜂巢的最短路线？

神奇的全脑思维游戏书

059 缺失的正方形

你能否找出规律，将图中每一横行缺失的正方形补充完整？

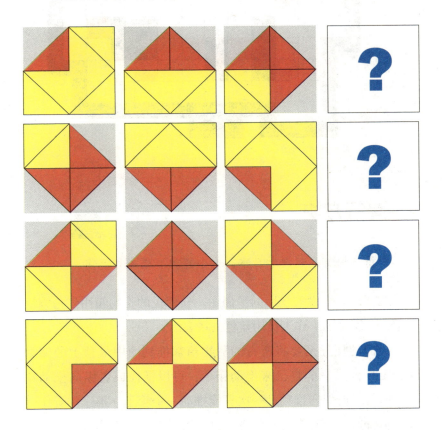

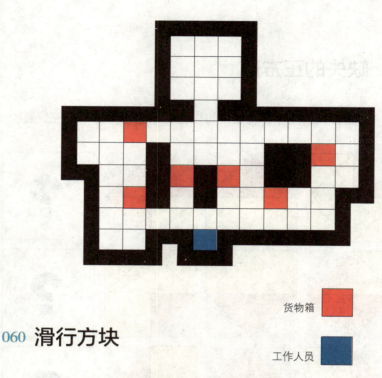

货物箱

工作人员

060 滑行方块

滑行方块游戏起源于日本，这个游戏有很多种变体。

上图是一个大型仓库的平面图。仓库里的货物箱用红色方块表示，仓库里的工作人员用蓝色方块表示。

我们的任务是要将所有的货物箱都推到图中最顶上的储物区。工作人员只能自己来推动箱子，可以横向或者纵向推动箱子，但是不能斜向推动。一次只能推动一个箱子。推一次看作一步，不管这一步有多远。如下页例子所示，右边工作人员推一个箱子用了 2 步。

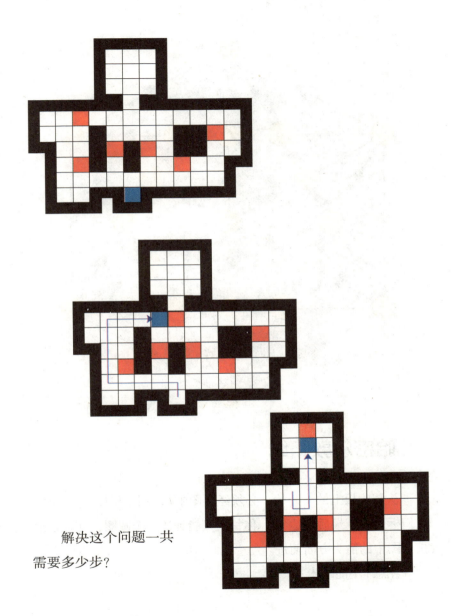

解决这个问题一共
需要多少步?

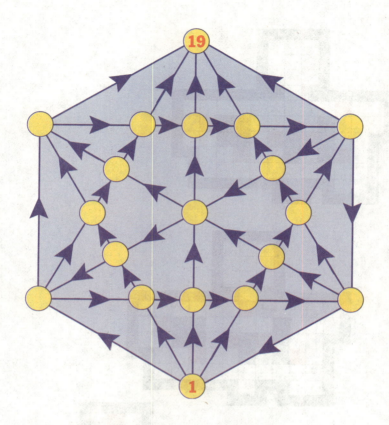

061 哈密尔敦路线

从游戏板上的 1 开始，必须经过图中每一个圆圈，并依次给它们标上号，最后到达 19。你每次只能到达一个圆圈，并且必须按照图中的箭头方向前进。

注意：不能跳步。

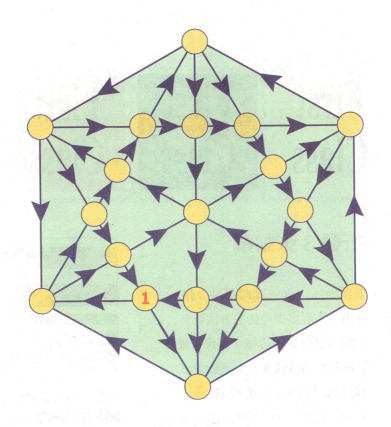

062 哈密尔敦闭合路线

一个完全哈密尔敦路线是从起点 1 开始，到达所有的圆圈后再回到起点。你能不能将 1 ~ 19 这几个数字依次标进上面的圆圈中，完成这样一条路线呢？

你每次只能到达一个圆圈，并且必须按照图中的箭头方向前进，不准跳步。

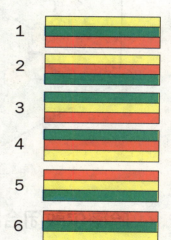

063 折叠3张邮票

　　如图所示，这一套邮票共3张。你能说出一共有多少种折叠方法吗？

　　只能沿着邮票的边缘（锯齿）处折叠，最后必须折成3张上下放置。

　　邮票朝上朝下都没有关系。

　　3种颜色有6种排列方法。如图所示。

　　你可以折出其中的几种？

1
2
3
4
5
6

神奇的全脑思维游戏书

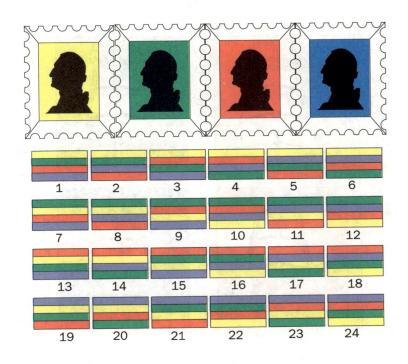

064 折叠4张邮票 (1)

如图所示，这一套邮票共4张。你能说出一共有多少种折叠方法吗？

只能沿着邮票的边缘（锯齿）处折叠，最后必须折成4张上下放置。

邮票朝上朝下都没有关系。

4种颜色有24种排列方法。

你可以折出其中的几种？

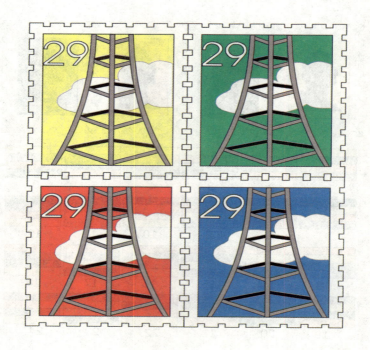

065 折叠4张邮票(2)

如图所示，4张邮票组成了一个正方形。你能说出一共有多少种折叠方法吗？

只能沿着邮票的边缘（锯齿）处折叠，最后必须折成4张上下放置。

邮票朝上朝下都没有关系。

4种颜色有24种排列方法。

你可以折出其中的几种？

神奇的全脑思维游戏书

折叠6张邮票

如图所示，6张邮票组成了一个2×3的长方形。沿着邮票的边缘（锯齿）处折叠可以折出很多种上下组合。

这里给出了4种组合，请问其中哪一种是不可能折成的？

最后折出来邮票朝上朝下都没有关系。

1　　　2　　　3　　　4

067 折叠 8 张邮票

你能否将这 8 张邮票沿着锯齿处折叠，使邮票折叠以后从上到下的顺序是图中的 1 ~ 8？

最后折出来的邮票朝上朝下都没有关系。

神奇的全脑思维游戏书

068 折叠报纸

　　将一张报纸对折，你认为最多可以连续对折多少次？5 次？
8 次？还是更多？

　　你亲自动手试试！

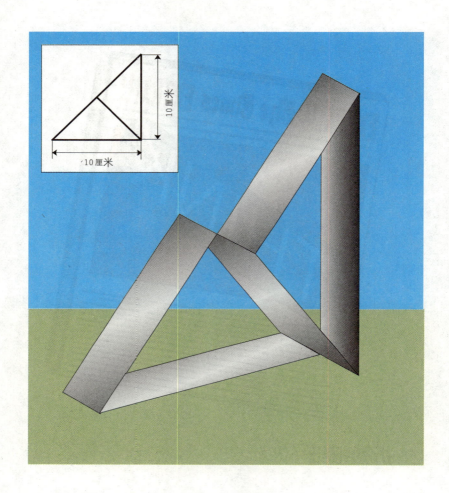

10厘米

10厘米

069 纸条艺术

你能否用一张纸条折成上面的形状？这张纸条至少需要多长？

神奇的全脑思维游戏书

折叠正方形 (1)

将一个大正方形两边对折，折成它 1/4 大小的小正方形，然后用打孔器在小正方形上打孔，见上面每行最左边的小正方形。

将小正方形展开，会得到一个对称图形。

你能说出上面 4 个小正方形对应的展开图分别是哪个吗？

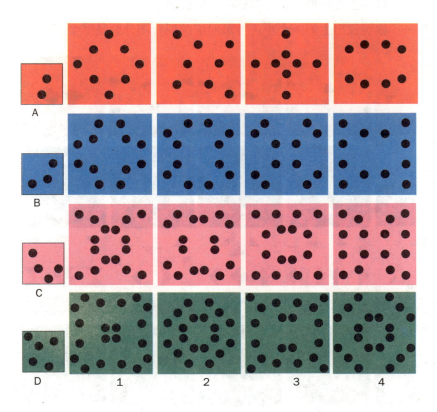

折叠正方形 (2)

　　将一个大正方形两边对折，折成它 1/4 大小的小正方形，然后在小正方形上打洞，如图所示。

　　将小正方形展开，会得到一个对称图形。

　　你能说出上面 4 个小正方形对应的展开图分别是哪个吗？

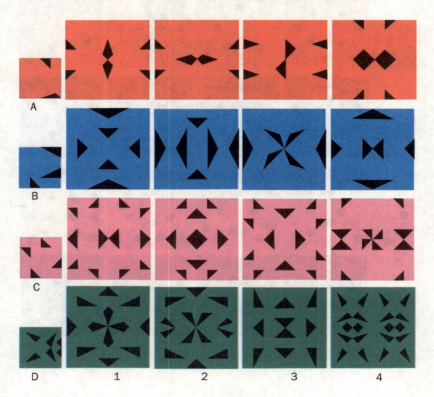

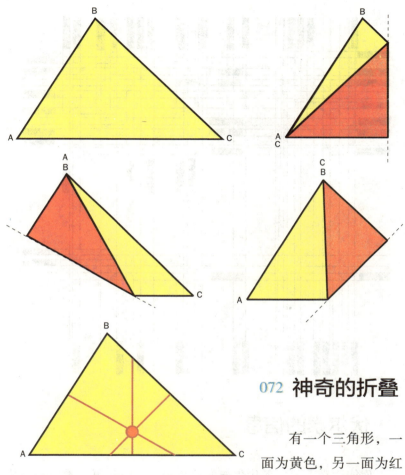

072 神奇的折叠

有一个三角形，一面为黄色，另一面为红色。将三角形的一个角与另一个角对折，如图所示，你会发现这3条折叠线相交于一点。

是不是所有的三角形都具有这样的特性呢？

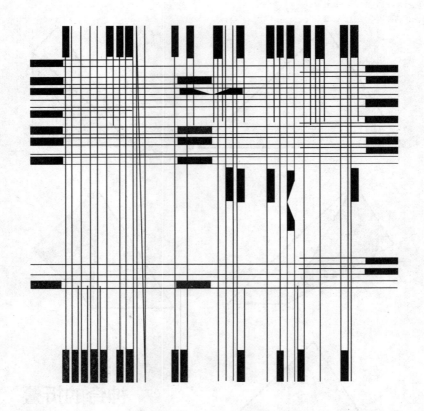

073 伏尔泰的信息

你能读懂上面这条伏尔泰的信息吗？从中你可以看出一个英文句子。

法国著名的启蒙思想家伏尔泰（1694—1778）非常喜欢思维游戏，他自己也创造了很多有趣的谜题。

074 不可能的多米诺塔

有些人对某个难题看一眼就放弃了，而另外一些坚持不懈的人则非要到把难题解出来才肯罢手。你是哪一种人呢？

第一眼看这个用多米诺骨牌搭成的结构，你可能会觉得这是不可能实现的。但是如果仔细想想，你就知道这是怎么做到的了，甚至你可以自己用多米诺骨牌搭一个。

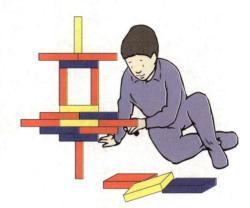

不可能

如果你在1900年时对一个科学家说，到了2000年，卫星可以将卫星图发射到你家，每天有数百万的人乘坐飞机往返，你可以以每小时2000英里的速度飞越大西洋，人类到过月球，人们可以拿着无绳电话和千里之外的人通话，或者说所有这些奇迹都建立在一张邮票大小的芯片上——如果你这样说，那个科学家肯定会说"不可能"，他甚至可能说你疯了。

精确地预测未来不是一件容易的事情，任何想要预测它的人很快就会知道这一点。历史上很多科学家的大胆预测并没有实现。

当我们说一件事不可能时，我们不是真的这样认为，因为我们只是没有看到实现它的方法。人类的智慧总会让很多不可能成为可能。

075 不可能的多米诺桥

　　下面又是一个看上去不可能完成的结构，你知道它是怎么搭
起来的吗？

　　　　神奇的全脑思维游戏书

076 不可能的任务

　　如图所示，升旗手的任务是把旗杆插到这座塔的最高处。你能帮助他找到最高处吗？

不可能的结构

将下面的大图复制并剪下来。

你能否将这个大图折成左上角的立体图？仔细观察右下角的细节图，似乎这个立体图是不可能做到的。完成这个结构其实很简单，应该怎么做呢？

注意：不准剪切或者黏合。

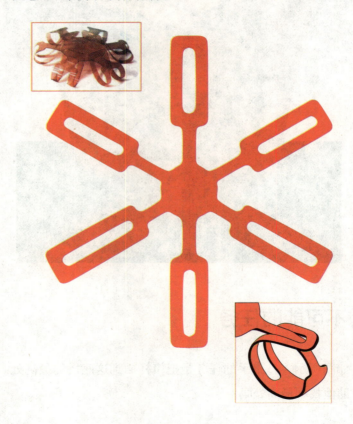

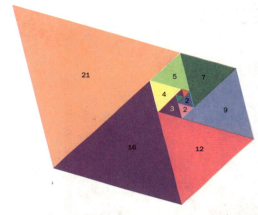

看下面的三角形时不要看花了眼睛，这些螺旋可是很容易让人头晕目眩的哦。

巴都万数列三角形
巴都万数列的前13项

巴都万螺旋三角形

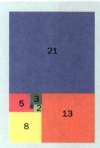

黄金矩形
斐波纳契数列的前8项

著名的黄金矩形是由边长分别为1，1，2，3，5，8，13，21，34，55，89……的正方形组成的螺旋，这些正方形的边长形成了一个斐波纳契数列。

斐波纳契数列中，后一位数是前两位数的和。斐波纳契数列里后一个数与前一个数的比率越来越接近黄金比例（也写作phi，约等于1.61）。另一个类似的数列叫巴都万数列，它是以建筑学家理查德·巴都万的名字命名的。巴都万数列运用的是螺旋的正三角形。

如上图所示，巴都万数列的正三角形的面积为：1，1，1，2，2，3，4，5，7，9，12，16，21……

你能否找出这个数列的规律，并写出这个数列的前22项？将巴都万数列与斐波纳契数列相比较：1.有没有在两个数列里都出现的数？ 2.与斐波纳契数列的黄金比例相比，巴都万数列后一个数与前一个数之比趋向于一个什么值？

078 巴都万螺旋三角形

下面巴都万数列中的下一项是什么？

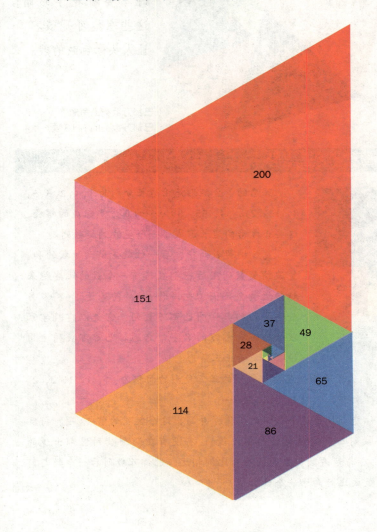

神奇的全脑思维游戏书

079 隐藏的图形

图形 1 和图形 2 分别如下图所示，请问在下图中你能够找到几个图形 1 和几个图形 2 ？其中图形 1 和 2 上面允许有其他的线段穿过。

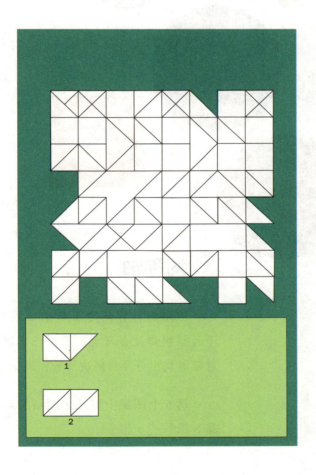

080 对称轴

图形的对称问题看起来似乎比较难，不过很快你就会发现，不用任何辅助工具就能够找出好几种解决这种问题的方法。

这5个图案中哪几个图案的对称轴不是8条？

神奇的全脑思维游戏书

081 排列组合 (1)

有多少种分配方法将 4 个上了色的物体放在 4 个没有标记的
碟子上?

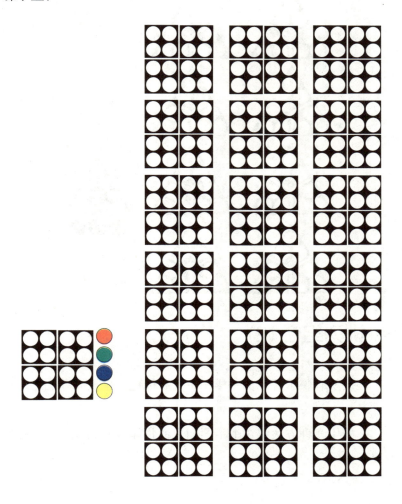

082 排列组合 (2)

　　假设所有碟子颜色都一样——没有标记，也没有办法区分这些碟子。

　　你能用几种方法将 3 个不同颜色的物体分配到 3 个没有标记的碟子上？

神奇的全脑思维游戏书

组合正方形

下面的图形中有 3 个组合在一起正好组成一个正方形，是哪 3 个？

1. A   B   C
2. B   D   E
3. B   C   D
4. A   D   E
5. A   C   D

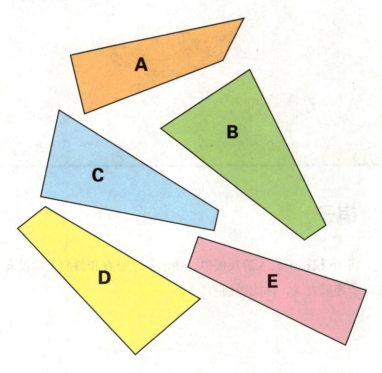

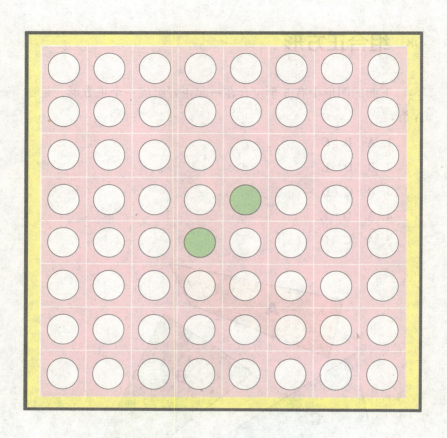

084 棋子

　　将 16 枚棋子放入游戏板中，使水平、竖直和斜向上均没有 3
枚棋子连成直线，你能做到吗？

神奇的全脑思维游戏书

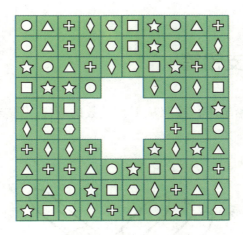

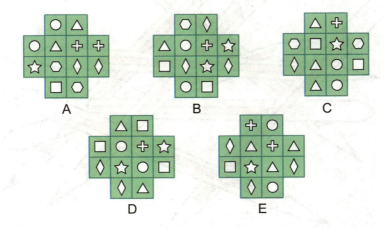

085 缺少的图形

5 个选项中哪一个可以放在空白处？

086 第 3 支铅笔

在这堆铅笔中，按照从下往上数的顺序，哪支铅笔是第 3
支呢？

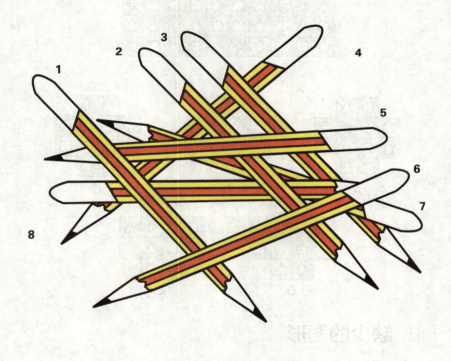

神奇的全脑思维游戏书

图形接力

问号处应该填入哪一个图形?

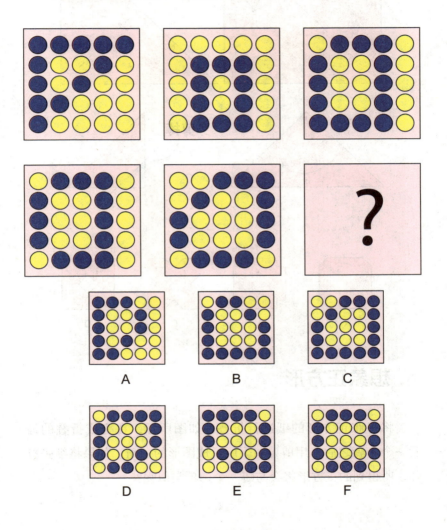

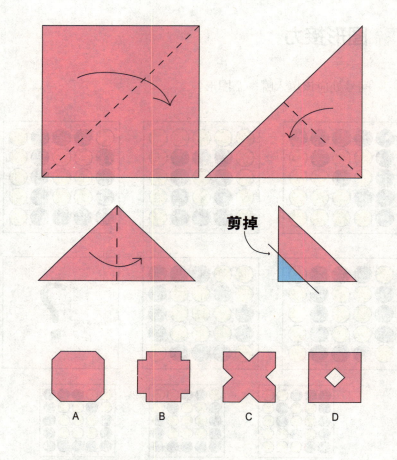

剪掉

A B C D

088 想象正方形

　　将一张正方形的纸进行折叠，如图所示，在完成折叠的最后一个步骤之后，用剪刀剪下所折成图形的一角。如果将纸张打开，所得到的正方形将会与哪一个选项类似呢？

神奇的全脑思维游戏书

答案

001. 芝诺的悖论

芝诺的悖论中第 1 处错误就是他假定无限个数的和还是无限个数，这与事实不符。

无限个数的和，例如：

$1 + 1/2 + 1/4 + 1/8 + 1/16 + 1/32 + 1/64 + \cdots\cdots = 2$

我们知道这是一个等比级数。

等比级数是一个数列，其首项为 1，后一个数与前一个数的比值（x）相等。在上面这个例子中，x 等于 1/2。当 x 小于 1 时，无限项的等比级数各项之和是一个有限的数。

阿基里斯追上乌龟所跑的距离和用掉的时间可以分别看作是等比小于 1 的等比级数，因此他追上乌龟所跑的总距离并不是无限的，同样，所用的时间也是有限的。

假定乌龟的起点比阿基里斯的起点前 10 米，阿基里斯每秒钟跑 1 米，速度是乌龟的 10 倍，那么他用 5 秒就可以跑完一半，再用 2.5 秒就可以跑完剩下路程的一半，以此类推，他用 10 秒就能够跑完 10 米。

而这时乌龟才刚刚跑了 1 米。阿基里斯在 11 秒多之后在离他的起点 11.1 米的地方就已经超过乌龟，很轻松地赢得了这场比赛。

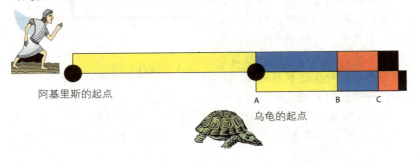

阿基里斯的起点

A   B   C

乌龟的起点

002. 有钉子的心

如图所示。

003. 白色的小熊

美国哈佛大学的心理学家和教授魏格纳在1987年做过这个著名的关于抑制思想的实验。

无论你多么努力不去想这只白色小熊，最多几分钟以后，它就会重新出现在你的脑海中。

魏格纳用"思维的无意识过程"来解释这个现象。当我们试着压制某一个思想时，这种行为反而会促进一个抵制我们意愿的过程发生。当我们企图控制自己的思想时，两个过程将被同时激活：一个执行过程（即执行我们的意愿）以及一个无意识的过程（这个过程反而提高我们企图抑制的那个思想的灵敏性）。

004. 平方根

如图所示，画3个直角三角形，x 为三角形的高。

由此我们就得到了这3条直线的关系：

$$c^2 = a^2 + x^2$$
$$b^2 = x^2 + 1$$
$$(a+1)^2 = b^2 + c^2$$

将前2个式子带到第3个式子中，我们就得到了下面的等式：

$$a^2+2a+1 = x^2+1+a^2+x^2$$
$$a^2+2a+1 = a^2+2x^2+1$$
$$2a = 2x^2$$
$$a = x^2$$
$$\sqrt{a} = x$$

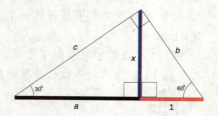

005. 蚂蚁队列

1. 令人惊讶的。

2. 令人惊讶的。

3. 不是令人惊讶的。因为在

这个队列中，1个红蛋和1个蓝蛋前后距离为2的情况出现了2次。

4.不是令人惊讶的。因为1个红蛋和1个黄蛋前后距离为4的情况出现了2次。

5.令人惊讶的。

6.不是令人惊讶的。因为1个红蛋和1个蓝蛋前后距离为1的情况出现了2次。

006. **数一数** (1)

当然，你可以一个一个地数，但这样花的时间绝对要超过规定的时间。

你可以先迅速分析一下图形的特点，然后再算出点的数量，这样做能够大大提高速度。

每个小正方形中有10个点，一共有9个这样的小正方形，因此一共是90个点。

007. **数一数** (2)

在10×10的正方形中一共少了10个点，因此一共是90个点。

008. **8个多格拼板** (1)

5个四格拼板不能正好放入4×5的长方形中。T形的四格拼板放进去覆盖住了3个黑色格子和1个白色格子，剩下的4个都是覆盖住2个黑色格子和2个白色格子。因此这5个四格拼板覆盖的黑色和白色格子数必须分别都为奇数，但是题中长方形里的黑色和白色格子各10个，因此答案是不能放入。

009. **8个多格拼板** (2)

8个多格拼板可以正好放进这个4×7的长方形中，下图所示的是多种解法中的一种。

010. **多形组拉丁拼板** (1)

如图所示。

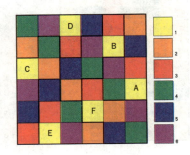

011. 多形组拉丁拼板 (2)

如图所示。

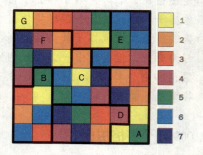

012. 多格拼板矩形

序号为 10

序号为 18

序号为 28

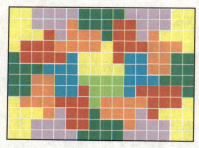

序号为 24

013. 12 个五格拼板

这 12 个五格拼板在棋盘上的摆放位置有很多种，最后总是会留下 4 个方格。无论这 4 个方格选在哪里，总是可以将这 12 个五格拼板放进去。如图所示为答案之一。

014. 五格拼板游戏

如图所示。

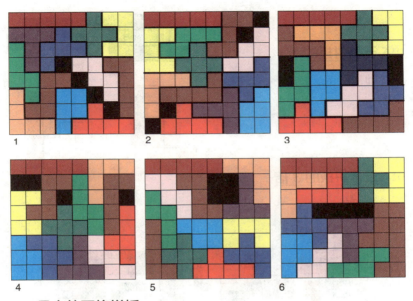

1 2 3

4 5 6

015. **最少的五格拼板**

如图所示，最少 5 个。

016. <u>五格拼板的 1/3</u>

如图所示。

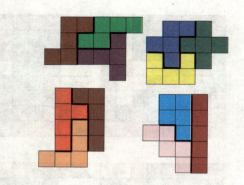

017. <u>五格拼板的 3 倍</u>

如图所示。

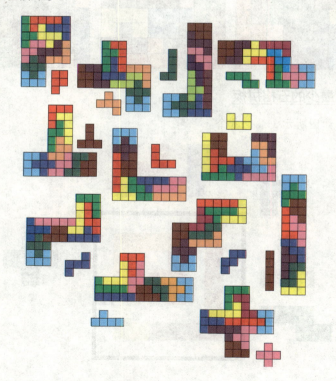

018. 五格拼板围栏 (1)

如图所示。

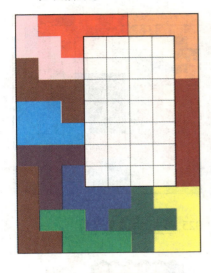

020. 五格拼板围栏 (3)

如图所示。

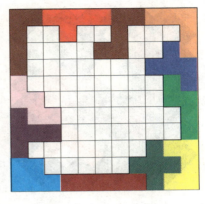

021. 五格拼板围栏 (4)

如图所示。

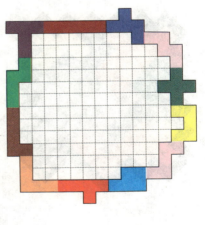

019. 五格拼板围栏 (2)

如图所示。

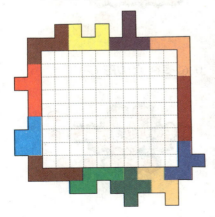

022. **锯齿状的五格拼板 (1)**

如图所示。

024. **六格拼板**

如图所示。

023. **锯齿状的五格拼板 (2)**

如图所示。

025. **多格六边形 (1)**

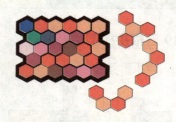

026. **多格六边形 (2)**

027. **多格六边形 (3)**

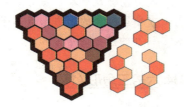

029. **略**

030. **五格六边形 (3)**

028. **五格六边形 (1)**

如图所示。

没有用到

没有用到

用到了

用到了

031. 五格六边形游戏 (1)

如图所示。

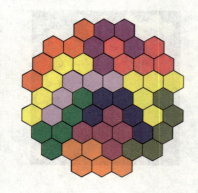

032. 五格六边形游戏 (2)

如图所示。

033. 棋盘正方形

一共有 204 个正方形，这个结果是由下面这个式子得到的：

$$8^2 + 7^2 + 6^2 + 5^2 + 4^2 +$$

$$3^2 + 2^2 + 1^2 = 204$$

边长包含 n 个单位正方形的大正方形里所含的正方形数等于从 1 到 n 的整数的平方和。

034. 六格三角形 (1)

如图所示。

035. 六格三角形 (2)

如图所示。

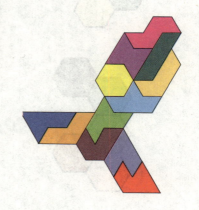

036. 六格三角形 (3)

037. 六格三角形 (4)

038. 欧贝恩的六格三角形

欧贝恩花了几个月才找到一

种解法，如图所示。究竟一共有多少种解法呢？理查德·K.盖伊给出了答案，根据他的猜想，一共约有 50000 种答案，他已经收集了 4200 多种。

039. 六边形

040. 六角星

对于六角星迄今只有一种解法。

041.七格三角形

如图所示。

042.四格等腰三角形

如图所示。

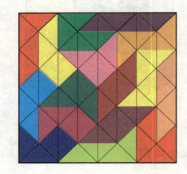

043.渔网

如图所示，18条"鱼"都可以放进"渔网"。

044.纪念碑

这个纪念碑是由36个原图形构成的。

它本身也可以分割成36个与它一样的图形。如图所示。

045.平行线

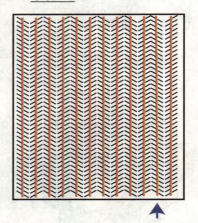

如图所示，图中用箭头标出来的那条线与其他直线都不平

行，它有点倾斜。这个小小的改动使这条直线看起来与它左右相邻的直线平行。但事实上不是，它是唯一一条与其他直线都不平行的直线。

046. 书虫

书虫一共爬过了 25 厘米，如图所示。它吃掉了 4 整本书以及第 1 本书的封面和第 6 本书的封底。

25 厘米

047. 地图上色

大多数地图都至少需要用 4 种颜色来上色，但是有些特殊的情况不用这么多的颜色，其中一种就是地图中只有直线的情况。

在这种情况下只需要 2 种颜色。这是真的吗？

确实如此，证明起来也相当简单。将线一条一条地画在一张纸上，每增加一条直线时，将新增加的直线的一边的地区全部反色，这使得在旧的邻边和新的邻边两边的颜色都不相同。

同样的证明也可以推广使用到邻边为穿过整个纸面的简单曲线或者闭合的圆圈的情况。所有这些可以用 2 种颜色上色的地图，其交点的邻边数都为偶数，因为在交点或者角落周围的地区必须是不同的颜色。事实上，可以证明，当一张地图上的所有交点处有且仅有偶数个邻边时，它可以用 2 种颜色上色。这就是两色定理。

048. 四色六边形游戏

该图是一盘示范游戏，这盘中只剩下了
1 个小六边形不能上色了。

该游戏作为题目时的解法之一。

049. 图案上色 (1)

如图所示，需要 4 种颜色。

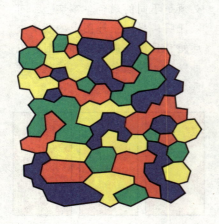

050. 图案上色 (2)

如图所示，需要 4 种颜色。

051. 移走木框

当木框按照正确的顺序移走后，得到的单词是 CREATIVITY。

052. 正方形里的三角形

如图所示，下面是 20 个三角形所组成的正方形。这个正方形的 4 倍就是由 80 个这样的三角形所组成的正方形。

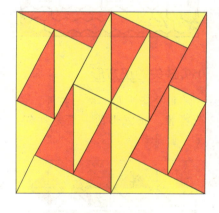

053. 纸条构成的五边形

这个表面只有 1 个面和 1 条边。打的这个结使纸条扭曲了 180°，形成了 1 个麦比乌斯圈。

054. 2 座塔

如图所示，需要移动 17 步。

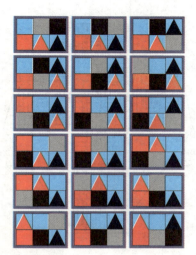

055. 迷宫

当你沿着迷宫走时，在路的一侧画线。当你来到一个分岔口时，选择任意一条路。如果你回到前面到过的一个分岔口，转身回到你来时的路。

如果在走一条原来走过的路（即你做的标记在路的另一侧）时，来到了一个前面到过的分岔口，尽可能地走你还没有走过的路；否则就走一条原来走过的路。千万不要进入一条两侧都已经有标记的路。

056. 立方体迷宫

如图所示。

058. 蜂巢迷宫

如图所示。

057. 金字塔迷宫

如图所示。

入口

出口

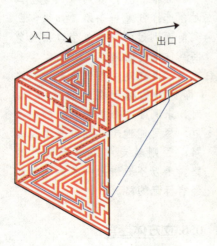

059. 缺失的正方形

折叠正方形，然后打开，依此类推。正方形的一面是红色，另一面是黄色。

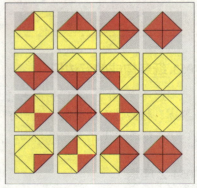

神奇的全脑思维游戏书

060. 滑行方块

如图所示，需要23步。

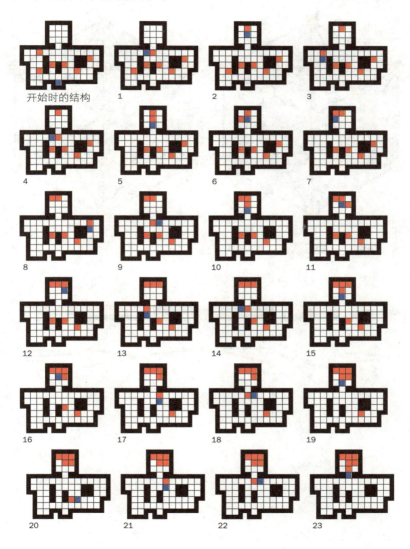

开始时的结构

1

2

3

4

5

6

7

8

9

10

11

12

13

14

15

16

17

18

19

20

21

22

23

061.哈密尔敦路线

解法之一。

062.哈密尔敦闭合路线

解法之一。

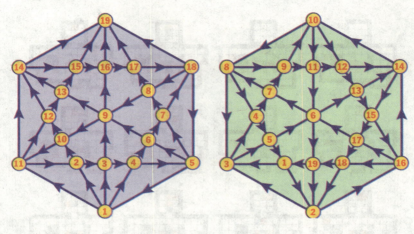

063.折叠 3 张邮票

6 种全部可以折出，如图所示。

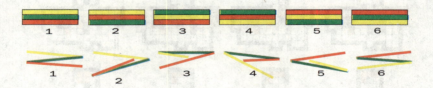

神奇的全脑思维游戏书

064. **折叠 4 张邮票 (1)**

可以折出 16 种。

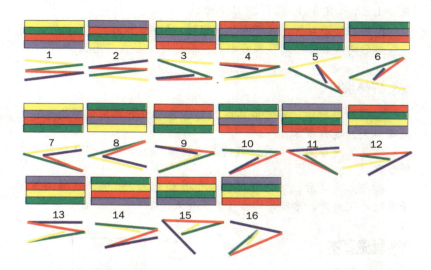

065. **折叠 4 张邮票 (2)**

可以折出 8 种。

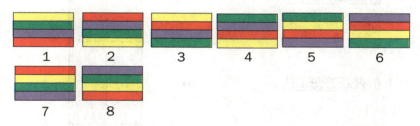

066. **折叠 6 张邮票**

第 3 种折叠方法是不可能的。

因为斜向相邻的颜色折叠以后不可能相邻。

067. 折叠8张邮票

首先左右对折，将右边的 4 张折到下面去。这样 5 在 2 上面，6 在 3 上面，4 在 1 上面，7 在 8 上面。

然后再上下对折，这样 4 和 5 相对，7 和 6 相对。

然后将 4 和 5 插到 3 和 6 中间，最后将 1 折在 2 上面。

068. 折叠报纸

在实际操作中，不可能将报纸对折 8 次或者更多，不论这张报纸有多大，纸有多薄。

这是因为每对折 1 次，纸的厚度就增加了 1 倍，很快纸就会变得很厚。

折叠 8 次之后，纸的厚度就会是开始时的 256 倍，这样的厚度不可能再次对折，除非你的力气实在是大得惊人。

069. 纸条艺术

如右图所示。

070. 折叠正方形 (1)

A.4   B.1

C.1   D.3

071. 折叠正方形 (2)

A.1   B.2

C.3   D.4

072. 神奇的折叠

是的。 但是为什么呢？

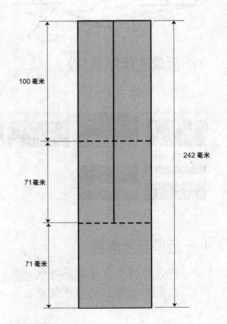

你折叠的线其实是三角形三边的垂线，它们交于一点，这一点称为垂心，它也是三角形外接圆的圆心。

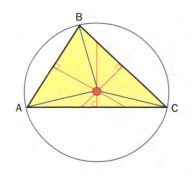

073. 伏尔泰的信息

将纸与视线平行拿着，你会读出这条信息：

"ILLUSION IS THE FIRST OF ALL PLEASURES."

074. 不可能的多米诺塔

秘密就是开始时用3块多米诺骨牌作为整个结构的支撑，到整个结构都搭完以后，再轻轻地把多余的2块撤去，如图所示。

075. 不可能的多米诺桥

如图所示，开始时用另外2块作为暂时的支撑。当这个桥接近完成时，移走这2块，放到整个结构的上面。

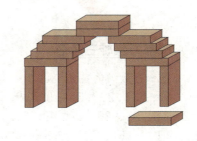

076. 不可能的任务

不管你把旗杆插到哪里，总是有比那一点更高的地方。

这个塔是根据莱昂内尔·沙普尔斯·彭罗斯和罗杰·彭罗斯于1958年引入的"不可能的楼梯"改编的。

077. 不可能的结构

如图所示。将这种方法重复

6次，就完成了这个看似不可能的结构。

078. 巴都万螺旋三角形

巴都万数列的前22项：

1，1，1，2，2，3，4，5，7，9，12，16，21，28，37，49，65，86，114，151，200，265……

079. 隐藏的图形

图形1和图形2在图中分别出现了2次，如图所示。

巴都万数列的一般规律是：巴都万数列中的每一个数都等于它前边第2位和第3位数之和。

斐波纳契数列的前21项：

1，1，2，3，5，8，13，21，34，55，89，144，233，377，610，987，1597，2584，4171，6755，10925……

除1和2以外，两个数列里都出现的数只有3，5，21。

巴都万数列后一个数与前一个数之比趋向于一个常量，它约等于1.324718。

在未来的研究中，可能也会发现巴都万数列在自然中的存在。源自数学题目的斐波纳契数列，到目前为止已经发现了它在自然界许多地方存在。

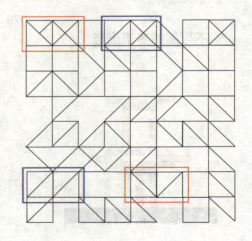

080. 对称轴

如图所示，有 2 个图案的对称轴不是 8 条。

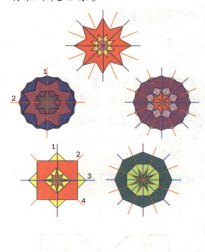

081. 排列组合 (1)

对于 $n=4$，有 15 种排序方法。

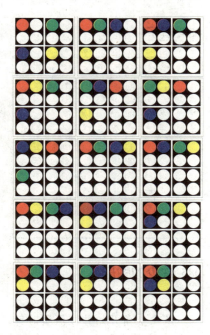

082. 排列组合 (2)

有 5 种分配方法将 3 个不同的物体放在 3 个没有标记的碟子上。

083. 组合正方形

2. B D E

084. 棋子

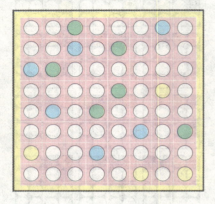

085. 缺少的图形

C

从左上角开始并按照顺时针方向、以螺旋形向中心移动。7个不同的符号每次按照相同的顺序重复。

086. 第 3 支铅笔

第 7 支铅笔。

087. 图形接力

F

在每个图形中，蓝色的圆组合在一起，形成直边的多边形。从左向右，再从上面一行到下面一行，每个多边形的边数从 3 条到 8 条，分别增加 1 条。

088. 想象正方形

C

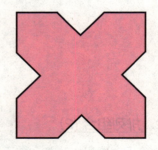